낮달이 머문
정원의 속삭임

낮달이 머문 정원의 속삭임

© 이형하, 2025

1판 1쇄 인쇄_2025년 9월 5일
1판 1쇄 발행_2025년 9월 10일

지은이_이형하
펴낸이_홍정표

펴낸곳_작가와비평
　　　등록_제2018-000059호

공급처_(주)글로벌콘텐츠출판그룹
　　　대표_홍정표 이사_김미미 편집_백찬미 강민욱 남혜인 홍명지 권군오
　　　디자인_가보경 기획·마케팅_이종훈 홍민지
　　　주소_서울특별시 강동구 풍성로 87-6 전화_02-488-3280 팩스_02-488-3281
　　　홈페이지_www.gcbook.co.kr 메일_edit@gcbook.co.kr

값 18,000원
ISBN 979-11-5592-376-4 (03810)

* 이 책은 본사와 저자의 허락 없이는 내용의 일부 또는 전체를 무단 전재나 복제, 광전자 매체 수록 등을 금합니다.
* 잘못된 책은 구입처에서 바꾸어 드립니다.

낮달이 머문
정원의 속삭임

이형하 지음

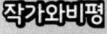

작가의 말

욕망이 아름다운 문학의 숲으로 들어가고 싶다

　수평의 들판에 수직으로 일어선 산. 불어오는 바람의 초원과 흔들림 없이 서 있는 묵중한 산의 이중주, 현실과 도전이란 과제로 인생을 만들었습니다. 때론 순둥이처럼 때론 야생마처럼 달려왔습니다.
　향기를 좇아 걷다 마주한 책과 글, 다시 한번 야생은 살아났습니다. 메마른 내 마음의 황무지를 달려가고 있었습니다. 여유와 욕망 사이, 흘러가는 시간 속에 그저 몸을 맡긴 채였습니다. 화려한 백수의 꿈과 더 화려한 욕망이 나를 흔들었습니다. 시간과 건강은 있었지만 마음 한편의 안락함과는 막연히 먼 곳을 향하는 나를 보았습니다. 그것으로 인해 작은 욕심조차 불안감으로 다가왔습니다.
　느닷없이 움츠렸던 어깨를 펴고 닫힌 내면의 문을 열었습니다. 내 안에서 잠자던 '읽고 쓰는' 욕망이 조심스럽게 깨어났습니다. 시간의 흐름 속에서, 그저 읽는 것에 만족할 수 없었습니다. 나만이 간직하고 있었던 이야기를 세상에 펼치고 싶다는 간절한 바람이 불기 시작했습니다. 그렇게 시작된 글쓰기는 멈출 수 없는 물결이 되었습니다. 끝이 없는 길을 걷는 듯 막막했지만 펜 끝에서 피어나는 글자들은 텅 빈 마음에 작은 위로가 되어 발걸음을 가볍게 했습니다.

 뜻밖의 기회는 굳게 닫힌 문을 활짝 열어주었습니다. 조심스럽게 발을 내딛은 그곳에 향기로운 사람들이 저마다의 독특한 미소로 저를 맞이했습니다. 그들의 아름다운 향기에 누가 될까 조심스럽게 다가가 봉창 같은 문을 두드렸습니다. 진한 향기에 깊이 스며들고 말았습니다. 마치 어미 닭 품속의 병아리처럼, 그곳은 따뜻하고 아늑한 보금자리였습니다.

 안락함에 머무를 수만은 없었습니다. 스스로 모이를 쪼아먹고 힘껏 날갯짓해야 했습니다. 먹이를 찾아 나섰다가 성장을 위한 여정이 시작되었습니다. 흐린 하늘 아래, 깊은 사색 속에서 간절히 날갯짓하고 싶습니다. 언젠가 맑고 푸른 날이 오리라는 희망을 품고 향기로운 동료들과 함께 이 길을 걸어가고 싶습니다. 자음과 모음으로 작품을 만들어보고 싶었습니다. 자음과 모음으로 어떤 사람은 욕을 만들지만 저는 문학을 만나려 합니다.

 글이 꽃처럼 피어나는 문학이란 들판에 머무는 동안 끊임없이 배우고 성장하며 향기로운 여정을 함께 만들어가고 싶습니다. 글쓰기를 통해 피어난 작은 욕망의 불꽃이 희망을 연료로 삼아 영원히 타오르게 하고 싶습니다. 제가 가는 '그곳'은 모자라지만 완성되고, 제가 가는 '그곳'은 흔들리지만 평화로운 장소입니다. 사람의 장소인 그곳으로 여러분을 초대합니다.

2025년 8월
이형하

목차

작가의 말 04

1 · 인생의 풍경을 넓히는 성찰
내 인생의 가을을 지내며 15
기다림, 삶을 채우는 선물 21
느림의 미학, 슬로 라이프Slow Life로 살다 25
인생의 술잔, 계영배戒盈杯 28
개와 늑대의 시간 속에서 32
삶을 빚는 곡선의 아름다움 35
여백의 미美, 그 깊은 울림 39
인생은 떨림과 울림 사이의 여정 42

2 · 관계 속에서 피어나는 아름다운 여정
아름다운 만남, 마음을 잇는 따뜻한 대화 49
현대인의 반보기, 거리와 마음 사이 56
귀한 것은 누리고 나누어야 한다 60
아름다운 이별식 63
변치 않는 사랑의 연포탕 69
여명회黎明會, 새벽을 열었던 친구들 74
내 인생 최고의 선물, 사수 79
그레그Mr. Greg 씨, 당신이 있어서 행복했습니다 84
커피 한 잔의 향기 87

3 · 일과 조직, 성장의 발자국을 따라서

거인의 발걸음, 심장의 고동소리 95
검소한 길을 걸은 거인 99
네 안에 잠든 위닝 멘탈리티 Winning Mentality를 깨워라 102
격랑 속의 도전, 멈춰 선 엔진을 다시 뛰게 하다 106
하인리히 법칙으로 산다 111
후지산 자락의 노란 요새, 화낙에서 배우다 116
뿌리 깊은 나무는 바람에 아니 뮐세 119
회복탄력성을 통한 나의 삶 124

4 · 소중한 추억의 조각들

추억을 저축하는 나무 133
어린 시절 겨울은 따뜻하였네 139
겨울 동백나무 아래서 피어나는 삶의 노래 143
첫눈 오는 날의 기도 147
추억의 종소리를 듣고 싶다 155
추억의 낡은 영어책 한 권 161
포장마차의 낭만과 소박한 단상 165
스시 맛이 보고 싶다 171
복순아 미안하다 175

5 · 사회를 향한 따뜻한 시선

위대한 사랑의 힘, 시대를 넘어 울리는 사랑의 연가 185
충전과 비움의 여정 189
선한 향기를 품는 삶 196
아름다운 사람의 향기 202
선한 행동이 가져다 준 행운 205
와인 한 방울의 향기 210
벽안碧眼 천사의 검은 가방 214
동생의 삶에서 배운다 221
누가 조상의 고택을 지킬까? 225

6 · 자연과 함께하는 삶의 여유

걷기 명상을 하다 235
안식과 회복, 제주의 오름 241
몽골에서 별을 구경하며 245
동천홍이 나를 깨우다 249
우듬지를 사랑하라 253
겨자씨 한 알을 심다 258
사자의 지혜로 살라 261
펭귄의 지혜로 얻는 공동체의 삶 265
아낌없이 주는 마누카나무처럼 269

7 · 인생의 깊이를 담은 철학적 시간

  인생의 전환기 혁명에서 277
  첫눈처럼, 첫사랑처럼, 첫걸음처럼 281
  겨울, 그 쓸쓸함에 대하여 285
  머릿돌과 모퉁잇돌의 쓸모 289
  카르페 디엠으로 살다 294
  강남 살면 다야? 301
  메아리가 들려주는 삶의 진실 304
  좋은 씨앗을 뿌리다 308
  뒷모습이 아름다운 사람이고 싶다 315

글을 마치며 320

1.
인생의 풍경을 넓히는 성찰

삶의 의미와 가치, 시간의 흐름 속
내면 성찰을 통해 인생의 변화와 성숙을 이루다.

내 인생의 가을을 지내며

남에게 주려면 내가 먼저 가져야 한다. 사랑도 마찬가지다. 사랑도 내가 먼저 가져야 줄 수 있다. 자연도 마찬가지다. 스스로 가지기 위해 봄부터 견디고 아파하며 과실을 맺었다. 가을이 내어주듯 내 인생의 가을에는 나누고 싶다.

가을은 결실의 계절이다. 세월에 쫓기듯 회갑, 고희를 넘겼다. 지금의 삶은 받은 것을 돌려주고, 세상을 향해 나누면서 갚아나가야 할 시간이다. 그동안 열심히 충전해 온 지식과 경험, 사랑, 물질은 이제 다른 사람들에게 흘러가야 한다. 자녀들에게는 삶의 지혜를, 후배들에게는 나의 경험을 나누며, 세상에 다시 감사와 사랑을 전한다.

가을은 또한 감사의 계절이다. 내가 걸어온 길을 돌아보며, 지나온 봄과 여름에 감사하고 지금의 풍요를 음미한다. 이제 더는 치열하게 달릴 필요 없이, 천천히 걸으며 인생의 풍경을 그려나간다.

여든 살까지는 열매를 수확하고 베푸는 시기이다. 오랜 시간 동안 쌓아온 경험과 지혜, 그리고 노력의 결과가 서서히 결실로 나타나며, 그 결실을 나 자신뿐 아니라 주변 사람들과 나누어야 할 시간이다. 단순히 나를 위해 살아가는 시간이 아니라 가족, 후배, 사회를 위해 내가 가진 것을 돌려주는 삶으로 아름다움을 느낄 수 있는 시기이다.

가을은 또한 건강과 마음의 안정을 유지해야 할 때이기도 하다. 노화로 인해 신체적 변화가 찾아오지만, 자연스럽게 받아들이고 꾸준히 관리하면서 삶의 균형을 맞춰야 한다. 정신적으로는 더 단순하고 깊은 행복을 추구하며, 작은 일에도 만족을 느끼는 지혜를 배워야 한다. 경쟁에서 벗어나 스스로를 사랑하고, 남은 시간을 더욱 의미 있게 사용하는 것이 삶을 풍요롭게 만든다.

결국 인생의 가을은 나를 위한 시간이자, 나를 통해 보여준 다른 사람을 위한 시간이기도 하다. 봄과 여름 동안 뿌리고 키운 씨앗이 열매를 맺는 계절인 만큼, 열매를 나누고 감사하며 삶의 흔적을 따뜻하게 남기는 것이 가을의 가장 큰 과제다. 풍성한 결실 속에서 나 자신과 주위를 돌아보며, 삶의 진정한 의미를 찾는 계절이 바로 가을이다.

봄과 여름에 뿌리고 키운 씨앗들이 열매를 맺는 계절, 삶을 돌아보며 감사와 나눔으로 채우는 시기다. 이제 인생의 가을 중반을 걷고 있다. 받은 것을 돌려주고 세상과 나누는 아름다운 시간이다. 세상에 감사와 사랑을 흘려보내는 것. 그것이 내가 가을에 해야 할 일이다.

윤동주 시인의 「내 인생의 가을」이 생각난다. "가을엔 푸른 하늘 아래 고운 잎사귀가 춤추고, 나무는 그 열매로 대지를 채우네." 내 인생도 이제 결실을 세상에 내어놓을 때가 되었다.

치열하게 달렸던 날들은 이제 천천히 걷는 삶으로 변했다. 경쟁의 굴레에서 벗어나 인생의 풍경을 그리며, 지나온 길 위에 묻어 있는 추억과 교훈을 곱씹는다.

가을은 또한 겨울을 준비하는 계절이기도 하다. 언젠가 맞이할 추운 날들을 위해 지금의 건강과 마음을 다시 추스른다. 노화로 인해 신체는 조금씩 변하지만, 자연스럽게 받아들이며 삶의 균형을 맞추는 지혜를 배워간다. 더 단순한 삶, 더 깊은 행복, 그리고 작은 일에도 만족을 느끼는 마음이 더욱 풍요롭게 만든다.

결국 인생의 가을은 나만을 위한 시간이 아니다. 내게 주어진 축복과 결실은 가족과 후배, 그리고 세상을 위한 것이기도 하다. 자녀에게는 삶의 방향을 제시하고, 후배들에게는 내 손을 내밀어 성장의 발판이 되어준다. 내 삶이 씨앗이 되어 또 다른 열매로 자랄 수 있다면, 그것만으로도 충분히 가치 있다.

길지 않을 가을에, 그래서 더욱 귀한 가을에 내 삶의 흔적이 따뜻하게 남을 수 있도록, 풍성한 결실 속에서 감사하며 나누는 일이 내가 해야 할 가장 큰 과제이다. 그리고 서서히 다가오는 겨울을 준비하며, 나의 마지막 계절도 풍요롭고 따뜻하게 보낼 수 있기를 바란다.

언젠가 흰 눈이 덮인 겨울이 찾아오면, 나는 내 삶의 나무 아래 앉아 이렇게 말할 것이다. "나의 봄은 생명의 씨앗을 뿌렸고, 여름은 치열한 태양에 키웠고, 가을에는 많은 결실을 나눴으며, 겨울은 기억으로 충분히 따뜻했다"라고 말할 것이다. 가을이 주는 고요한 축복처럼, 내 인생의 가을은 따뜻한 흔적으로 남아있다.

겨울이 오기 전에 해야 할 일은, 지금까지 걸어온 길을 돌아보며 내가 쌓아온 열매들을 하나하나 정리하고 나누는 일이다. 겨울의 추위는 피할 수 없는 현실이지만, 지금의 나를 잘 돌보고 준비한다면 겨울은 단순히 냉혹한 계절이 아니라 한 해를 온전히 마무리하는 평온한 시간이 될 수 있다. 몸과 마음을 더 단단히 다스리고, 주변을 따뜻하게 채우며, 내게 남은 시간과 에너지를 의미 있게 사용하는 법을 배워야 한다. 지금의 풍요로움에 감사하며, 내가 가진 것을 흘려보내는 법을 터득하는 것. 그것이 바로 겨울을 앞둔 지금의 나에게 가장 중요한 과제다.

황금빛 들녘이 바람에 물결칠 때, 농부의 손길은 분주하지만 마음은 고요하다. 봄날의 씨앗과 여름날의 땀방울이 이뤄낸 결실이 눈앞에 펼쳐져 있으니, 수확의 기쁨과 감사가 마음을 가득 채운다. 농부는 묵묵히 고개 숙인 벼를 낫으로 베어내며, 땅의 선물에 고개를 숙인다. 흙냄새, 볕에 그을린 나뭇결 같은 손, 그리고 하늘로 날아오르는 참새들의 울음소리가 농부의 하루를 목가적으로 채운다.

저녁이 되면 수확한 곡식을 마당에 널어놓고 뒷짐을 진 채 서서 천천히 익어가는 가을 풍경을 바라본다. 붉게 물든 하늘 아래에서 땅끝까지 이어지는 밭고랑은 마치 그의 수고와 정성을 그대로 그려낸 듯하다. "올해도 잘 됐구나"라는 혼잣말과 함께 입가에 번지는 미소는 삶의 소소한 행복을 품은 농부의 마음 그대로다.

가을걷이는 단지 곡식을 거두는 일이 아니다. 한 해 동안의 고단함과 인내를 마무리하고, 겨울을 준비하는 마음을 다잡는 과정이다. 그렇게 농부의 하루는 저물어 가고, 들녘에는 서늘한 밤이 찾아오지만, 농부의 마음속에는 수확의 따뜻한 온기가 오래도록 남아 있다.

수험을 앞둔 학생의 마음은 가을걷이를 준비하는 농부의 마음과 다르지 않다. 지금까지 흘린 땀과 쌓아온 노력의 결실을 거두기 위해, 하루하루를 묵묵히 보내며 긴장과 설렘이 교차하는 시기를 보내고 있다.

책상 위에 펼쳐진 교재와 쌓인 문제집은 마치 논밭에 심은 벼와 같다. 봄에는 설렘으로 씨앗을 뿌리듯 목표를 세웠고, 여름에는 뙤약볕 아래의 농부처럼 더위와 지루함을 견디며 꿋꿋이 학업에 매진했다. 가을에 접어든 지금, 시험이라는 수확의 날이 점점 다가오며 마음 한편에 설렘과 긴장이 찾아온다.

긴 시간의 노력이 헛되지 않기를 바라는 마음에 매 순간 최선을 다하지만, 문득 불안감이 엄습할 때도 있다. 그럴 때면 농부가 하늘을 바라보며 날씨를 점치듯, 책을 덮고 하늘을 바라본다.

끝없이 반복되는 문제 풀이와 암기 속에서도 작은 진전을 느낄 때마다 스스로에게 힘내라며 속으로 응원의 말을 건넨다.

수확을 앞둔 농부가 결국 땀의 결실을 거두듯, 지금까지의 노력이 좋은 열매로 맺히길 바란다. 결실이 크든 작든, 과정 자체가 나를 성장시키는 밑거름이 되었음을 믿는다. 시험장에 들어설 그날, 마치 추수한 곡식을 뒤로하고 땅에 감사의 인사를 전하는 농부처럼, 나는 나 자신에게 수고했다고 말할 수 있을 것이다.

조선시대 과거시험을 준비하던 선비들의 모습은 오늘날의 수험생과 크게 다르지 않았다. 하나의 목표를 위해 십 년 이상 고된 학문 수양에 매진하며, 매일 새벽 기도를 드리듯 경전을 읽고 필사를 반복했다. 밤늦게까지 등잔불 아래에서 글을 쓰던 선비들의 모습은 마치 가을걷이를 위해 들판에서 수고를 아끼지 않던 농부와도 같다. 과거시험은 집안의 명예와 자신이 꿈꾸는 삶을 이루기 위한 길이었다. 마음속에 불안을 품으면서도 묵묵히 준비를 이어갔고, 합격 후에는 고난이 자신을 단단하게 만들었음을 깨달았다.

내 인생의 가을은, 내가 살아온 시간을 돌아보며 감사와 나눔으로 마무리하는 시기다. 봄과 여름 동안 뿌리고 가꾸었던 모든 씨앗들이 이제 결실로 나타났고, 열매는 나만의 것이 아니라 나를 둘러싼 가족, 후배 그리고 세상을 위해 흘러가야 한다. 지나온 길에 대한 감사와 다가올 겨울에 대한 준비, 그리고 지금 이 순간의 풍요로움을 음미하는 것, 이것이 바로 가을이 주는 가장 큰 깨달음이다.

지금껏 흘려온 땀과 수고가 헛되지 않도록, 또 내 삶의 열매가 누군가의 삶에 작은 힘이 될 수 있도록, 나의 가을을 더욱 빛나게 가꾸겠다고 다짐한다. 겨울이 온다고 해도, 나의 삶은 그 계절 속에서 또 다른 의미를 찾고 이어질 것이다. "내 인생에 가을이 오면 지금 내 마음밭에 좋은 생각의 씨를 뿌려 좋은 말과 행동의 열매를 부지런히 키워야겠습니다"라고 읊는 윤동주 님의 시가 나에게 주는 것처럼 남은 삶을 가꾸어 나간다. 인생은 살아내는 것만으로도 위대하다는 다른 시인의 말에 또한 적극 공감한다.

기다림, 삶을 채우는 선물

"너와 오후 3시에 약속을 하면 나는 아침부터 행복해진다. 내 가슴은 너와의 약속을 나보다 더 잘 알아 먼저 가슴이 뛴다."

어느 작가의 글이 생각난다. 기다림은 행복을 저축해 놓고 있다. 신기하다. 시간이 꽃 피는 것이 기다림이다. 삶은 기다림의 연속이다. 우리는 태어나면서부터 죽을 때까지 수많은 것을 기다린다. 아침 해가 뜨기를 기다리고, 버스를 기다리고, 월급날을 기다리고, 사랑하는 사람의 답장을 기다린다. 때로는 간절한 마음으로, 때로는 지루함 속에서 기다림을 경험한다. 기다림은 단순히 시간의 흐름을 견디는 것이 아니다. 삶을 더욱 깊고 풍요롭게 만드는 특별한 의미와 아름다움이 숨겨져 있다.

인생에서 몇 번의 중요한 기다림을 경험했다. 첫사랑의 답장을 기다리던 젊은 시절, 첫 월급이 들어오기를 손꼽아 기다리던 신입사원 시절, 그리고 한때는 성장의 정체 속에서 새로운 기회를 기다리기도 했다. 기다림은 때론 초조했고 때론 지루했지만, 결국 나를 성장시켰다. 인생에서 기다림이 없다면 기쁨도, 감동도, 성취감도 반감될 것이다.

기다림은 삶 속에서 다양한 모습으로 나타난다. 우리는 종종 간절한 희망을 품고 무언가를 기다린다. 합격 통지, 취업 소식, 아이의 탄생 등 미래에 대한 기대와 설렘으로 가득한 기다림은 큰 힘을 준다.

나는 손주의 탄생을 기다리며, 아이가 세상에 태어나 어떤 인생을 살아갈지 상상해 본다. 며느리는 몇 번에 걸친 시험관 시술에 성공했다. 초음파 사진을 보며 자라는 모습을 확인하고, 태명으로 '찰떡'이라는 이름을 지어주었다. 기다림은 시간의 흐름이 아니라 설렘의 연속이었다. 시간은 때로 반짝이는 보석 같다는 것을 느꼈다.

우리는 살면서 결과를 알 수 없는 불확실한 기다림을 견뎌야 한다. 질병의 완치, 재정적인 어려움 극복, 인간관계 회복 등 어려운 상황 속에서 인내심을 발휘하며 기다리는 과정은 우리를 더욱 성숙하게 만든다. 조직 내에서 좌천이라는 어려움을 겪은 적이 있다. 재보직을 기다리는 동안 불안과 초조함이 컸지만, 시간은 인생을 가르쳐 주었다. 더욱 강해질 수 있었다. 결과적으로 기다림이 있었기에 더 큰 성장을 이룰 수 있었다.

사랑하는 사람과의 만남, 특별한 날을 손꼽아 기다리는 시간은 행복한 설렘을 준다. 기다림은 소중한 것의 가치를 다시 한번 깨닫게 하고, 기대감을 통해 더욱 큰 기쁨을 느낄 수 있도록 한다.

주말마다 가족과 함께 교회에 다녀와서 점심을 먹으며 한 주간의 이야기를 나눈다. 평범한 기다림이 쌓여 가족의 유대감이 깊어진다. 큰 아름다움은 평범함에 있음을 공부한다. 일 년에 한번은 고향을 찾아 조상을 뵙고, 선산을 돌보며 뿌리를 되새긴다. 기다림은 단순한 시간이 아니라 삶의 의미를 되찾는 과정이다. 기다림은 내면을 성장시키는 경험을 하게 한다.

기다리는 대상에 대한 기대감은 우리를 즐겁게 하고, 삶의 활력을 불어넣어 준다. 어린 시절, 설날 아침에 세뱃돈을 받을 생각에 들뜬 적이 있다. 작은 용돈이었지만 기다림이 주는 설렘은 무엇과도 바꿀 수 없었다.

기다리는 과정은 때로 지루하고 힘들기도 하지만, 극복하는 과정에서 인내심과 자제력을 키울 수 있다. 골프를 치면서 나는 인내의 가치를 배운다. 공이 원하는 방향으로 날아가지 않을 때가 있다. 한 타 한 타를 기다리고 집중하는 과정에서 실력이 향상

된다. 기다림 없이 한순간에 좋은 성과를 낼 수 있는 것은 없다.

기다림을 통해 당연하게 여겼던 것들의 소중함을 깨닫고, 감사하는 마음을 갖게 된다. 한때는 늘 함께할 것 같았던 동료들이 하나둘 회사를 떠났다. 나는 끝까지 남아 정년까지 다닌 사람이 되었다. 시간이 지나 돌아보니, 동료들과의 관계, 조직과의 유대감, 그리고 쌓은 경험들이 무엇보다 값진 것이었다.

기다리는 동안 자신을 돌아보고, 앞으로 나아갈 방향을 생각하며 내면을 성장시킬 수 있다. 나는 은퇴 후 문화적인 삶을 즐기며 새로운 것을 배우고 있다. 글을 쓰고, 사진을 찍고, 캘리그라피Calligraph를 익히는 과정도 기다림의 연속이다. 한 획 한 획을 천천히 그리며 기다리는 시간이 쌓여야만 멋진 작품이 나온다.

기다림은 삶의 필수적인 부분이며, 아름다움과 의미가 담겨 있다. 기다림을 통해 희망을 품고, 인내를 배우고, 소중한 것의 가치를 깨닫고, 내면을 성장시킬 수 있다. 빠르게 변화하는 시대 속에서도 여전히 기다려야 하는 순간을 맞이한다. 하지만 기다림이 헛되지 않다는 것을 깨닫는 순간, 삶은 더욱 깊고 풍요로워진다. 기다림은 쉽게 얻을 수 없는 것들의 소중함을 일깨워 주며, 순간의 만족보다 더 큰 의미를 찾게 만든다.

시간이 지나면 알게 된다. 어린 시절 기다렸던 설날의 세뱃돈보다, 그날 가족들과 함께했던 시간이 더 소중했음을. 회사에서 힘든 시간을 견디며 기다렸던 승진보다, 동료들과 함께했던 순간들이 더 값졌음을. 손주의 탄생을 기다리는 시간이 삶의 새로운 기쁨을 맞이할 준비 과정이었음을.

　기다림이란 멈춤이 아니라 더욱 단단하게 하고, 감사할 줄 아는 마음을 갖게 하며, 더 큰 기쁨을 위한 준비 과정이 된다. 빠르게 변화하는 세상 속에서도 기다림이 주는 가치를 이해하는 사람만이 진정한 행복을 찾을 수 있다. '기다림은 단순한 시간이 아니라, 삶을 깊이 있게 만드는 과정이다.' 이제 나는 기다림을 두려워하지 않는다. 기다림이 곧 성숙이며, 기다림의 끝에는 더 넓은 세상이 열릴 것을 알기 때문이다. 내 인생에서 기다림은 행복상자였다. 고난도 빛나게 만들어주었음에!

느림의 미학, 슬로 라이프Slow Life로 살다

　"내 인생도 슬로비디오로 살 수 있다면, 나무늘보처럼 천천히 살 수 있다면, 행복할까?"

　급변하는 현대 사회에서 '느림'은 단순한 속도의 문제가 아닌, 삶의 질을 높이는 철학으로 자리 잡았다. 기술 발전, 정보 과잉, 사회적 압박 속에서 우리는 끊임없이 속도를 강요받지만, 그럴수록 느리게, 의미 있게 살고자 하는 갈망은 더욱 커져간다. 슬로 시티, 슬로푸드는 갈망의 표현이며, 빠르게 흘러가는 세상 속에서 자신을 지키기 위한 몸부림이다.

　70대에 접어들기 전까지 나는 쉼 없이 달려왔다. 직장과 사회

활동으로 늘 분주했고, 시간은 늘 부족했다. 40여 년의 직장 생활을 마무리하고 맞이한 은퇴는 공허함과 외로움을 안겨주었지만, '느리게 사는 삶'을 선택하면서 비로소 진정한 자유와 평안을 느낄 수 있었다. 새벽 예배, 가벼운 체조, 창밖의 햇살을 바라보며 마시는 커피, 공원을 산책하며 느끼는 계절의 변화, 친구와의 느긋한 점심 식사…. 새롭고 소중한 일상이 되었다.

슬로 라이프는 시간을 낭비하는 것이 아니라, 삶의 깊이를 더하는 여정이었다. 주변의 작은 것에서 큰 기쁨을 발견하게 하고, 인생의 무게를 더욱 소중하게 느끼게 했다. 느리게 진행하는 삶의 방식을 이해하지 못하는 사람들도 있다. 그들에게 이렇게 말한다. "느리게 사는 것은 인생을 풍요롭게 만드는 방법입니다. 이 시간을 통해 저는 삶의 진정한 의미를 발견하고, 자신과 깊은 관계를 맺게 되었습니다."

고희古稀의 나이에 신체의 젊음은 덜하지만, 마음은 여전히 청춘이다. 매일이 새롭고, 인생의 또 다른 아름다움을 발견해 간다. 더는 시간에 쫓기지 않고, 인생의 주인이 되어 매 순간을 소중히 여긴다.

몇 년 전 들었던 '느림의 미학' 강의는 내 삶의 방향을 제시했다. 사회의 빠른 속도와 효율성보다 느리고 차분한 삶의 중요성을 강조하는 강의였다. 일상의 서두름을 버리고, 의식적으로 느린 속도로 일과 취미를 즐기며 순간에 집중하는 삶. 소확행, 워라밸과 같은 단어가 유행하는 것도 같은 맥락일 것이다.

시간은 모두에게 공평하지만, 속도를 늦출수록 행복지수는 높아진다. 인생의 황혼기에 접어들며 풍부한 경험과 통찰력을 바탕으로 새로운 시작을 탐색하는 여정은 더욱 의미 있다. 성찰과 성장의 시간이며, 인생에서 가장 가치 있는 순간에 집중하는 일이다. 시간의 소중함을 느끼며, 지나온 세월을 되돌아보고 남은 시간을 어떻게 활용할지 고민한다. 깊은 이해와 감사는 내일을 더욱 의미 있고 충실하게 살고자 하는 의욕을 불러일으킨다.

지식과 지혜의 전달자로 살고 싶다. 경험에서 얻은 교훈을 가족, 친구, 더 나아가 모르는 사람들과 나누며 그들의 삶을 풍요롭게 하고 싶다. 과거, 현재, 미래가 연결되는 것을 느낀다.

여행, 취미, 교육 등 새로운 활동에 참여하며 배우고 나누며 살아간다. 삶에 대한 열정을 가지고 나이에서 오는 고립감과 무력감을 극복하려 노력한다. 쌓아온 경험과 성취를 바탕으로 많은 사람이 자신의 열정을 찾고 남은 시간을 의미 있게 보내도록 돕고 싶다. 자선 활동, 멘토링, 창작 활동 등을 통해 사회에 기여하고자 한다.

신체적, 사회적 변화를 수용하며 새로운 현실에 맞춰 삶의 방식을 조정하는 유연성을 갖는다. 변화를 긍정적인 기회로 받아들이고, 삶의 새로운 단계를 즐기는 법을 배운다. 가족, 친구와의 관계에서 얻는 사랑과 지지는 큰 기쁨이다.

인간관계의 중요성을 알고, 인생에서 진정으로 중요한 것이 무엇인지 깊이 이해하며, 자신의 존재와 인생 여정에 감사하면서 남은 시간을 의미 있고 충실하게 보내려 노력한다. 모든 순간이 소중하며, 삶의 모든 경험이 가치 있음을 깨닫는다.

슬로 라이프는 단순한 삶의 방식이 아닌, 깊은 삶의 철학이다. 현재에 집중하고 삶의 진정한 가치를 발견하며 건강한 몸과 마음으로 살아가려 한다.

슬로 라이프는 내가 진정으로 원하는 삶을 위한 필요충분조건이다. 개인적으로, 사회적으로 매우 의미 있는 일이다. 이슬과 같고 풀의 꽃과 같은 짧은 인생에서 만나 배우고 나누며 즐겁고 가치 있는 삶이 진정한 인생임을 다시 한번 깨닫는다.

인생의 술잔, 계영배戒盈杯

사건 하나가 인생을 가르쳐 줄 때가 있다. 단순하지만 묵직한 깨달음이다. 어둑한 저녁, 외국에서 온 귀한 손님을 모시고 강남에 있는 한정식집 '온정'에 들어섰다. 은은한 조명 아래 정갈하게 놓인 놋그릇들은 마치 시간을 거슬러 온 듯 고풍스러운 분위기를 자아냈다. 도란도란 이야기를 나누며 음식을 맛보던 중, 유독 눈에 띄는 술잔이 있었다. 맑은 청주가 담긴 잔은 신기하게도 술이 일정량 이상 채워지자 저절로 기울어져 술을 쏟아냈다.

"이게 바로 계영배라는 술잔입니다." 주인장의 설명에 모두의 시선이 집중되었다. 선조들의 지혜가 담긴 술잔이라는 말에, 우리는 단순한 호기심을 넘어 깊은 생각에 잠겼다.

"우리네 인생도 이 술잔과 같지 않을까요?" 내가 조심스럽게 입을 열자, 동료들도 저마다의 경험을 털어놓으며 진솔한 대화를 이어갔다. 끝없는 욕심으로 스스로를 갉아먹었던 과거, 현재의 소중함을 잊고 미래에 대한 불안에 떨었던 시간들, 균형을 잃고 한쪽으로 치우쳐 후회했던 순간들, 계영배는 단순히 술잔이 아닌 내 삶의 축소판이었다.

대화를 조용히 듣고 있던 외국인 손님이 감탄하며 입을 열었다. "한국의 문화는 정말 놀랍군요. 단순한 술잔에 이렇게 깊은 철학이 담겨 있다니, 마치 오랜 역사를 가진 현자와 대화를 나누는 것 같습니다. 서양에서는 물질적인 풍요를 추구하는 경향이 강한데, 한국에서는 이렇게 내면의 성찰을 중요하게 생각하는 문화가 있다는 것이 인상적입니다. 오늘 저는 한국의 아름다운 음식뿐만 아니라, 깊이 있는 문화와 철학을 함께 맛본 것 같습니다." 나는 조상들이 남겨준 술과 음식 문화를 의기양양하게 말했다. "우리도 세계에 자랑할 것이 너무 많습니다."

식사를 마치고 '온정'의 문을 나서는 발걸음은 한편 무거웠다. 계영배가 던진 질문은 묵직한 돌덩이처럼 가슴에 남았다. 돌아오는 전철 안에서 한동안 과유불급過猶不及이란 말을 생각했다.

과거, 새로운 프로젝트에 몰두하며 밤낮없이 일에 매달렸다. 성과는 좋았지만 가족과의 시간, 운동, 취미 생활 등 개인적인 삶은 뒷전이었다. 결국 몸과 마음이 지쳐 번아웃 직전까지 갔다.

이후 일과 삶의 균형을 맞추기 위해 노력했다. 퇴근 후에는 반드시 가족과 시간을 보내고, 주말에는 운동이나 취미 활동을 즐겼다. 처음에는 쉽지 않았지만, 점차 균형을 찾아가면서 일의 효율도 높아지고 삶의 만족도도 향상되었다.

균형을 찾고 난 후에 더욱 활기차고 건강하게 살아갈 수 있었다. 가족과의 시간을 통해 사랑과 안정을 느끼고, 운동과 취미 활동을 통해 스트레스를 해소하며 활력을 되찾았다. 일에도 더욱 집중할 수 있게 되어, 업무 성과도 향상되었다. 균형을 유지하는 방법은 개인마다 다르겠지만, 내가 경험한 몇 가지는 우선순위 설정, 시간 관리, 휴식 등이다. 일과 삶의 균형은 꾸준한 노력도 필요하지만, 한 번 균형을 찾으면 효과는 매우 크게 나타났다. 건강하고 행복한 삶을 위해 일과 삶의 균형을 찾는 노력을 지속적으로 해나가기로 마음먹었다.

사람들은 끝없이 치솟는 집값, 과도한 경쟁, 물질만능주의에 대한 두려움과 경멸을 경험하고 있다. 현실은 계영배의 가르침과는 너무나 동떨어져 있다. 젊은 세대 사이에서 유행하는 영혼마저 끌어다 투자한다는 '영끌투자', 미래의 불안감을 해소하기 위한 몸부림이지만 과도한 대출은 오히려 삶의 균형을 무너뜨리고 불행을 초래할 수 있다. 소셜 미디어는 타인의 화려한 삶을 보여주어 상대적 박탈감을 느끼게 하며, 끊임없는 자기계발은 간혹 문제를 일으키기도 한다.

계영배는 선현들의 지혜가 담긴 술잔이다. 탐욕과 불안으로 가득 찬 현대 사회를 살아가는 모두에게 깊은 울림을 준다. 잔에 담긴 선현들의 지혜는 삶의 본질을 꿰뚫는 통찰을 제시한다.

공자는 『논어』에서 중용의 도를 강조하며 과유불급의 이치를 설파했고, 맹자는 '항산항심恒産恒心'을 통해 안정된 삶이 마음의 평화를 가져다준다고 가르쳤다. 백성들의 배를 채우는 것을 '항산恒産'이라 하고, 백성들이 도덕을 실천하는 것을 '항심恒心'이라고 맹자는 정의하고 있다. 일정한 직업이 있어 안정되면 마음도 안정된다는 의미다. 또한 퇴계 이황은 '경敬'의 마음가짐을 통해 욕망을 절제하고 내면의 균형을 유지하는 중요성을 역설했다. 선현들은 경험과 사유를 통해 얻은 지혜를 작은 술잔에 담아 후세에게 전해주었다.

선현들의 가르침은 물질적 풍요와 정신적 빈곤이 공존하는 현대 사회에서 더욱 빛을 발하며, 어떻게 살아가야 할지에 대한 깊은 성찰을 제시하고 있다. 그동안의 삶을 통하여 지나친 욕심은 화를 부르고, 절제는 행복을 가져다줌을 깨닫게 한다. 현재에 만족하고 감사하는 마음은 삶을 풍요롭게 하며, 한쪽에 치우치지 않고 균형을 유지해야 행복한 삶을 살 수 있음을 새겨본다. 다 채우고 살아가는 욕망을 비우고 여백을 채우는 여유를 가지고 싶다.

작은 잔에 깃들어 있는 정신은 절제, 만족, 균형이라는 삶의 가치다. 미처 깨우치지 못했던 가치를 일깨워주는 스승이다. 선현들의 지혜가 담긴 술잔으로 건배를 제의한다. "더욱 성숙하고 행복한 삶을 누리려면 잔의 7할만 채워라." 완성되지 않은 것을 사랑하는 일이 아름답다는 생각을 문득 했다. 내 인생의 빈 곳이 가득 채워지는 느낌이었다.

개와 늑대의 시간 속에서

 해 질 녘, 붉게 물든 하늘 아래로 멀리 실루엣이 보인다. 저것이 나를 반기는 개인지, 위협하는 늑대인지 알 수 없다. 프랑스 사람들은 빛과 어둠이 섞여 경계가 모호한 순간을 '개와 늑대의 시간'이라 부른다. 가까이 가야만 정체를 알 수 있지만, 때로는 그때가 이미 늦은 순간일 수도 있다.
 살아오면서 나는 수도 없이 '개와 늑대의 시간'을 지나왔다. 확신할 수 없는 순간들, 선택 앞에서 머뭇거릴 수밖에 없었던 시간들. 하지만 결국 선택해야 했고, 시간이 흘러서야 의미를 깨닫곤 했다. 신입사원 시절, 회사는 위기를 맞고 있었다. 동기들은 하나둘씩 회사를 떠났다. 나 역시 고민했다. 남아야 할까, 떠나야 할까. 불확실한 미래 앞에서 두려웠지만 흔들리는 마음을 잡고 남아서 기회를 찾기로 했다. 결국 정년까지 다닌 몇 안 되는 사람이 되었다.
 부장 시절, 좌천을 통보받았을 때도 마찬가지였다. 한순간 변방으로 밀려난 것 같았고, 교육 명령을 받아야 하는 현실이 답답했다. 유배가 아닌 성장의 기회로 삼기로 했다. 결국 주위의 인정을 받아 더 중요한 자리로 복귀했고, 이런 경험이 나를 더욱 단단하게 만들었다. 자재관리팀을 맡았을 때 상황은 더욱 복잡했다. 노사 갈등, 자재 결품, 협력업체 납품 문제, 도난 사건까지 해결해야 할 일이 산더미였다. 모든 것이 불확실하고 부담스러웠다. 피하지 않았다. 결국 나를 조직의 중심으로 만들었다.

최근 사위가 해외 근무를 마치고 본사로 복귀했다. 서울에 자리를 잡기로 하면서 신중하게 고민한 끝에 신도시 아파트를 선택했다. 가격이 꼭대기였을 때 매입한 것이 문제였다. 막상 사고 나니 하루가 멀다 하고 가격이 떨어졌다. 딸의 한숨 섞인 말이 귓가를 맴돌았다. 과연 선택이 전적으로 잘못된 것이었을까. 만약 가격이 올랐다면 탁월한 판단이라 평가했을 것이다. 같은 선택이라도 결과에 따라 평가는 달라진다. 결국 우리는 그 순간 최선을 다할 뿐이다.

직장 생활 말년, 계열사로 인사 명령을 받았다. 여기서 대미를 장식하며 마무리할 것인가, 아니면 새로운 도전에 나설 것인가. 개처럼 충실하게 남을 것인지, 늑대처럼 변화를 맞이할 것인지 고민했다. 나는 회사의 명령을 받아 지방으로 내려갔다. 외롭고 힘든 선택이었다. 정신을 차리고 보니 어느새 조직의 테두리 밖에 놓여 있었다. 하지만 지금 돌아보면, 그 선택들이 지금의 나를 만들었다. 후회할 수도 있지만 결국 선택한 자만이 미래를 창조한다는 진리를 터득했다.

생각해 보면 내 인생에서도 선택의 순간들이 많았다. 세상 속에는 무엇이 나에게 도움을 주는 개인지, 무엇이 나를 해치는 늑대인지 분명하지 않다. 하지만 시간이 지나면 알게 된다. 중요한 것은 그 순간 최선을 다해 선택하는 것이다. 사위가 선택한 아파트도 시간이 지나면 또 다른 의미를 갖게 될 것이다. 가격이 오르든 내리든, 결국 그 집에서 만들어가는 가족의 행복이 더 소중할지도 모른다.

인생은 늘 선택 앞에 놓여 있다. 두렵더라도 결국 선택해야 한다. 그리고 후회할 시간이 있다면 다시 나아갈 시간이기도 하다. 나는 지금 개와 늑대의 시간 앞에 서서 인생의 가장 아름다운 풍경을 감상하고 있다. 현대인은 때로는 늑대처럼 치열하게 경쟁하며 살아가고, 때로는 개처럼 순응하고 안정을 추구한다. 다가올 미래는 거대한 변화의 소용돌이 속에 있을 것이다. 직업의 부침, 치열한 경쟁과 도전, 그리고 AI와 우주시대의 도래는 우리 세대뿐만 아니라 다음 세대에게도 커다란 영향을 미칠 것이다.

그러나 미래를 내다보는 식견은 단순한 예측이 아니다. 그것은 변화의 흐름을 읽고 대비하는 지혜다. 결국 변화는 두려움의 대상이 아니라 기회의 또 다른 얼굴일지도 모른다. 노을빛 속에서 나는 지난날을 아름다운 추억으로 되새기며, 다가올 미래를 조용히 그려본다. 세상은 끊임없이 변화하고, 다음 세대들은 그 변화 속에서 새로운 선택을 해야 할 것이다. 내가 가진 경험과 작은 지혜가 그들에게 어떤 의미가 될 수 있을까.

인생에서 개와 늑대의 시간은 늘 찾아온다. 중요한 것은 그 순간을 내 것으로 만들 수 있느냐이다. 머뭇거리면 늑대가 되어 덮쳐올 것이고, 과감히 나아가면 길들인 개처럼 내 것이 될 것이다. 그리고 나는 다시 한번 다짐한다. 앞으로도 또 다른 선택이 주어진다면, 후회하지 않을 현명함을 발휘할 것이라고. 늑대와 개의 이중주는 계속될 것이고 나는 선택할 것이다.

삶을 빚는 곡선의 아름다움

곡선은 유연함과 부드러움 그리고 포용력을 상징한다. 직선이 강렬하고 단단한 인상을 준다면 곡선은 따뜻하고 유려한 감성을 자아낸다. 일상을 돌아보면 곡선은 단순한 미적 요소를 넘어 우리 삶 자체와 닮아 있음을 알게 된다.

고향의 마을길을 걸을 때면 곡선의 아름다움에 마음이 머문다. 완만한 능선을 따라 이어지는 들길, 바람에 춤추는 벼 이삭의 물결은 직선으로 설명할 수 없는 자연의 미학을 담고 있다. 산등성이의 부드러운 곡선, 강물의 유려한 흐름, 하늘을 가로지르는 무지개의 아치. 자연은 직선을 거부하며 끊임없이 이어지는 곡선의 언어로 말을 건넨다.

봄날에는 흩날리는 매화 꽃잎의 곡선 속에서 희망을 느끼고, 여름에는 돌담에 드리운 나무 그늘의 선에서 온기를 느낀다. 가을에는 누렇게 익어가는 들판의 너울 속에서 풍요로움을 보고, 겨울에는 눈 덮인 산야의 굴곡진 모습에서 계절의 순환과 인생의 진리를 배운다. 곡선은 단지 아름다움만이 아니라, 자연의 흐름과 삶의 지혜를 품고 있다.

곡선이 주는 힘은 눈에 보이는 풍경에만 그치지 않는다. 산등성이를 따라 굽어진 나무들은 폭풍우에도 꺾이지 않고 서로를 지킨다. 어릴 적 자연 속에서 곡선의 언어를 배우며 자란 나는 세상의 모든 아름다움은 곡선에서 시작된다는 생각을 자주 한다. 그리고 그것이 삶에 얼마나 깊이 닿아 있는지를 깨닫곤 한다.

인간의 손길이 닿은 곳에서도 곡선은 빠지지 않는다. 기와지붕의 날렵한 처마선, 한복의 우아한 선, 도자기의 둥글고 매끄러운 형태는 모두 곡선의 미학을 담고 있다. 곡선들은 단순히 아름답기만 한 것이 아니다. 자연과 조화를 이루며 살아온 조상들의 지혜와 사유가 담긴 결과물이다. 처마의 곡선은 비를 흘려보내고 바람을 품으며 햇빛을 막아주는 실용적 기능을 한다. 한복의 곡선은 움직임에 따라 자연스럽게 흘러내리며 우아함과 편리함을 동시에 제공한다. 도자기의 둥근 형태는 아름다울 뿐 아니라 손에 잘 잡히고 안정감을 준다.

직선은 뚜렷한 경계와 강한 인상을 주지만 곡선은 경계를 허물며 모든 것을 감싸안는다. 곡선은 유연하면서도 조화로운 아름다움을 통해 단순히 시각적인 즐거움 이상을 전한다. 그것은 삶의 방식이자 철학이다.

가족과 함께 식탁에 둘러앉아 나누는 대화 속에서도 곡선을 느낀다. 식탁을 중심으로 둥글게 모여 앉아 서로의 이야기를 주고받으며 직선적인 논쟁이 아닌 부드럽고 따뜻한 곡선의 대화를 이어간다. 이러한 순간은 가족 간의 조화와 균형을 상징한다.

산책로를 따라 걷는 순간에도 곡선의 의미를 발견한다. 직선으로 뻗은 도로는 지루하게 느껴지지만 곡선으로 이어진 길은 매 순간 새로운 풍경을 보여준다. 고개를 돌릴 때마다 드러나는 호수의 푸른 윤곽과 숲의 부드러운 윤선은 인생의 길이 직선일 필요는 없다는 깨달음을 준다. 굴곡진 길에서 우리는 더 많은 것을 보고 느끼며 배운다.

내가 기업 경영자로 일하며 만난 조직들도 곡선의 철학을 닮았다. 빠르게 성장만을 추구하는 직선적 경영보다는 한 발 물러나 유연하게 대처하며 협력과 화합을 이루는 조직이 더 큰 도약을 이룬다. 신규 사업과 해외 진출 그리고 구조를 재편할 때도 직선적 목표보다는 곡선처럼 부드럽게 방향을 수정하며 나아갈 때 더 큰 성과를 얻었다. 인생에서 직선적 성공보다 곡선의 우회로를 걸으며 얻는 배움과 성장이 더 크다는 것을 보여준다.

삶은 곡선으로 이루어져 있다. 목표를 향해 빠르게 달리는 직선의 길은 단순하고 효율적일 수 있지만, 굴곡진 길은 더 풍요롭고 깊은 경험을 선사한다. 예상치 못한 방향으로 나아가고, 돌아가는 길에서 새로움을 발견하며, 때로는 쉬어갈 때 비로소 성장한다. 곡선의 길 위에서는 무엇보다 더 많은 풍경을 보고 더 많은 이야기를 품게 된다.

  곡선은 결코 약함을 의미하지 않는다. 물처럼 부드럽게 흐르면서 바위를 뚫는 힘, 바람에 흔들려도 뿌리를 내리는 나무의 유연함이 곡선에 담겨 있다. 굽은 나무가 선산을 지킨다는 말처럼, 때로는 굽히는 것이 강함이 된다. 곡선은 우리에게 조화와 균형을 가르친다.

  나는 어릴 적부터 자연과 조상들이 남긴 곡선의 미학 속에서 자랐다. 아름다움은 나의 삶을 유연하고 풍요롭게 만들었다. 곡선의 길 위에서 자연과 사람 그리고 나 자신과 조화를 이루는 법을 배웠다. 오늘날에도 곡선은 여전히 나의 삶을 가득 채운다. 단순한 형태가 아니라 세상을 살아가는 지혜이며 삶의 태도이다.

  우리의 인생이 곡선으로 이어져 있어 길에서 더 많은 것을 배우고 성장한다. 인생길의 곡선을 받아들일 때 더 아름답고 풍요로운 여정이 가능해진다. 곡선 속에서 피어나는 삶의 미학은 나에게 이렇게 말하는 듯하다. "돌아가는 길도 괜찮아. 그곳에서도 아름다움을 찾을 수 있을 테니." 어릴 적 초가지붕의 곡선과 동산의 부드러운 곡선이 추억을 어루만진다. 저녁 밥 짓는 굴뚝의 연기가 휘어져 하늘로 올라가는 모습이 떠오른다. 고향은 다시 아름답다.

여백의 미美, 그 깊은 울림

동양화에서 여백은 단순한 빈 공간이 아니다. 그것은 침묵 속에서 이야기하고, 생명이 자라나는 터전이며, 감상자의 상상력을 끌어내는 공간이다.

얼마 전, 지인으로부터 사군자 중 하나인 눈 속의 난초 그림을 선물 받았다. 화폭 한쪽에 조용히 자리한 난초와 휘어진 잎 몇 개, 그리고 나머지는 온전히 여백이었다. 빈 공간이야말로 난초의 존재를 더욱 돋보이게 했다. 만약 화면을 빽빽한 붓질로 채웠다면 난초의 고고한 아름다움도 사라지고 말았을 것이다.

고등학교 시절, 책상 앞에 "놀지 말고 쉬는 사람이 되자"라는 문구를 붙여 두었던 기억이 난다. 노는 것과 쉬는 것은 다르다. 쉬는 것은 스스로 여유를 가지며 새로운 힘을 비축하는 시간이다. 여백이 있는 그림이 감상자의 상상력을 자극하듯, 삶에서도 여유를 아는 사람은 깊이 있는 사고를 하며 더 큰 일을 해낼 수 있다.

건축에서도 여백이 아름다움을 더한다. 훌륭한 건축가는 공간을 비움으로써 건물의 가치를 높인다. 탁 트인 거실, 햇살이 스며드는 창, 군더더기 없이 정리된 방이 주는 편안함이 바로 그것이다. 공간이 빽빽하게 채워질수록 답답함을 느끼듯, 삶에서도 여백이 사라지면 숨이 막힌다.

유럽 문화에서도 여백의 가치는 두드러진다. 프랑스나 이탈리아 요리는 커다란 접시에 여백을 두고 음식을 담아낸다. 단순히 양이 적어서가 아니라 미적 감각과 음식의 가치를 높이기 위한 연출이다. 반면 동양의 식문화는 한 상 가득 반찬을 올려놓으며 풍성함을 강조한다. 여백을 바라보는 철학적 차이를 보여준다.

현대 사회는 점점 여백을 잃어가고 있다. 도시에는 빽빽한 건물이 들어서고 교통 체증이 일상이 되었다. 스마트폰과 인터넷의 발달로 끊임없이 정보가 쏟아지면서 조용히 사색할 시간조차 줄어들고 있다. 일정이 가득 찬 사람이 더 많은 일을 해내는 것 같지만, 정작 중요한 것들을 놓치기 쉽다.

삶에 여백이 없는 사람은 쉽게 지친다. 성공한 사람일수록 의식적으로 여백을 만들어낸다. 많은 CEO들이 하루를 명상으로 시작하는 것도 같은 이유다. 스티브 잡스는 명상을 통해 창의력을 키웠다고 한다. 정신적으로 비움을 실천할 때, 우리는 더 명확한 판단을 내리고 새로운 아이디어를 떠올릴 수 있다. 동양의 철학에서도 여백은 깊은 의미를 지닌다. 붓글씨에서 획과 획 사이의 공간이 글자의 균형을 이루듯, 인생에서도 적당한 여백이 있어야 조화가 생긴다.

좋은 대화에서도 마찬가지다. 말을 가득 채우는 사람보다 침묵 속에서 뜻을 전달할 줄 아는 사람이 더 신뢰를 받는다. 결국 눈에 보이지 않는 것이 눈에 보이는 것보다 깊고 넓으며 더 큰 의미를 지닌다는 동양 철학의 지혜와 맞닿아 있다.

베토벤 음악의 매력도 단순한 음 자체가 아니라 음과 음 사이의 침묵에서 비롯된다고 한다. 그의 음악은 쉼표와 정적이 주는 긴장과 대비를 통해 더욱 깊은 울림을 만들어낸다. 현대 사회에서도 적절한 쉼과 사색이 창조성과 균형을 만들어 내는 것과 같은 이치다.

성현들은 여백을 통해 삶의 본질을 깨닫고 실천했다. 공자는 지족불욕知足不辱이라 하여, 스스로 만족할 줄 아는 사람이 욕됨이 없다고 했다. 여백은 욕심을 버리고 겸손하게 살아가는 태도를 의미한다. 비움 속에서 진정한 충만함을 찾는 것, 그것이 지혜로운 삶의 방식이다.

여백을 가질 줄 아는 사람은 결국 더 큰 사람이 된다. 마음의 공간이 넓기에 더 많은 사람을 품을 수 있고, 더 멀리 내다볼 수 있다. 세상이 빠르게 돌아갈수록 오히려 의식적으로 여백을 찾아야 한다. 텅 빈 시간, 자연 속에서의 여유, 또한 스마트폰, 컴퓨터, 소셜 미디어 플랫폼과 같은 디지털 장치 사용을 자발적으로 자제하는 디지털 디톡스Digital Detox를 실천하며 삶에 숨 쉴 공간을 만들어야 한다.

진정한 풍요로움은 가득 채우는 것이 아니라 적절히 비울 때 완성된다. 학생 시절의 노는 것보다 쉬는 의미를 깨달아 간다. 거실 한쪽에 걸어놓은 난 그림을 보며 깨닫는다. 이제는 잊혀져 가는 '여백의 미'를 다시 되찾고 싶어지는 마음이다. 비어있어야 바람을 만날 수 있다.

인생은 떨림과 울림 사이의 여정

새로운 세상을 만나는 첫 일성이 울음이다. 갓 태어난 아기의 울음은 세상과의 첫 떨림이다. 불안과 설렘이 뒤섞인 떨림은 낯선 세상에 던져진 존재의 두려움이자, 앞으로 펼쳐질 삶에 대한 벅찬 기대의 전주곡이다. 떨림은 곧 시작이다. 새로운 만남, 새로운 도전, 새로운 시작 앞에 우리는 늘 떨림을 마주한다. 첫 출근길의 설렘, 사랑하는 사람과의 첫 데이트, 꿈에 그리던 무대에 오르기 직전, 심장은 쿵쾅거리고 손끝은 저릿해진다. 떨림은 살아있게 하는 에너지이자, 앞으로 나아가게 하는 숭고한 원동력이다.

중학생 교복을 입고 등굣길에 나서던 아침, 귓가에 맴돌던 친구들의 웃음소리와 활기찬 학교 풍경은 아직도 선명하다. 풋풋했던 학생 시절, 수많은 떨림과 설렘 속에서 꿈을 키우고 우정을 쌓아갔다. 첫 시험 전날 밤의 긴장감, 짝사랑하던 친구에게 고백하던 날의 떨림, 체육대회 날 함께 응원가를 부르며 목이 터져라 외치던 기억, 학생 시절의 모든 순간은 떨림과 설렘으로 가득했다. 떨림들은 단순한 긴장이나 불안이 아닌 새로운 시작을 향한 순수한 기대감이자 뜨거운 열정이었음을 이제야 깨닫는다.

시간이 흘러 어른이 된 지금 문득문득 그때의 떨림이 그리워질 때가 있다. 순수하고 열정적이었던 시절의 떨림은 잊고 지냈던 꿈과 희망을 다시금 일깨워준다. 학생 시절의 떨림은 나의 삶의 소중한 자산이다. 떨림은 불안과 두려움이라는 그림자를 동반하기도 한다. 실패에 대한 두려움, 미지의 세계에 대한 불안감은 우리를 움츠러들게 만들고 때로는 주저앉게 만들기도 한다. 떨림을 극복하고 나아갈 때 비로소 성장하고 성숙해진다. 떨림은 성장의 발판이자, 도약의 디딤돌이다.

시간이 흘러 떨림은 점차 울림으로 변해간다. 사랑하는 사람과의 결혼식에서 터져 나오는 감격의 울음, 오랜 노력 끝에 꿈을 이루었을 때 터져 나오는 환희의 울음, 세상을 떠나는 이의 마지막 숨결에서 느껴지는 애잔한 울림. 울림은 삶의 희로애락을 담아내는 감정의 결정체이자, 삶의 여정을 마무리하는 아름다운 마침표이다.

조용한 시간을 잡아 지나온 삶을 되돌아보며 어떤 가치를 추구하며 살아왔는지, 어떤 순간에 가장 큰 행복을 느꼈는지 깊이 성찰해 보는 시간을 갖는다. 때로는 거센 파도처럼 몰아치는 떨림에 힘겨워하고, 때로는 깊은 슬픔의 울림에 눈물짓기도 하지만 삶의 의미를 깨닫고 더욱 단단해진다. 떨림과 울림은 삶의 아름다운 선율이자 영원히 잊지 못할 추억이다.

오늘도 나는 새로운 떨림을 마주하고, 언젠가 다가올 울림을 향해 나아간다. 떨림이 많을수록 인생의 깊이가 있고 울림이 많을수록 의미 있는 삶을 산 사람이다. 인생은 수많은 떨림과 울림으로 채워진다. 떨림은 시작을 알리고, 울림은 마무리를 장식한다. 떨림은 설레게 하고, 울림은 감동하게 한다. 떨림은 성장하게 하고, 울림은 성숙하게 한다. 인생은 떨림과 울림 사이, 찰나의 순간들을 아름답게 채워가는 찬란한 여정이다.

삶의 마지막 순간, 사랑하는 이들의 따스한 손길과 애틋한 눈빛 속에서 떨림과 기쁨, 슬픔과 환희가 뒤섞인 삶을 되돌아보며 조용한 시간을 가져본다. 이제 울림을 남겨야 할 시간이다. 과거의 경험이 아닌 앞으로 남길 울림을 위한 마지막 여정의 시작이다. 나의 울림은 어떤 향기로움으로 남겨질까. 가족, 친구, 연인에게 따뜻한 사랑을 전하는 전령사가 되어 나의 삶 자체가 모든 이에게 깊은 감동과 영감을 주는 울림이 되기를 소망한다. 가장 명징한 감동은 떨림이다. 생명의 환희로 부르르 떨어야겠다.

2.
관계 속에서 피어나는 아름다운 여정

만남과 헤어짐 속에 피어나는 사랑은 소통과 이해를 통해
깊은 관계를 만들고, 그 애틋한 여운은 삶의 향기로움이 된다.

아름다운 만남, 마음을 잇는 따뜻한 대화

꽃이 떨어져 하늘의 별이 되고 하늘의 별이 떨어져 꽃으로 피는 아름다운 세상에 삶은 끝없는 만남과 이별로 꽃이 피고 졌고, 별이 뜨고 졌다. 인생은 만남과 이별로 만들어진다. 누군가 이를 가리켜 '인생은 한 편의 드라마'라고도 했다. 등장인물들이 무대에 오르락내리락하며 서로 교차하는 것처럼 만남과 이별을 반복하면서 끝이 없는 등고선을 타며 살아간다.

만남은 마치 새로운 책을 펼치는 순간과도 같다. 처음 만난 사람과는 무엇을 말해야 할지 어색하지만, 우리는 곧 이야기를 나누며 그 사람의 인생 페이지를 넘겨보게 된다. 어떤 사람들은 짧은 단편소설처럼 다가와서 금세 사라지기도 하고, 어떤 사람들은 긴 대하소설처럼 오래 머물며 깊은 흔적을 남긴다. 때로는 등장과 동시에 '이 인물, 어디서 봤지?'라는 친근함을 느끼는 순간도 있고, 어떤 이들은 첫 장부터 너무나 어려운 책처럼 다가와 이해하기 힘들 때도 있다.

책이 끝나면 우리는 다시 다음 신간을 펼쳐야 한다. 이별은 바로 책의 마지막 장을 넘기는 순간과 같다. 책의 마지막 장에 이르면 새로운 인물이 등장하는 이야기를 읽을 준비가 된다. 그리고 새로운 책은 또 다른 만남을 예고한다.

삶은 우리가 좋아하는 대하드라마 시리즈처럼 종영할 때도 있고, 중간에 시즌이 갱신되지 않아 갑자기 끝나버리기도 한다. 중요한 건, 드라마가 끝날 때마다 새로운 시리즈가 기다리고 있다는 사실이다. 그렇기에 다시 만나고, 헤어지며 배우고 성장해 간다. 결국 세상에서 만남과 이별은 하나의 장편 소설이다. '또다시 어디쯤에선가 만나게 될까?'

맹자는 "지나간 자리에 미련을 두지 말라"라고 했다. 어쩌면 만남과 이별을 무겁게 받아들이기보다 자연스러운 흐름으로 보고 그저 미소를 띠고 다음 페이지로 넘어가는 것이 지혜일 것이다. 인생은 결국 일종의 만남과 이별의 무한한 순환이니까.

삶에서 가장 기억에 남는 순간은 대부분 누군가와의 '아름다운 만남'에서 비롯된다. 그저 평범한 날에 특별한 사람을 만나게 되고, 만남은 인생을 바꾸기도 한다. 인생에서의 아름다운 만남은 자체로 하나의 선물이며, 영향력은 크고도 깊다.

운명은 우연을 가장해 찾아온다. 한적한 카페에서 우연히 알게 된 한 사람이 있었다. 혼자 커피를 마시며 책을 읽고 있었는데, 옆 테이블에 앉은 사람이 무심코 책의 주제에 대해 나에게 말을 걸었다. 우연히 시작되었고, 대수롭지 않게 느꼈었다. 하지만 작은 대화는 서서히 깊어져, 비슷한 관심사와 가치를 공유하고 있음을 알게 했다.

그 사람은 여행을 좋아했지만, 나는 그때까지 여행에 대해 잘 알지 못했다. 그럼에도 불구하고 그와의 대화는 내가 미처 보지 못했던 세상을 새로운 시각으로 바라볼 수 있도록 도와주었다. 그는 자신의 경험을 이야기하며, 여행이 단순히 장소를 옮기는 것이 아닌 새로운 사람을 만나고 그들과 교감하는 과정이라는 것을 알려주었다. 그와 여행하며 많은 대화를 이어 갔고 무언가를 배우는 소중함을 가지기 시작했다.

일회성의 짧은 인연이 아니었다. 종종 만나며 서로의 경험을 나누었고, 나 또한 여행을 통해 새로운 세상을 탐험하기 시작했다. 만남을 통하여 나 자신을 확장하고, 내가 몰랐던 삶의 다른 측면들을 경험할 수 있었다. 만남이 사람을 성장시키고, 세상을 더 넓게 바라볼 수 있도록 한다는 사실을 깨달은 순간이었다. 이러한 만남은 단순히 '우연'이나 '행운'으로 설명되지 않는다. 그것은 우리의 삶 속에서 어떤 중요한 전환점이 되어 준다.

가족이나 친구처럼 가까운 사람과의 만남도 소중하지만, 때로는 이렇게 예기치 않은 타인과의 만남이 삶에 커다란 영향을 미친다. 만남을 통해 우리 자신을 다시 정의하고, 길을 새롭게 발견하게 된다. 우연처럼 보였던 만남이 인생의 중요한 갈림길을 만들어 주는 것이다.

카페에서의 우연한 만남은 지금도 내게 특별한 기억으로 남아 있다. 그 사람과의 대화가 없었다면 나는 지금과는 다른 길을 걸었을지도 모른다. 그 만남 덕분에 나의 경계를 넘어 새로운 세상으로 나아갈 수 있었다. 아름다운 만남은 기대하지 않은 순간에 찾아오며, 자체로 인생을 아름답게 물들인다. 그리고 그것은 우리에게 항상 무엇인가를 남긴다. 새로운 길, 새로운 꿈, 혹은 단순한 미소와 따뜻한 기억으로 돌아온다.

아름다운 만남이란 삶 속에서 진정으로 연결되는 순간을 의미한다. 만남은 사람과 사람 사이에 맺어지는 따뜻한 관계일 수도 있고 자연, 예술, 사상, 혹은 자신과의 깊은 교감을 통해 이루어질 수도 있다. 중요한 것은 만남이 단순한 일시적인 스침이 아니라, 서로의 삶에 긍정적이고 깊은 영향을 미친다는 점이다.

50대에 들어와 낯선 친구를 우연히 만나게 되었다. 고향이 나와 가까웠고 나이도 비슷해서 쉽게 친해질 수 있었다. 그는 공업단지에서 장애자 기업을 운영하고 있었다. 절룩거리는 모습에 어렸을 때 소아마비를 앓았을 것이라 생각했다. 골프를 같이 친 적이 있었다. 한쪽 귀퉁이에서 조심스럽게 샤워하는 모습을 보니 한쪽 다리에 의족을 끼고 있었다. 매우 놀랐지만 모른 체하고 나왔다. 언젠가 비밀스러운 이야기를 듣겠다고 기회만 보고 있었다.

그는 고등학생 시절 지방에서 도시로 통학열차를 타고 다녔다. 열차에는 학생들뿐만 아니라 시골에서 아주머니, 할머니들이 농산물을 도시에 있는 시장에 팔러 나온 사람이 많았다. 열차를 못 타면 다음 열차를 타기에는 시간이 늦어 난간을 붙잡고 매달려 가는 학생들도 있었다. 차는 출발했지만 난간을 붙잡고 매달려 있는 할머니를 보고 있는 힘을 다해 밀어 넣고 정신을 잃었다. 깨어나니 병원이었고 오른쪽 다리가 없어졌다. 하늘이 까맣게 변했다. "내 다리가 어디 갔어요?" 꿈이 아닌 현실이었다. 그렇게 의인이 되었다. 그 후 철도청에서 운영하는 물류회사를 운영했고 전국장애자협회장에 이어 국회의원을 역임했다. 남을 위해 본인을 희생하며 본을 보여준 친구였다.

친구를 만난다는 것은 아름다운 만남이다. 단순히 즐거운 시간을 함께하는 사람이 아니라, 때로는 인생의 어려운 순간에도 곁에서 힘이 되어주고, 진정한 조언을 아끼지 않는 존재다. '좋은 친구'란 나의 기쁨과 슬픔을 나누며 서로를 성장시켜 주는 특별한 인연이다.

고대 중국에서 전해지는 우정의 대표적인 사례가 바로 관포지교管鮑之交이다. 관중과 포숙아의 우정은 수천 년이 지나도 여전히 깊은 울림을 준다. 관중은 매우 가난했고, 때로는 자신의 이익을 위해 포숙아에게 거짓을 행하기도 했지만 포숙아는 관중의 진가를 알아보았다. 포숙아는 관중이 단지 물질적인 이익을 추구한 것이 아니라 더 큰 뜻을 품은 인물임을 알았고, 끝까지 관중을 신뢰했다. 결국 관중은 포숙아의 도움을 받아 제나라의 재상이 되어 나라를 번영으로 이끌었다. 관중은 포숙아에 대해 이렇게 말했다. "나를 낳아준 이는 부모님이지만, 나를 진정으로 알아준 사람은 포숙아이다." 관포지교는 서로의 단점을 넘어, 상대의 진가를 알아보고 평생의 신뢰를 쌓아가는 우정의 전형을 보여준다.

나 역시 이러한 친구를 만났을 때 인생이 한층 더 빛나고 풍요로워졌다. 좋은 친구와의 만남은 단순히 일상의 즐거움을 나누는 것을 넘어, 서로의 존재를 깊이 이해하고 존중하는 관계다. 친구는 나의 약점과 부족함을 누구보다 잘 알지만, 그럼에도 불구하고 나를 끝까지 지지해 준다. 때로는 나를 비판하고, 내가 잘못된 길을 가고 있을 때는 솔직하게 충고해 주기도 한다. 친구 덕분에 나는 스스로를 돌아보고, 나아가 더 나은 사람이 될 수 있었다.

친구와의 우정이 깊어질수록, 우리는 서로에게 신뢰라는 든든한 기반을 쌓아가게 된다. 신뢰는 서로가 힘들 때 의지할 수 있는 버팀목이 되고, 중요한 결정을 내릴 때는 귀중한 조언자로서 역할을 해준다. 나 역시 친구와의 신뢰 덕분에 삶에서 더 큰 결단을 내릴 수 있었고, 어려운 상황에서도 흔들리지 않고 나아갈 수 있었다.

진정한 친구와의 만남은 내 인생의 방향을 잡아주는 나침반과도 같다. 혼자서는 보이지 않던 길을 친구와 함께 걸을 때는 더 분명하게 볼 수 있고, 혼자서는 이룰 수 없던 목표도 함께일 때는 성취할 수 있게 된다. 친구와의 우정은 나를 더 깊이 이해하게 하고, 인생의 참된 가치를 발견하게 해준다. 무엇보다도, 관중과 포숙아처럼 서로의 진가를 알아보고 평생의 동반자로 남는다는 것은 인생에서 얻을 수 있는 가장 큰 축복 중 하나이다.

'사랑은 변해도 우정은 변하지 않는다'라는 말은 사랑과 우정의 본질적 차이를 강조하는 표현이다. 사랑은 종종 감정의 강도와 관계의 형태에 따라 변화하거나 소멸할 수 있는 반면, 우정은 보다 안정적이고 지속적인 관계로 여겨진다. 사랑이 감정의 흐름에 따라 변할 수 있지만, 진정한 우정은 시간과 상황에 구애받지 않고 변하지 않는다는 깊은 의미를 담고 있다.

좋은 친구와의 만남은 인생에서 가장 소중하고 값진 경험 중 하나다. 친구는 단순히 즐거운 시간을 함께하는 사람이 아니라, 때로는 인생의 어려운 순간에도 곁에서 힘이 되어주고 진정한 조언을 아끼지 않는 존재다. 좋은 친구란 나의 기쁨과 슬픔을 나누며 서로를 성장시켜 주는 특별한 인연이다.

나 역시 이런 친구를 만났을 때 인생이 한층 더 빛나고 풍요로워진다. 좋은 친구와의 만남은 단순히 일상의 즐거움을 나누는 것을 넘어, 서로의 존재를 깊이 이해하고 존중하는 관계다. 친구는 과거에도, 미래에도 나를 지지해 줄 것이다. 나도 그를 응원할 것이다. 우리의 만남은 아름다운 만남이었고 아름다움은 세상 끝날 때까지 함께할 것이다. 추억은 세월이 지날수록 아름다워지는 신비를 가졌다. 친구와의 우정이 그럴 것이다.

현대인의 반보기, 거리와 마음 사이

인생에는 온과 반이 있다. '온'은 전부이고, '반'은 온의 반이다. 만남에도 '온보기'와 '반보기'가 있다. 조선시대 시집간 딸은 1년에 단 한 번 친정어머니를 만날 수 있었다. 집으로 돌아가는 길이 차단되어 있었다. 시댁과 친정의 중간쯤에서 반나절 동안 짧게 만나야 했고, 해가 지기 전에는 반드시 돌아가야 했다. 그렇게 절반만 가는 만남이라 하여 '반보기'라 불렀다.

싸리문 너머 피어오르는 아침 안개, 갓 지은 떡을 나누며 흘리던 눈물, 짧은 만남 뒤 다시 돌아서야 했던 아쉬움. 반보기는 단순한 상봉이 아니라, 서로의 안부를 확인하고 다음 만남을 기약하는 애틋한 의식이었다.

세월이 흐르며 반보기 풍습은 사라졌지만, 현대인의 삶 속에서도 여전히 닮은 모습들이 이어지고 있다. 다만 이제는 물리적 거리만큼이나 심리적 거리도 더욱 멀어지고 있는 것이 문제다. 빠르게 연결될 수 있지만, 더 깊이 단절되고 있다.

가장 현실적인 반보기의 형태는 주말부부다. 각자의 일터에서 바쁘게 지내다 금요일 저녁이면 약속한 듯 중간에서 만난다. 오랜만에 함께하는 저녁 식사, 집안에서 일어난 이야기들을 나누며 짧은 시간을 보낸다. 서로의 어깨를 토닥이며 건네는 따뜻한 한마디가 한 주의 피로를 녹여준다.

현대적 반보기의 만남은 오래가지 않는다. 일요일 저녁이면 다시 헤어져야 한다. 한 공간에서 함께하는 시간은 짧고, 떨어져 있는 시간이 길어 점점 감정의 온도가 식어가는 경우도 있다. 처음에는 설렘이 컸지만, 시간이 흐를수록 그리움보다 무덤덤함이 커진다.

결국 반보기의 본질은 '만남'이 아니라 '관계 유지'다. 짧은 만남 속에서도 서로의 일상을 공유하고, 진심 어린 대화를 나누는 것이 중요하다. 그렇지 않으면 주말부부의 삶도 점점 '따로 또 같이'라는 허울뿐인 관계로 변해갈 수 있다.

기러기 가족도 현대식 반보기의 또 다른 형태다. 아이의 교육을 위해 아내와 자녀가 해외로 떠나고, 아버지는 국내에 홀로 남아 생계를 책임진다. 경제적 안정과 자녀의 미래를 위한 선택이지만, 가족은 점점 더 멀어지게 된다.

한국에 남겨진 기러기 아빠는 저녁이면 텅 빈 식탁 앞에서 홀로 밥을 먹는다. 오랜만에 가족과 화상 통화를 하지만, 화면 속 아이는 점점 성장하고 부부 간의 대화는 점점 줄어든다. 서로의 안부를 묻는 짧은 대화 뒤엔 어색한 침묵이 흐르고, 통화가 끝나면 다시 현실의 외로움이 밀려온다.

심지어 몇 년이 지나 아이가 한국으로 돌아왔을 때, 더는 아빠가 아이의 삶 속에서 '필수적인 존재'가 아닐 수도 있다. 반보기의 만남이 짧았듯, 기러기 가족의 만남도 짧고, 점점 관계가 옅어지는 경우가 많다. 실제로 몇몇 기러기 아빠는 '몸 건강, 정신 건강 다 잃었다'라는 유서를 남기고 극단적인 선택을 하기도 했다.

반보기가 단순한 만남이 아니라 서로의 존재를 확인하는 과정이었던 것처럼, 기러기 가족 역시 짧은 만남 속에서도 진심으로 서로를 이해하고 교감하는 시간이 필요하다. 그렇지 않으면 '가족'이라는 울타리는 점점 허물어지게 된다.

디지털 반보기가 있다. 새로운 연결과 단절의 모습이다. 현대의 반보기는 이제 디지털 기술을 통해 더 다양한 형태로 변화하고 있다. 유학 간 아이와의 화상 통화는 과거 반보기처럼 짧지만 간절한 만남이다. 스마트폰 화면 속에서 부모와 아이는 일상을 나누지만, 영상 통화는 실시간 얼굴을 보여줄 뿐, 온기를 전해주지 못한다.

또한 온라인 커뮤니티도 새로운 반보기의 공간이 되고 있다. 같은 관심사를 가진 사람들이 모여 정보를 나누고, 때로는 가상 현실에서 함께 여행을 떠나기도 한다. 현실에서는 한 번도 만난 적 없지만, 온라인에서는 깊은 대화를 나누고 서로에게 위로를 건넨다. 그러나 온라인 관계는 실체가 없는 경우가 많고, 익명성 속에서는 관계가 쉽게 끊어질 수도 있다.

디지털 반보기는 편리하지만, 본질적인 교감을 대신할 수는 없다. 과거의 반보기에서 중요하게 여겼던 것은 '짧은 시간 속에서도 진심을 다해 교감하는 것'이었다. 스마트폰 화면 너머의 관계도 마찬가지다. 단순한 연결을 넘어서, 더 깊은 교류가 필요하다.

반보기의 의미를 되새겨 본다. 현역 시절 지방에서 오랫동안 근무한 적이 있다. 가족과 떨어져 지내며 주말이면 짧은 시간이나마 얼굴을 보고 돌아가야 했다. 현대식 반보기 문화의 한 단면이었다. 이때 깨달았다. 단순히 얼굴을 보는 것이 중요한 것이 아니라, 짧은 시간 안에 얼마나 깊이 있는 대화를 나누고 마음을 전하는지가 더 중요하다는 것을. 반보기의 본질은 서로의 존재를 확인하는 것이기 때문이다.

우리는 점점 더 바빠지고, 서로 떨어져 지내는 시간이 많아지고 있다. 그럴수록 진정한 반보기가 필요하다. 만남 속에서 서로의 마음을 나누고, 진심을 전하는 것. 그것이야말로 반보기가 가진 가장 큰 의미다.

오늘, 우리도 진정한 반보기를 해보는 것은 어떨까? 디지털 화면 너머가 아니라, 지금 바로 옆에 있는 사람과 대화의 손을 잡아보자. 더 나아가 반보기를 온보기로 바꿔 따뜻한 마음을 서로 나누며 살자. 온 세상, 온 누리, 온 마음으로!

귀한 것은 누리고 나누어야 한다

아껴 두었던 시간으로 사랑을 나눌 수 없다. 지나간 시간으로 인생을 살 수도 없다. 옷도 그랬다. 아내는 새로 산 옷을 장롱 깊숙이 넣어 두었다. '중요한 날 입어야지.' 막상 중요한 날이 와도 '더 아껴둬야 해' 하며 미루었다. 옷들은 유행이 지나거나 색이 바래 결국 한 번도 입지 못한 채 버려졌다.

음식도 마찬가지였다. 귀한 것은 늘 아껴야 한다며 마지막까지 남겨 두었지만, 상해서 쓰레기통으로 가는 일이 많았다. 나는 어릴 때부터 귀한 것은 아껴야 한다고 배웠지만, 때로는 아낌이 가장 어리석은 절약이 되고 만다. 아껴 둔 물건에는 먼지가 쌓이고, 좋은 옷은 빛이 바래 입지 못하게 되고, 중요한 시간은 안타깝게도 흘러가 버린다.

장롱을 정리하다가 결혼식 때 맞춘 비싼 양복과 외투, 한복 마고자와 두루마기를 발견했다. 거기에다 장모님이 여름에 시원하게 입으라고 맞춰 주신 모시 저고리와 반바지도 그대로였다. 몇 번 입어보지도 못한 채 시간이 흘렀고, 결국 헌옷함에 넣을 수밖에 없었다. 옷뿐만이 아니다. 좋은 그릇, 고급 와인, 여행 계획, 사랑하는 사람에게 전하고 싶었던 말들…, 미루다 보면 어느새 쓰임새를 잃어버린다.

한때 후배가 해외 주재원 생활을 마치고 귀국하면서 나에게 고급 만년필을 선물한 적이 있다. "선배님, 존경하는 뜻으로 사온 것이니 받으세요." 정성스럽게 포장된 만년필을 내밀었다. 마음이 고마워서 더 애지중지 보관했다. 아까운 마음에 써보지도 못한 채 서랍 속 깊이 넣어 두었는데, 어느 순간 보니 잉크가 굳어버리고 색이 바래 있었다. 귀한 것을 아낀답시고 사용하지 않다가 결국 쓰지도 못한 채 후회만 남았다.

'좋은 것부터 사용하라.' 처음엔 낯선 말이었지만, 나이가 들수록 점점 더 깊이 다가왔다. 멋진 옷은 젊을 때 입어야 하고, 좋은 음식은 건강할 때 먹어야 한다. 사랑하는 사람과의 시간도 미루지 말고 지금 누려야 한다. 모든 것은 때가 있다. 젊음은 금세 사라지고, 기회는 한순간에 지나간다. 평생을 같이 사는 아내에게 사랑한다는 말 한마디 하지 못하고 사는 부부가 얼마나 많은가.

군대 시절, '일개장 피복'이라는 것이 있었다. 훈련복이나 작업복이 아닌, 외출이나 휴가 때 입는 깨끗한 옷이었다. 나는 그 옷을 최대한 아끼려고 애썼고, 외출 전날이면 정성껏 다림질도 했다. 하지만 아껴 두기만 하다가 막상 입지 못하는 경우도 많았다. 시간이 지나면서 색이 바래고, 결국 못 입고 버려지는 일이 다반사였다. 마치 그렇게 흘러간 군 생활처럼, 우리의 삶도 너무 아끼다 보면 정작 가장 좋은 순간을 놓쳐버리게 된다.

'아끼다가 쓰레기 된다'라는 말이 있다. 애써 아껴 두기만 하면 결국 쓸모를 잃어버린다는 뜻이다. 귀한 물건뿐 아니라 시간과 기회도 마찬가지다. 중요한 순간이 찾아왔을 때 망설인다.

'조금 더 준비되면, 조금 더 여유가 생기면' 하며 타이밍을 미룬다. 기회는 기다려주지 않는다.

인생에서 가장 후회되는 일은 '하지 않은 일'이라고 한다. 사소한 실패는 시간이 지나면 추억이 되지만, 하지 않은 선택은 영원히 미련으로 남는다. 원하는 것이 있다면 지금 해야 한다. 더 좋은 때를 기다리는 사이, 가장 좋은 순간이 지나가 버릴 수도 있다. 진정 좋은 시간은 지금이다. 할까 말까를 망설이는 지금이다.

문득 거울을 보니 머리카락에 흰빛이 돌기 시작했다. 예전엔 미처 깨닫지 못했던 것들이 보이기 시작했다. 인생의 절반을 지나고 나서야 후회가 밀려왔다. '그때 좀 더 여행을 갈걸. 가족과 더 많은 시간을 보낼걸. 내 건강을 더 돌볼걸.' 그렇게 남은 것은 후회와 탄식뿐이었다. 또 다른 인생이 펼쳐질 줄로만 알고 있었다.

이제는 안다. 좋은 것은 아껴 두는 것이 아니라 누리는 것이라는 것을. 그리고 귀한 것은 혼자만 간직하는 것이 아니라 함께 나누는 것이라는 것을. 젊음도, 사랑도, 인생의 소중한 순간들도 마찬가지다.

그래서 다짐했다. 맛있는 음식은 가족과 함께 나누고, 좋은 옷은 기분 좋은 날에 입고, 후배가 선물한 만년필은 아끼지 않고 바로 써 보기로. 귀한 시간을 아끼지 않기로. 사랑을 미루지 않기로. 인생을 아껴서 사는 것이 아니라, 더 풍요롭게 누리기로.

중요한 것은 바로 지금이다. 더 늦기 전에, 주어진 이 순간을 최선으로 살아야 한다. 기회가 언제나 있는 것은 아니며, 지금이 가장 좋은 때일 수 있다. 그러니 망설이지 말고, 귀한 것부터 사용하고, 함께 나누며 후회 없는 삶을 사는 것이 현명하게 사는 법이 아닐까 생각해 본다. 인생은 아껴서 쓸 수 있는 것이 아니라 지금 사용해야 하는 현물이다.

아름다운 이별식

코로나 펜데믹 기간이었다. 생활 속 거리두기로 인해 모든 모임은 중단되었고 심지어 교회 예배도 온라인 비대면으로 전환된 지 두 주가 지났다. 텔레비전을 켜면 노란 근무복을 입은 정부 관계자가 감염자 수 통계를 발표했다. 대구에 있는 모 교회 신자가 몇 명이나 감염되었는지 하는 꼬리표가 따라다녀 행여 옆을 지나가는 사람이 재채기라도 하면 깜짝 놀라곤 했던 시간이었다. 카톡으로 열심히 정보와 친구들 소식은 잘도 들어왔다.

친구가 마지막으로 입원한 병원은 외국인이 운영하는, 꽤 알려진 곳이었다. 면회는 언감생심이었고 유리창 밖에서 얼굴 모습을 보며 종이에 써서 대화를 이어갈 수밖에 없었다. 얼굴은 수척했고 눈은 쑥 들어갔으며 입술은 메말라 있었다. 눈물이 쏟아졌지만 보일 수 없어 안으로 삼키고 돌아섰다. "훗날 좋은 데서 만나자, 친구야."
  친구를 이렇게 보내야만 하는가? 이별의 아픔은 가슴이 미어지고 마지막 모습을 기억하려 애쓴다. 발걸음은 떨어지지 않았고 오가는 사람들 모두가 환자로 보였다. 현실이 아니라고 애써 부정해 보지만 엄연한 현실이 되고 만다. 떨어지지 않는 발걸음을 옮기며 인생의 무상함을 되뇐다.
  인생은 끝없는 만남과 이별이라지만 이별을 이렇게 맞이하고 싶은 사람이 누가 있을까? 끝없는 회한과 무거워지는 가슴을 쓸어 담으며 떨어지지 않는 발걸음을 옮겼다. 슬픈 이별식이었다.
  친구와는 학창 시절을 같이 보내며 오랜 시간을 함께했다. 좋은 친구를 만난다는 일은 소중하고 값진 경험이다. 힘들고 어려웠던 시절 서로 도와주고 격려하면서 어려운 환경을 극복해 나갔다. 오직 열심히 공부하여 좋은 회사에 취업하는 것이 목표였고, 경제적인 어려움도 빨리 극복해 나가자고 다짐했다. 친구를 떠나보낸다는 현실이 믿기지 않았다. 이렇게 보내는 것이 맞는 것일까?
  친한 친구와의 죽음을 앞둔 이별은 말로 다 표현할 수 없을 정도로 깊은 슬픔과 감정을 동반하는 순간이었다. 이별식은 우리가 가장 소중하게 여겼던 순간들과 관계를 떠올리게 하며, 서로의 존재가 얼마나 큰 의미였는지를 깨닫는 시간이 되었다. 이별식이 눈물의 의식이 아니라, 진심 어린 마음을 나누는 순간이 될 수 있었으면 좋으련만, 아쉬움이 너무 컸다.

일본에서 유행하고 있는 생전 장례식을 떠올렸다. 초고령 사회의 단면을 보여준, 일본에서는 사회적인 붐을 일으키고 있다. 일본의 생전 장례生前葬, 세이젠소 문화는 사람이 살아있을 때 자신의 장례식을 미리 치르는 독특한 장례 의식이다. 전통적인 장례 방식과는 다른 현대적인 현상으로, 주로 고령화 사회와 개인주의적인 가치관의 확산이 맞물리면서 인기를 얻게 되었다. 생전 장례는 자신이 죽은 후 남은 사람들에게 부담을 주지 않고, 생전에 자신의 장례를 직접 계획하고 마무리하려는 취지에서 시작되었다. 고령화 사회와 개인주의적인 가치관의 발달로 인해 나타난 현대적인 장례 방식이다. 가족에게 경제적, 정서적 부담을 덜어주는 동시에 자신의 삶을 기념하는 기회를 준다.

영화 〈인생은 아름다워〉에서 생전 장례식은 매우 독특하고 감동적인 장면이었다. 살아있을 때 장례식을 치른다니 상상이 안 되지만 웃음바다를 이룬 아름다운 이별식이었다. 자신의 삶을 되돌아보며 살아있는 동안 사랑하는 이들과 함께하는 장례식을 경험한다는 시나리오의 설정은 죽음이라는 무거운 주제를 기쁘게도 풀어내 관객들의 관심을 불러일으키기에 부족함이 없었다.

죽음과 상실의 두려움보다는, 현재의 삶을 어떻게 살아가고 있는지 돌아보게 되었다. 생전 장례식은 마치 사랑과 감사를 나누는 기회처럼 묘사되며, 죽음을 맞이하는 것이 아니라 살아있을 때 진정한 삶의 의미를 찾는 것에 더 중점을 둔 것이었다. 주변 사람들과 자신의 인생을 나누며 그 의미를 새롭게 정의하는 장면은, 삶과 죽음이 결국 하나의 연결된 여정이라는 메시지를 전달한다. 그리고 관객들에게 '삶은 죽음을 맞이하며 끝이 나지만, 그 삶의 과정에서 얼마나 사랑하고 나누며 살았는지는 누군가의 삶에 계속 남아 있다'는 여운을 남긴다.

태어날 때부터 우리는 끝을 향해 나아가고 있다. 삶은 끊임없는 이별의 연속이다. 학교를 졸업할 때나 직장을 떠날 때, 친구나 가족과 멀어질 때 등 크고 작은 이별을 경험한다. 가장 슬픈 이별은 어쩌면 사랑하는 사람들과 영원히 작별하는 순간이다. 이별은 삶의 자연스러운 일부분이지만 그것이 슬픔을 덜어주는 것은 아니다.

'인생은 슬픈 이별이다'라는 말은, 삶 속에서 만나는 이별을 피할 수 없는 현실을 담담하게 묘사한 표현이다. 사랑하는 사람들과의 만남은 언젠가는 이별로 이어질 수밖에 없으며, 슬픈 아픔을 동반한다.

이별은 종종 예고 없이 찾아온다. 어느 날 갑자기 소중한 사람과의 마지막 순간을 맞이하게 되며, 비로소 사람의 존재가 얼마나 큰 의미였는지 깨닫게 된다. 그리고 빈자리를 마주하는 순간, 그동안 당연하게 여겼던 일상이 더는 당연하지 않게 느껴지곤 한다.

인생이 슬픈 이별의 연속이라 하더라도, 이별 속에서 많은 것을 배우고 성장하게 된다. 이별은 누군가를 얼마나 소중히 여겼는지, 그들과 함께했던 순간들이 얼마나 귀중했는지를 상기시켜 주기도 한다. 슬픔 속에서도, 그 사람과 나눈 기억과 사랑은 영원히 남아 우리의 마음을 채우고 있을 것이다.

때로는 친구에게 직접 말하지 못한 감정이나 감사한 마음을 이별의 순간에 전할 수 있다. "너는 내 인생에서 가장 큰 선물이었어. 네 덕분에 내가 이렇게 행복하게 살아갈 수 있었어"라는 말을 나누는 것은, 친구에게 큰 위로가 된다. 마지막 순간이 다가올 때, 그동안 말하지 못했던 것들을 용기 내어 고백할 수 있으면 더 아름다운 이별이 될 수 있다.

이별의 가장 어려운 순간은 마지막 인사를 나누는 일이다. 많은 말을 하기보다 간결하지만 진심을 담은 인사인 "우리 나중에 다시 만나자. 그동안 고마웠어, 잊지 않을게"라는 말이 큰 위안이 되기를 바라본다. 슬픔에 휩싸인 순간에도, 마지막으로 서로에게 미소를 보내며, 아름다운 이별의 모습을 보여주기 위해 슬픔을 아름다움으로 바꾼다면 이별식은 두 사람의 우정을 깊이 느끼고, 서로의 삶을 기념하는 시간이 될 수 있을 것이다.

이별식 후의 느낌은 마치 세상의 모든 소리가 멈춘 듯한 고요함 속에서 깊은 상실감이 몰려온다. 친구가 없는 세상이 낯설고, 자리가 빈 공간처럼 느껴지며 가슴 속에 공허함이 자리한다. 함께했던 순간들이 머릿속을 스쳐 지나가면서 그리움이 더 깊어지지만, 다시는 돌아오지 않을 시간을 떠올리며 아픔을 달래본다.

슬픔이 지나가면서 마음 한구석에는 회한이 남는다. 더 많은 시간을 함께 보내지 못했던 것, 말하지 못한 마음들이 아쉬움으로 남아 스스로 자책하기도 한다. 그와의 추억은 빛바랜 사진처럼 가슴속에 오래도록 남아 영원히 잊히지 않을 것이다.

마지막으로 친구와의 이별을 통해 깨달은 것은 시간의 소중함과 인간관계의 유한함이다. 이별은 삶의 한 부분일 수밖에 없지만, 더욱 소중한 것들을 놓치지 않겠다는 다짐을 한다. 앞으로 살아갈 날들 속에서 매 순간 사랑하고 아끼며, 후회 없는 관계를 쌓아가겠다는 결심을 다지며, 친구의 기억을 마음속에 간직해 본다. '더는 미루지 않고, 내가 할 수 있는 모든 사랑을 지금 나누자'는 다짐을 한다.

우리의 삶이 이별로 가는 과정이라지만 중요한 것은 이 과정을 어떻게 받아들이고, 그 속에서 무엇을 배우느냐이다. 만남은 새로운 가능성을 열어주지만, 이별은 새로운 시작을 준비하게 해준다. 자연스럽게 받아들이고, 현재를 소중히 여기며, 감사하는 마음으로 삶을 맞이하는 것이야말로 인생을 더욱 풍요롭고 의미 있게 살아가는 방법이다.

죽음 이후에 이루어지는 장례식보다 살아생전에 가족과 지인들이 한자리에서 사랑을 나누고 못다 한 소중한 이야기를 나누는 아름다운 이별식을 가진다면 떠나는 이도, 보내는 이도 큰 슬픔이 작아지겠지. 어쩌면 인생은 아름다운 이별을 배우고 준비하는 과정이니까. 가장 아름다운 죽음을 맞는 방법은 아름다운 삶을 살아야 가능하다.

변치 않는 사랑의 연포탕

집이 그리워지는 시간대가 있다. 귀가가 오롯이 따뜻해지는 만남의 시간대다. 태양이 서산에 기울고 저녁이 있는 삶의 시간을 즐길 때면 여유가 집 안을 슬며시 채워준다. 김이 모락모락 나는 연포탕 한 그릇은 단순한 음식이 아니라 사랑과 정성, 그리고 가족의 소중함을 담은 그릇이 되어 내 곁에 온다. 주방에는 손길 하나에서 열까지 모두가 사위를 위한 무한한 애정이 듬뿍 담겨있다.

연포탕 한 그릇에 담긴 장모님의 사랑은 맛있게 끓여낸 국물에만 있는 것이 아니다. 장모님은 특별한 요리를 준비하시며, 하나하나 사위를 향한 마음을 담아낸다. 재료 선택에서부터 섬세하게 육수를 우려내는 과정 그리고 각종 양념준비와 재료들을 정성스럽게 다듬고 섞어가는 모든 순간이 사위를 향한 사랑의 몸언어다.

연포탕은 한국의 전통 해산물 스튜Stew로, 주로 갯벌에서 채취한 각종 해산물을 이용해 조리한다. 특히 남해안 지역의 음식으로 유명하다. 조선시대 임금님 수라상에 바치는 음식 중 하나다. 연포는 '연안의 포구'를 의미하며, 신선한 해산물로 요리한다는 의미에서 붙여진 이름이다.

낙지를 넣어 요리한 연포탕은 낙지의 쫄깃한 식감과 해산물 국물의 깊은 맛이 어우러져, 내가 아주 좋아하는 음식이다. 더군

다나 영양가가 높고 단백질, 비타민, 미네랄, 오메가-3 등이 풍부하여 두뇌 건강과 기억력 향상에 좋다. 또한 더위를 먹은 황소가 낙지를 먹고 벌떡 일어났다는 이야기가 전해진다. 낙지는 인간인 포유류 동물의 역사와 동일하다. 오랜 시간을 함께하여 식탁의 풍성함을 준 유익한 해산물이다. 낙지의 뛰어난 생존본능 때문에 낙지를 먹으면 힘이 세진다는 이야기가 있어서 많은 남자의 강장식품으로 인기가 높다.

"음식은 마음이다. 넣은 만큼의 사랑이 그대로 전해진다"라고 하신 장모님은 정성 한 줌, 사랑 한 움큼도 넣어 끓인다. 장모님의 따뜻한 마음과 사위를 향한 무한한 애정이 고스란히 녹아 있어서 사랑의 깊이를 한 숟가락 맛볼 때마다 가족의 일원이 되어 함께 시간을 보내고 있다는 것에 감사함을 느낀다.

후쿠시마 원전 오염수를 방류한다고 뉴스가 연일 보도되자 아내는 오염수가 우리 바다를 덮치기 전에 사먹는다고 이른 새벽에 낙지를 사러간 적이 있다. 농수산물 시장에는 아직 상인들이 손님 맞을 준비가 되어 있지 않아 한참을 기다린 후 낙지를 사와 연포탕을 끓여 먹었다. 아내가 끓여 주는 맛은 훨씬 못 미친다. 정성을 생각해서 맛있게 먹었다. "여보, 장모님 레시피를 전수받았네요." 끓여준 고마움이 있었지만 맛은 좀 떨어졌다.

흔히 음식점에서 손님 앞에 팔팔 끓는 물에 낙지를 집어넣고 손님들의 표정을 읽는 서빙 아주머니의 행위를 보고 인간은 어쩜 그렇게 잔인할까 생각한다. 나는 아예 눈을 감아 버린다. 낙지의 처절한 고통을 차마 볼 수가 없다.

외국인들은 한국 사람들이 산낙지를 먹을 때 가장 혐오스럽다고 한다. 영화 기생충에서 산낙지 먹는 장면을 보고 한국의 정서와 문화를 가장 잘 표현했다고 오스카상을 받은 것일지도 모른다.

장인어른은 자녀들이 학교를 다 마치기도 전에 돌아가셨다. 장모님이 고생을 도맡아 하셨다. 무릎 관절이 특히 좋지 않았다. 조상들의 삶의 모습 그대로 산전수전 다 겪으셨지만 품위만은 잃지 않고 여유 또한 많아서 화를 내어도 얼굴 표정 하나 바뀌지 않을 만큼 내공이 쌓인 분이셨다. 친구 소개로 아내를 만나게 되어 처음 장모님께 인사를 가게 되었다.

처음 하시는 말씀이 "손이 여자 손처럼 예쁘네"라고 하셔서 나는 칭찬인 줄 알았다. 나중에 듣고 보니 '그렇게 작은 손으로 어떻게 내 딸을 먹여 살릴 수 있겠어'라는 뜻이란 것을 자식들 다 키워 놓고 알아 내가 참 눈치가 없구나 생각한 적이 있다. 직접적인 표현이 없으신 성격 탓에 당신은 오죽 마음이 답답하셨을까? 안 계시니 생각이 머리를 덮는다.

처가의 외할아버지는 나주의 터줏대감으로 면장도 지내셨고 초등학교 육성회장도 오랫동안 역임하셨다. 장모님은 밀양 박씨 종가댁 첫째 딸로 태어나셨다. 어려서부터 총명했고 머리도 깨우쳐 일제 강점기 시절 탓인지 일본어도 꽤 잘하셨다. 민주화 운동을 하는 큰사위와 고시 공부하는 아들, 몸이 허약한 딸을 두고 평생을 기도와 절제로 사셨다. 근검절약의 본을 보이신 분이다. 장모님의 손은 매우 커서 무엇이나 모자란 법이 없고 매사에 여유가 넘치신 분이셨다.

장모님은 내게 간혹 아내 몰래 용돈을 주셨다. 흔히 아내들이 경제권을 가지고 있는 탓에 사위의 호주머니가 비어있는 경우가 많은 것을 아신 것이다. 비밀스럽게 받은 용돈은 왜 그렇게 달고 맛있던지 그런 날은 입이 귀에 걸렸다. 아마 아내도 알고 모른 척했는지도 모른다. 그것을 배운 아내도 사위한테 나도 모르게 용돈을 주는 것 같다. 나는 알아도 그냥 모른 체한다. 그게 더 편하고 좋다. 모전여전이라고 해도 상관없다.

낙지 연포탕 맛의 압권은 마지막 남은 육수에 칼국수나 떡국 떡을 넣고 난 후 매생이를 넣어 죽을 쑤어서 먹는 일이다. 포만감은 물론이고 행복을 더해 준다. 장모님 요리는 명품을 넘어 임금님 수라상 그 자체다.

장모님이 사시던 곳은 광주에서 낙지골목으로 유명한 호남대 앞에서 얼마 안 떨어진 곳이다. 한번은 아내와 낙지 전문 식당에 들러 낙지 연포탕과 초무침을 시켜 맛을 비교해 보았다. 초무침 맛은 좋았지만, 연포탕은 비교가 안 됐다. 장모님의 연포탕 맛은 무엇과도 비교할 수가 없었다.

사랑을 표현하는 방법은 말로만이 아니라, 우리의 행동과 마음가짐, 그리고 일상 속 작은 순간들에 담겨있다. 사랑은 가족 간의 따뜻한 유대를 더욱 굳건히 하는 데에 그치지 않고, 우리의 삶을 더욱 풍요롭고 의미 있게 만든다. 연포탕 한 그릇으로 전해지는 사랑과 정성은 서로를 대하는 방식에 영향을 미친다. 장모님의 연포탕을 먹으며, 나 역시 가족에게 더 많은 사랑과 관심을 기울여야겠다는 다짐을 한다.

장모님의 레시피는 단지 음식을 만드는 기술을 넘어서, 가족을 사랑하고 마음을 표현하는 방법에 대한 교훈을 담고 있다. 요리 과정에서 세심한 준비와 정성, 식사를 통해 나누는 사랑과 감사의 마음은 가족 간의 관계를 더욱 돈독하게 한다. 사랑을 담아 요리하는 법과 가족에게 얼마나 큰 기쁨과 만족을 줄 수 있는지를 배운다. 단순한 레시피를 넘어, 가족 간의 사랑과 유대를 강화하는 중요한 교훈이 된다.

사위로서 받는 사랑의 증표이자 가족이라는 소중한 공동체 내에서 서로를 소중히 여기고 보살피는 방법이다. 연포탕을 통해 전해지는 사랑과 정성은 가족의 일상 속에 영원한 기억으로 남는다. 가족 간의 유대와 사랑, 서로에 대한 감사의 마음을 나누며 손주들과 함께 웃음 짓고 추억을 공유하는 순간들이 음식을 나누는 것보다 더욱 빛나는 시간이다.

무릎관절이 약하여 노년에는 활동에 불편함이 많았다. 마음 같아서는 젊은 사람처럼 살고 싶었지만 안 되니 답답함 때문에 "다른 친구들처럼 나도 관절수술을 해서 마음 놓고 걸어 보았으면 좋겠다"라고 하시더니 수술 부작용으로 병원에서 두 달을 계셨다. 말 한마디 못 하고 돌아가셨다. 의료사고임이 분명했지만 다투지 않았다. 병원비를 면제받는 조건으로 조용히 마무리했다. 가족 모두 안타까운 시간을 보냈다.

요즘처럼 의료계가 시끌벅적할 때는 유독 장모님 생각이 많이 난다. 의사 기술자들은 장모도 없고 아프지도 않단 말인가? 사위 사랑은 장모님이라 하는데 기분이 우울하거나 세상이 소란스러울 때면 장모님이 끓여주신 연포탕에 매생이 죽 한 그릇 먹고 싶어짐은 내가 장모님 사랑을 너무 많이 받은 탓일까? 오늘은 집 만큼 사람이 그립다. 장모님이!

여명회黎明會, 새벽을 열었던 친구들

새벽은 어둠을 뚫고 온다. 새벽이 아름다운 사람들의 모임인 '여명회黎明會'. 이름 그대로 어둠을 뚫고 새벽을 열었던 친구들의 모임이다. 우리는 고등학교 시절 야간 학교에서 함께 공부했던 동기들이다. 낮에는 생계를 위해 일하고, 밤에는 책과 씨름하며 배움을 이어갔다. 피곤한 눈을 비비며 교실 불빛 아래서 꿈을 키우던 우리가 이제는 정기적으로 부부동반으로 모여 지난 날을 이야기한다.

모임 장소에 도착하면 반가운 얼굴들이 하나둘씩 모여든다. 친구들의 얼굴에는 세월의 흔적이 묻어 있지만, 서로를 바라보는 눈빛만큼은 여전히 그때 그 시절과 전혀 다르지 않다. "야, 너

기억나냐? 그때 말이야…" 하며 이야기가 시작되면, 우리는 다시 교복을 입었던 시절로 돌아간다.

야간 학교에서 공부하던 시절, 어떤 날은 너무 피곤해서 책을 펴고도 제대로 읽지 못할 때가 있었다. 하지만 친구들이 옆에서 서로 격려하며 잠을 쫓아주었고, 밤하늘의 별을 보며 희망을 이야기했다. 도시의 네온사인보다 더 밝았던 우리의 열정, 그리고 함께한 시간은 여전히 마음속에서 반짝이고 있다.

어둑한 저녁, 삼삼오오 모인 동창들의 왁자지껄한 웃음소리가 음식점에 퍼져 나갔다. 낡은 테이블에 둘러앉아 소주잔을 기울이며, 10대 후반의 풋풋했던 시절을 추억하는 그들의 얼굴에는 짙은 세월의 흔적이 묻어났다.

"야, 그때 우리 신문 돌리던 거 기억나? 새벽 4시에 일어나서 캄캄한 골목길을 누비던 거 말이야." 한 친구가 옛날이야기를 꺼내자, 여기저기서 맞장구가 터져 나왔다. "그럼, 기억나지! 겨울에는 손이 꽁꽁 얼어서 감각도 없었는데, 신문 배달하다가 동상 걸릴 뻔했다니까. 어떤 날은 눈이 너무 많이 와서 신문이 눈 속에 파묻히기도 했어. 그래도 늦으면 안 되니까 꽁꽁 언 손으로 신문을 찾아 헤맸지."

"나는 우유 배달하다가 새벽에 졸음운전 해서 전봇대에 박은 적도 있었어. 그때 생각하면 지금도 아찔하다니까. 새벽에 우유 배달하면서 얼마나 졸았던지, 눈꺼풀이 천근만근이었지. 어느 날은 너무 졸아서 길가에 세워둔 차를 들이받을 뻔하기도 했어. 다행히 큰 사고는 아니었지만, 그때 생각하면 지금도 식은 땀이 난다니까."

"구두닦이 하면서 별의별 사람들을 다 만났지. 술 취한 아저씨부터 시작해서, 험악한 형님들까지…. 그래도 그때 벌었던 돈으로 야간 학교 등록금 낼 수 있었어. 어떤 날은 험악한 형님이 돈을 안 주고 그냥 가버리기도 했어. 그래도 포기하지 않고 꿋꿋하게 구두를 닦았지. 그때는 돈이 너무 절실했거든."

"나는 사무실 심부름꾼 하면서 온갖 잔심부름을 다 했지. 사장님 담배 심부름부터 시작해서, 직원들 커피 배달, 심지어는 사모님 심부름까지…. 그래도 그때 경험 덕분에 지금은 어엿한 회사원이 됐잖아. 어떤 날은 사장님 심부름으로 고급 양주를 사러 갔는데, 너무 비싸서 깜짝 놀랐어. 그래도 사장님께 혼날까 봐 떨리는 마음으로 양주를 사다 드렸지."

고된 노동에 지쳐 잠들었던 야간 학교 책상, 쏟아지는 졸음을 참으며 눈을 부릅뜨고 공부했던 기억, 힘들 때 서로에게 힘이 되어주었던 끈끈한 우정을 이야기하며 웃음꽃을 피웠다. "우리 그때 정말 힘들었지만, 그래도 서로 의지하면서 잘 버텼잖아. 그때 우리 아니었으면 어떻게 지금 이렇게 살고 있겠어?" 한 친구의 말에 모두 고개를 끄덕였다. 고된 현실 속에서도 꿈을 잃지 않고 서로에게 힘이 되어주었던 지난날들을 회상하며, 앞으로도 서로에게 든든한 버팀목이 되어주기로 약속했다.

시간이 흘러 밤이 깊어갈수록 그들의 이야기는 더욱 무르익어간다. 2차로 이어진 생맥줏집 안까지 대화는 끝날 줄 모른다. 아내들이 눈치를 주고 다음을 기약하자고 해야 겨우 막을 내리고 뿔뿔이 흩어져 가는 뒷모습에 추억이 어른거린다. 고된 삶 속에서도 희망을 잃지 않았던 야간 고등학교 동창들의 끈끈한 우정과 따뜻한 웃음만이 가득했다.

야간 고등학교 동창들의 부부 친목 모임에서 아내들이 더욱 친밀하게 지내는 비결은 여러 가지 요인이 복합적으로 작용한 결과다. 남편들이 공유하는 과거의 어려웠던 경험들은 아내들에게도 간접적인 공감대를 형성한다. 힘든 시절을 함께 극복한 남편들의 이야기는 아내들에게 서로의 배우자를 더 잘 이해하고 존중하는 계기를 제공한다.

아내들은 비슷한 생활 경험을 공유한다. 서로의 고민과 어려움을 이해하고 공감하는 데 도움이 된다. 격식 없는 편안한 분위기의 모임은 아내들이 솔직하게 자신의 이야기를 나누고 서로에게 다가갈 수 있도록 돕고 있다. 남편들이 아내들의 친목 활동을 지지하고 존중하는 것은 아내들이 더욱 편안하게 모임에 참여할 수 있도록 돕는다. 서로의 차이를 존중하고 배려하는 태도는 긍정적인 관계를 형성하고 있다.

함께 새로운 추억을 만들어가는 것은 관계를 더욱 돈독하게 만들어주며 서로에게 배우려는 열린 마음은 새로운 관계를 맺고 발전시키는 데 도움이 된다. 긍정적인 에너지를 나누고 서로에게 힘이 되어주는 것은 친목 모임을 더욱 즐겁고 의미 있게 만들어준다. 이러한 요인들이 복합적으로 작용하여 동창들의 부부 친목 모임에서 아내들이 더욱 친밀하게 지낼 수 있는 환경이 조성되었다.

현역에서 물러나 조용히 각자의 길을 걷는 동창들의 모습은 마치 인생의 황혼기에 접어든 노련한 항해사들이 잔잔한 바다를 바라보며 새로운 항해를 꿈꾸는 듯하다. 고된 노동과 학업을 병행했던 젊은 날의 열정을 뒤로하고, 이제는 각자의 삶 속에서 새로운 희망을 그려나가고 있다. 과거의 경험을 자양분 삼아 새로운 시작을 꿈꾸고 있다.

부부 동반 친목 모임은 과거의 추억을 공유하며 서로에게 힘이 되어주는 소중한 시간이다. 함께한 어려웠던 시절을 회상하며 서로를 격려하고, 앞으로의 삶을 응원해 준다. 배우자와 함께 과거의 친구들을 만나 즐거운 시간을 보내는 것은 정서적 안정에 큰 도움이 된다. 서로에게 의지하며 외로움을 극복하고, 행복한 노후를 만들어가는 것이 중요하다.

고등학교 동창들은 과거의 어려움을 딛고 일어선 강인한 의지와 서로를 향한 끈끈한 우정을 바탕으로, 앞으로도 희망찬 미래를 그려나갈 것이다. 이제는 각자의 길에서 최선을 다해 살아온 친구들이지만, 함께 모이면 다시 학생 시절의 순수함으로 돌아간다. "그때 우리가 없었으면 지금의 나도 없었을 거야"라는 말에 모두가 고개를 끄덕인다. 여명회는 야간 고등학교 친구 모임을 벗어나 인생의 동반자들이다. 함께 새벽을 열었던 사람들만이 공유할 수 있는, 빛나는 시간과 공간의 기록이다. 친구는 하늘이 맺어주고 사람이 엮어가는 관계다.

내 인생 최고의 선물, 사수

사회생활은 초조함과 두려움으로 시작되었다. 또한 미래의 희망과 꿈을 여는 과정이었다. 연수 생활을 마치고 부서 배치 후 근무복과 비품을 지급받았다. 내 책상이 사무실에서 맨 앞쪽에 위치해 내 뒷머리는 상사들의 눈요기가 되었다. 감시받는 느낌이기도 했다. 뒤통수가 간지러웠다.

처음 업무를 지도하고 가르쳐 주는 사람을 사수라고 한다. 인생 최고의 선물은 사람이었다. 길을 열어준 사람이 있었다. 내 인생의 최고의 선물 이야기는 사수에 대한 것이다. 사수를 통해 지식과 지혜를 배웠다. 잊을 수 없는 경험이다. 업무 자세, 전문 지식 그리고 인격까지 배울 수 있는 기회를 갖는다는 것은 모든 새내기가 꿈꾸는 이상적인 첫걸음이다. 요즘엔 멘토라고 한다. 멘토는 직장 생활의 많은 부분에서 길잡이 역할을 하며, 성장과 발전에 있어 큰 도움을 준다. 멘토가 주는 지식과 지혜는 단순히 업무에 관련된 기술적인 부분을 넘어서 직장 내외에서 인간관계, 직업윤리, 문제 해결 능력 등 인생의 많은 영역에 걸쳐 적용될 수 있다. 개인적인 성장뿐만 아니라 향후 다른 이들에게 긍정적인 영향을 주며 리더로 성장하는 데에 큰 길잡이가 된다.

누런 봉투에 직접 사인펜으로 금액을 쓴 월급은 현금과 동전 하나하나까지 차이가 나지 않았다. 월급날에는 시내 음식점 사장이나 술집 마담들이 회사에 와서 한 달 동안 밀린 외상값을 받아갔다. 월급날이 장날이었다. 고작해야 14만 원이었지만 소중하고 자랑스러웠다. 선배들에게 월급날은 카드놀이가 필수코스였다. 사수는 10만 원을 내게서 빌려 다음날 출근하자마자 2만 원을 얹어서 갚았다. 하룻밤에 20% 이자를 받으니 기분은 쏠쏠했다. 왜 내 돈을 빌리냐고 물으면 끗발이 잘 선다고 했다. 싫지 않았다. 휴식시간에는 어젯밤 승전고를 올렸던 순간을 입에 침까지 튀기며 자랑스럽게 이야기를 했다.

카드게임에 프로급이었다. 매월 한 번 정도는 회식을 했다. 독신자들 몸보신시킨다고 삼겹살을 먹었다. 노래 한 곡씩 돌아가며 불러야 회식이 끝난다. 노래방기기가 없을 때이니 간혹 가사를 잊어 민망한 적도 한두 번이 아니었다. 사수는 노래를 한 번도 부르지 않았다. 부서장도 아예 시키지 않는 것을 보면 음치임에 틀림없으리라 생각했다. 담배는 계속 물고 있어서 마음속으로 담배 천 대의 사수라고 불렀다.

나는 고향에서 결혼식을 했다. 먼 곳까지 와서 축하해 주었다. 업무환경과 직장의 터프한 분위기에 안정이 되지 않아 하반기 공채 시험을 위해 일과가 끝나면 공부를 했다. 이직 준비를 하고 있다는 소문을 들었는지 하루는 조용히 휴게실로 불렀다. 장시간 조언과 훈계를 했다. "아무리 좋은 직장에서 근무한다고 해도 제약조건은 다 있게 마련이다. 지금은 힘든 과정일지라도 함께 희망만 가지고 가자"라고 나의 마음을 달래려 애썼다. 시험일이 다가오자 바닷가로 데리고 갔다. 시험을 못 보게 하려는 행동임을 알아챘지만 모른 척하고 따라나섰다. 하루를 즐겁게 보냈고 이직은 그렇게 물거품이 되었다.

중요한 프로젝트를 맡게 되어 압박감에 잠을 이루지 못할 정도로 고민이 많았다. 선배는 내가 힘들어하는 모습에 자신의 경험을 바탕으로 조언을 아끼지 않았다. 더욱이 내가 실수를 할 때마다 타이르듯이 올바른 길로 인도해 주었고, 때로는 엄격하게 때로는 따뜻하게 지지해 주었다. 가장 기억에 남는 순간은 프로젝트 마감일이 다가왔을 때였다. 거의 포기 상태에 빠져 있었지만 선배는 격려와 용기를 심어주었다. 밤을 새워가며 나와 함께 작업을 마무리했다. 덕분에 프로젝트는 성공적으로 마무리되어 회사로부터 큰 포상을 받았다.

나는 선배의 진정한 의미를 깨달았다. 단순히 연차가 많은 상사가 아니라 어려움 속에서도 빛나는 사람, 다른 사람을 위해 자신을 희생할 줄 아는 사람이었다. 선배 덕분에 나는 직장 생활의 진정한 가치와 동료애를 배웠다.

사수는 부장으로 진급하여 본사로 올라가 서로 헤어지게 되었다. 간혹 공장에 출장을 오면 다가와 직장과 가정생활의 조언을 아끼지 않았다. 사수는 임원이 되었고 나도 본사로 이동이 되어 다시 만나 막역한 형과 동생 사이로 지냈다. 토요일이 반공휴일인 시절이었다. 금요일 퇴근 무렵 내일은 골프채를 가져오라고 했다. 12시가 되니 무조건 차에 태웠다. 경기도 이천의 한 골프장으로 데려갔다. 어리벙벙한 상태에서 처음 머리를 올리게 되었다. 사수는 86타, 나는 106타를 쳤다. 20타를 따라 잡는데 3년 정도 걸렸다. 꾸준히 연습하여 6개월 내에 따라 잡으라고 했다. 3개월 레슨을 받고 내가 초대하여 10타로 줄였다. 1년 후 5타까지 따라가니 선배도 싱글 수준까지 올라갔다. 더는 따라가지 못하고 포기하고 말았다. 열심히 연습했지만 사수는 더 열심히 했음이 틀림없었다.

토요일이면 으레 퍼블릭 골프장으로 가서 운동을 하고 헤어졌다. 지독한 연습벌레였다. 내기에는 지는 법이 없었다. 배려와 자상함도 대단했다. 하나를 붙들면 끝장을 보는 성격이었다. 심리학자 말콤 글래드웰Malcolm Gladwell의 『아웃라이어 OUTLIERS』에 나오는 '1만 시간의 법칙'이 떠올랐다. 누구나 하루 3시간씩 10년을 노력하면 천재가 된다고 한다. 사수를 두고 한 이야기를 쓴 것 같다.

회사 내 신규사업이 진행되고 사수는 계열사로 전출이 되었다. 많은 시행착오와 어려움 속에 고생하고 있었다. 그 후 회사를 사직하고 지방에서 사업체를 운영했다. 나도 임원이 되어 같은 지방에서 근무하게 되었다. 매일 저녁에 같이 식사하고 골프연습장에서 코치를 받고 숙소로 돌아왔다. 얼마 후 나는 계열사로 전출되어 다른 지방에서 종종 안부만 묻는 사이가 되었다.

갑작스러운 사수의 부음 소식을 듣고 단숨에 달려가 넋을 잃고 말았다. 저녁 혼자 TV를 시청하다, 심근 경색으로 쓰러져 별나라로 홀연히 떠났다. 서울에 있는 형수가 전화를 여러 번 해도 받지 않아 아침에 직원이 찾아갔더니 선배는 말이 없고 TV만 켜져 있었다. 간밤에 한마디 말도 없이 쓰러진 듯 했다. 장례식장에 가서 사수의 얼굴을 마지막으로 대하고 국화 꽃 한 송이를 영정에 놓고 왔다. 떨어지지 않는 발걸음을 옮기려니 사수의 얼굴이 떠올랐다. 주저앉아 한참 동안 눈물을 삼켜야 했다.

사수의 고향은 안동이었다. 고향에 다녀온 뒤 선물용 도자기 모양의 안동소주 세트를 나에게 주었다. 좋은 날 소주를 나누려고 했었다. 황망히 떠나버린 사수가 얄미웠다. 십여 년도 더 지난 이별주를 사수 없이 혼자 마시려니 마음 둘 데가 없고 형이 생각나 힘이 들었다. "그리운 형! 담배를 끊으라고 조수가 그렇게 애원하지 않았나요? 그놈의 지긋지긋한 담배가 형을 데려갔어요"라는 절규가 터져 나왔다.

시간이 흘러 나도 선배처럼 후배들에게 도움을 주는 사람이 되고자 했다. 선배와의 경험은 격한 감동을 주었고, 선물이 되었다. 그 힘이 나의 성장에 큰 원동력이 되었다. 선배와의 추억은 영원히 내 마음속에 새겨져 있다. "형이 신입사원 시절 가르쳐준 지식과 인격이 씨앗이 되어 이 조수도 산전수전을 거쳐 이곳까지 오게 되었답니다. 끊임없이 밀려드는 어려움에도 신규 프로젝트를 정확하고도 세밀하게 기획하여 성공적으로 추진했던, 돈으로도 살 수 없었던 훌륭한 자산을 나에게 남겨 주었습니다."

마지막으로 사수에게 이렇게 말하고 싶다. "형은 꾸밈이 없는 진실한 선배, 화려하지 않아도 빛이 나는 사수, 세상에 한 분밖에 없는 나의 유일한 형이었습니다. 포장도 하지 않은 채 내게 온 인생 최고의 선물이었습니다. 감사합니다. 고맙습니다."

그레그Mr. Greg 씨, 당신이 있어서 행복했습니다

중요한 결정의 순간에 만났던 그레그 씨에게 보내는 글

오랜만에 당신을 떠올려 봅니다. 오스트리아 출신의 당신은 글로벌 자동차 부품 기업 마그나Magna의 부사장으로 재직하며 실력과 인품을 겸비한 온화한 성격의 소유자였습니다.

마그나와 현대위아가 4륜구동 자동차에 탑재하는 전자식 커플링일반 도로 주행 시에는 2휠로 주행하다가 험로 주행 시 자동으로 4휠로 변환하는 장치을 국산화하기 위해 합작법인 설립을 위한 협상을 벌이던 날이 떠오릅니다. 오스트리아의 아름다운 알프스산맥 아래, 비엔나의 한 고급 호텔 회의실. 그곳은 마치 전쟁터였습니다.

'누가 경영 주도권을 쥐는가.'

그것이 협상의 최대 쟁점이었습니다. 마그나는 51:49의 지분 구조를 요구하며 경영권을 확보하려 했습니다. 마그나가 보유한 글로벌 네트워크와 최첨단 기술력을 무기로 강하게 밀어붙였죠. 저는 이에 맞서 현대위아의 생산 능력과 가격 경쟁력 없이는 이 사업이 성공할 수 없음을 강조했습니다.

"현대위아의 경쟁력 없이는 마그나도 글로벌 시장에서 성공하기 어렵습니다." 팽팽한 기싸움이 오갔습니다. 우리는 마그나의 기술력과 경험이 절실했지만, 마그나 또한 우리의 생산 능력과 시장 지배력이 필요하다는 점을 분명히 인식시켜야 했습니다.

협상의 난제는 비단 지분율만이 아니었습니다. 기술 이전, 수익 배분, 경영권 행사 방식, 심지어 브랜드 사용권까지 하나하나가 민감한 사안이었습니다. 양측은 끝없는 논쟁과 협상을 반복했고, 협상이 결렬될 위기에 처하기도 했습니다.

그럴 때마다 저는 협상팀을 독려하며 밤샘 전략 회의를 이어갔습니다. 각 분야의 전문가들과 논의하고, 법률 검토를 거듭하며 마그나의 논리를 분석했습니다. 협상의 압박감 속에서도 우리는 포기하지 않았고, 결국 양측 모두가 만족할 수 있는 절충안을 도출해 냈습니다.

마침내 합의에 도달했습니다. 5:5 동등한 지분 구조. 하지만 현대위아가 1주를 더 가져가는 대신, Dead lock의사결정 정체이 발생하면 마그나에 매각한다는 조건을 더했습니다. 단순한 숫자의 조정이 아니었습니다. 서로를 인정한 결과이자, 기술과 생산의 결합으로 세계 시장을 선도하겠다는 전략적 동맹의 출발점이었습니다.

역사적인 합의로 현대위아는 글로벌 핵심 기술을 보유한 기업과 어깨를 나란히 하게 되었습니다. 전자식 커플링 기술이 국산화되었고, 현대·기아차의 경쟁력은 더욱 강화되었습니다.

이제, 우리가 만든 기술이 세계 명차들과 경쟁을 벌이고 있습니다. 연간 수입 대체 효과만 수천억 원, 완성차 원가 절감 기여 효과도 어마어마했습니다. 오늘날까지 공장은 최대 가동을 이어가며 대한민국 자동차 산업을 뒷받침하고 있습니다.

이렇게 마그나와 현대위아의 치열한 협상은 글로벌 자동차 부품 산업의 새로운 역사를 써내려가기 위한 첫걸음이 되었습니다. 앞으로도 세계적인 첨단 기술을 보유하고 있는 마그나의 협력이 계속해서 더 큰 성과를 낼 수 있기를 기대합니다.

준공식 날 밤, 서울의 고급 레스토랑에서 열린 축하 연회. 우리는 술잔을 부딪치며 긴 시간을 함께한 노고를 나누었습니다. 그리고 작은 해프닝도 생각납니다. 당신이 술에 취해 넘어졌고, 나는 당신을 호텔까지 바래다주었죠. 다음 날 당신은 출발 시간을 놓칠 뻔했고, 우리는 훗날 그 일로 한참을 웃었습니다.

그레그 씨, 저는 이 프로젝트를 제 직장 생활 최고의 보람으로 꼽습니다. 하지만 저와 당신만이 아니라, 성공 뒤에는 수많은 숨은 공로자가 있었습니다.

밤낮없이 협상에 참여했던 법무팀, 연구개발팀, 기획팀, 그리고 우리의 결정을 뒷받침해 준 회사 경영진과 현장 기술자들까지, 이들이 없었다면 오늘의 결과는 불가능했을 것입니다.

큰 프로젝트 뒤에는 언제나 보이지 않는 노력과 희생이 있었습니다. 당신은 나를 지탱하게 해준 친구였고, 조력자였습니다.

그레그 씨, 당신이 있어서 행복했습니다. 언젠가 다시 만나, 우리가 함께 이뤄낸 성과를 돌아보며 옛 추억을 나눌 날을 기대합니다. 그때, 당신이 넘어졌던 바로 그 레스토랑에서 다시 한번 웃을 수 있기를 바랍니다.

커피 한 잔의 향기

어느 햇살 좋은 날, 후배와 마주 앉아 자메이카 블루 마운틴과 하와이 코나를 맛봤다. 세계 최고 커피라는데, 나는 솔직히 '커알못커피를 잘 알지 못하는 사람'이었다.

하지만 후배의 열정은 내 무지한 마음에 불씨를 지폈다. 십여 년 전부터 커피에 매료되어 에티오피아에서 직접 원두를 수입하고 로스팅하며 판매까지 하는, 그야말로 커피 장인의 포스였다.

그의 설명에 따르면 에티오피아는 커피의 고향이다. 예가체프 지역의 꽃향기와 과일향, 하라르 지역의 와인 같은 풍미와 쌉싸름함은 전 세계 커피 덕후들의 심장을 저격하는 맛이라 했다. 특히 자연 건조 방식으로 가공된 원두는 과일향과 단맛이 폭발한다니, 커피 애호가들의 지갑이 절로 열릴 만했다.

후배의 로스팅 공장을 방문했을 때, 나는 꽤나 충격적인 사실을 깨달았다. 커피 향기는 로스팅과 추출 과정에서, 맛은 원산지, 재배 환경, 신선도, 분쇄 정도, 물의 온도, 추출 시간 등 무수한 변수에 의해 결정된다는 것을. 커피 한 잔에 이렇게 깊은 과학과 예술이 숨어있었다니, 그때부터 나는 '커알못' 딱지를 떼고 커피의 심오한 세계에 발을 들이게 됐다.

아파트 앞 교회 카페는 내게 작은 천국이다. 그곳에서 만나는 이웃들과 나누는 짧은 대화는 마치 따뜻한 라테처럼 마음을 녹여줬다. 커피는 참 신기하다. 굳게 닫혔던 사람들의 마음 문을 활짝 열어주는 마법사 같았다. 젊은 시절, 양촌리 커피를 좋아하던 여친이 있었다. 80년대, TV 드라마 〈전원일기〉 속 시골 어르신들이 프림과 설탕을 듬뿍 넣어 마시던 바로 그 커피다. 그땐 다방이나 커피숍 어디에서든 쉽게 만날 수 있었던 참 정겨운 커피였다.

그녀는 말이 없었지만, 커다란 눈에는 늘 촉촉한 이슬이 맺혀있었다. 우리는 다방 한구석에 나란히 앉아 뜨거운 커피를 홀짝이곤 했다. 김이 모락모락 피어오르는 커피잔 너머로, 수줍게 웃던 모습만으로도 좋았다. 서로의 온기를 느끼며, DJDisk Jockey가 틀어주는 음악을 들으며 커피향과 함께 시간을 보내는 것이 데이트였다. 쌉쌀한 커피 맛에 설탕의 달콤함, 그리고 프림의 고

소함이 어우러지던 그 맛은 추운 겨울에도 따뜻했다.

슬프게도 그녀는 내게서 떠나갔다. 비가 잔잔하게 내리던 어느 저녁, 우산 속으로 사라지던 그녀의 뒷모습은 양촌리 커피의 마지막 잔처럼 쓰디쓴 여운을 남겼다. 얼굴은 보이지 않았지만 울음 섞인 후회와 함께 길을 떠났다.

지금도 가끔 진한 커피향을 맡으면, 그때의 허름한 다방과 그녀의 커다란 눈망울이 떠오른다. 내 젊은 날의 한 페이지를 아름답게 수놓았던 그녀와 양촌리 커피에 대한 아련한 추억 한 조각이 남아있다.

아내와 베트남 다낭을 여행했을 때, 나는 평생 잊지 못할 '인생 커피'를 만났다. 바로 족제비 똥 커피, 처음 설명을 들었을 땐 '이런 걸 어떻게 마셔?' 하는 호기심과 '과연 마실 수 있을까?' 하는 망설임이 교차했다. 하지만 이 독특한 경험을 놓칠 수 없다는 생각에 용감하게 한 잔을 주문했다. 첫 모금을 마셨을 때 내 입안은 예상치 못한 깊은 풍미와 부드러움으로 가득 찼다. 쌉싸름하면서도 달콤한 맛이 환상적인 조화를 이루고 있었고 일반 커피에서는 느낄 수 없는 고급스러움이 느껴졌다. 과일향과 은은한 초콜릿 향이 더해져 마치 다낭의 이국적인 풍경이 한 잔의 커피에 담긴 듯했다. 따뜻한 햇살 아래 커피를 마시며 여행의 여유로움을 만끽했던 그 순간은 다낭 여행을 더욱 특별하게 만들어 주었고 시간이 지나도 잊히지 않는 추억으로 남아 있다.

어느 날, 교회 목사님이 설교 도중 커피 이야기를 꺼냈다. "아아와 뜨아를 구분할 줄 아십니까?" 엉뚱한 질문에 성도들은 키득거렸다. "아아는 아이스 아메리카노, 뜨아는 뜨거운 아메리카노라고 한답니다." 이어서 커피의 종류별 특징을 유쾌하게 풀어냈다. "아메리카노는 그저 그런 놈이고, 에스프레소는 지독한 놈, 카페라테는 부드러운 놈, 카푸치노는 달달한 놈이랍니다." 교회 강단에서 펼쳐진 이 유쾌한 이야기 덕분에, 나는 커피만 생각하며 한 주를 보냈다.

커피에는 깊은 철학이 담겨 있다. 한 잔의 커피를 만들기 위해 필요한 정성과 시간, 그리고 기술은 인생의 과정과 참 많이 닮았다. 커피 한 잔을 앞에 두고 나눈 대화와 추억은 내 삶의 일부가 되어 소중하게 쌓여간다. 커피를 마시면 일하고 싶고 일을 하다 보면 커피가 생각나는 이 지독한 관계. 결국, 커피와 일은 떼려야 뗄 수 없는 운명 공동체다.

내 곁에는 헤이즐넛 커피의 진한 향이 부드럽게 감돈다. 마치 오래된 서재의 공기처럼 아늑하고, 동시에 새로운 영감을 불어넣는 신비로운 기운이 서려 있다. 문득 80년대 양촌리 구수한 커피향이 떠오른다. 그때는 묵직하고 투박한 맛이 혀끝을 자극하였다면, 지금은 헤이즐넛의 달콤하면서도 고소한 풍미가 코끝을 간지럽히며 일상의 작은 사치를 더한다.

이 진한 커피향은 후각을 자극하여 마음의 풍경을 바꾼다. 복잡했던 생각들이 커피향처럼 흩어지고 고요한 사유의 시간이 찾아든다. 마치 삶의 속도를 늦추고 잠시 멈춰 서서 나 자신을 깊이 들여다보게 하는 마법 같은 순간이다.

　인생 또한 이 커피 한 잔과 닮았다. 끊임없이 변하고 새로운 향과 맛을 찾아가는 영원한 여행이 아닐까. 때로는 익숙한 향에서 위안과 안정감을 느끼고, 또 다른 때에는 전혀 예상치 못한 새로운 향에서 설렘과 발견의 기쁨을 맛본다.

　그렇게 삶의 다채로운 순간들을 음미하고 숙고하며 나만의 깊고 풍부한 인생의 맛을 채워나간다. 헤이즐넛 향이 가득한 지금 이 순간처럼 모두의 삶에도 아름다운 사랑의 온도가 올라가길 바란다.

3
일과 조직, 성장의 발자국을 따라서

직장 생활과 조직 문화, 리더십, 성과 창출,
성공과 실패를 통한 삶의 깨달음, 자기계발에 관해 생각하다.

거인의 발걸음, 심장의 고동소리

 어릴 적 동화 속 거인은 한 걸음만으로 산을 넘고, 강을 건너곤 했다. 커다란 발걸음은 때론 두려움이었고, 때론 동경의 대상이었다. 시간이 흐르며 나는 깨달았다. 우리 삶에도 거인의 발걸음이 존재한다는 것을. 그것은 한 시대를 변화시키는 혁신일 수도 있고, 개인이 도전과 노력으로 이뤄내는 위대한 성취일 수도 있다. 커다란 발걸음에는 언제나 심장의 고동 소리가 함께한다. 열정과 희망, 꿈을 향한 내면의 울림이 없다면 단 한 걸음도 내딛을 수 없을 것이다.

 나의 삶에서도 거인의 발걸음을 경험한 순간이 있었다. 신입사원 시절이었다. 정년까지 회사에 남을 수 있을지 확신할 수 없었다. 많은 동료가 떠나고, 불확실성 속에서도 나는 묵묵히 걸어갔다. 좌천의 위기도 있었고, 노사 문제와 자재 결품으로 인한 혼란도 겪었다. 포기하지 않았다. 조직의 목표와 방향을 깊이 고민했고, 작은 성과들을 쌓아갔다. 쌓아 올린 경험과 노력이 결국 거인의 발걸음이 되어 나를 더 큰 기회와 성취로 이끌었다.

나는 주일학교에서 삼손과 다윗의 삶을 배웠다. 강한 힘과 지혜가 어떻게 시대를 바꾸는지를 깨달았다. 또한 삼국지에서 관우와 장비가 전투에서 승리하는 이야기를 읽으며 충성과 용기의 가치를 배웠다. 위대한 인물들의 삶은 단순한 전설이 아니라 내가 본받아야 할 거인의 발걸음이었다.

거인의 발걸음은 사회 속에서도 명확하게 드러난다. 역사를 되돌아보면, 혁신과 변화는 언제나 용기 있는 몇 사람의 결단에서 시작되었다. 마틴 루터 킹의 연설 한마디가 인종차별 철폐의 물꼬를 텄고, 스티브 잡스의 창의적인 아이디어가 세상을 바꾼 것처럼 말이다. 커다란 발걸음에는 심장의 고동소리가 함께한다. 불가능해 보이는 일에도 도전하며, 두려움을 넘어선 용기를 가졌다. 그들이 남긴 발자취는 시대를 초월해 후대에까지 영향을 미쳤다.

한국 경제를 일으킨 정주영 회장과 이병철 회장의 기업가 정신도 마찬가지다. 젊었을 때 나는 그들의 이야기를 배우며 한 나라를 번영으로 이끄는 것은 한 사람의 결단과 지속적인 노력에서 비롯된다는 것을 알게 되었다. 그들의 발걸음은 단순한 사업이 아니라, 대한민국을 일으킨 거인의 발자취였다. 오늘날까지도 많은 기업가에게 영감을 주고 있으며, 그들이 세운 기업은 여전히 경제 발전의 중심이 되고 있다.

스티브 잡스 또한 거인의 발걸음을 내디딘 인물이다. 잡스는 실패와 좌절 속에서도 다시 일어났고, 새로운 혁신을 만들어냈다. 한때 자신이 설립한 애플에서 쫓겨났지만, 포기하지 않고 넥스트NeXT와 픽사Pixar를 통해 창조적인 도전을 이어갔다. 결국 애플로 돌아와 아이폰을 출시하며 기술 혁명의 선두에 섰다. 잡스의 심장의 고동소리는 '다르게 생각하라Think Different'라는 메시지와 함께 전 세계에 영감을 주었다. 우리가 일상에서 사용하는 기술을 변화시키는 데 결정적인 역할을 했다. 잡스의 발걸음이 남긴 흔적은 지금도 삶 속에서 강하게 울리고 있다.

뉴턴은 "내가 더 멀리 볼 수 있었던 것은 거인의 어깨 위에 올라섰기 때문이다"라고 말했다. 우리 사회에서 위대한 업적을 이룬 이들은 모두 이전 세대의 지혜와 경험을 기반으로 성장했다. 정주영 회장의 불굴의 개척 정신, 이병철 회장의 전략적 기업 운영, 스티브 잡스의 혁신적인 사고방식은 선배 거인들의 유산을 바탕으로 자신만의 발걸음을 내디딘 결과였다.

우리 또한 거인의 어깨 위에서 더 큰 꿈을 꾸어야 한다. 역사 속에서 배우고, 선배들의 경험을 바탕으로 새로운 길을 개척하는 것이야말로 지속적인 발전의 열쇠다. 우리는 혼자 서 있는 것이 아니라 앞서간 이들의 발자취 위에 서 있다. 그들이 만든 토대 위에서 발걸음은 더욱 강하고 확신에 찬 것이 될 수 있다. 언젠가 우리도 다음 세대에게 거인의 어깨를 내어줄 수 있을 것이다. 삶에서 거인의 발걸음을 내딛는다는 것은 무엇을 의미할까?

그것은 단순히 큰 성공을 이루는 것이 아니다. 오히려 어려움 속에서도 한 걸음을 내딛을 용기를 갖는 것이다. 실패할 수도 있고, 길을 잃을 수도 있다. 심장의 고동소리가 멈추지 않는 한 계속 나아갈 수 있다. 한 사람의 작은 용기가 또 다른 이에게 영감을 주고, 결국 세상을 변화시키는 커다란 흐름을 만들어낸다.

진정한 거인들의 발걸음은 단순히 그들의 성공으로 끝나지 않는다. 그들의 심장 고동소리는 시대를 넘어서며 새로운 세대에게 용기와 희망을 심어준다. 그들의 발자취를 따라가며 배운다. 그리고 언젠가 우리도 누군가에게 거인의 발걸음이 될 수 있을 것이다. 그들의 가치와 영향력은 결코 사라지지 않는다. 그들은 자신의 시대를 바꿨고, 그 여운은 미래를 향해 계속해서 울려 퍼지고 있다.

거인의 발걸음과 심장 고동 소리는 결국 같은 곳을 향한다. 우리는 모두 자기만의 거인이 될 수 있다. 중요한 것은 첫걸음을 내딛는 용기와 그 길을 계속 걸어갈 수 있는 내면의 소리를 듣는 것이다. 오늘도 누군가는 새로운 도전을 시작하고, 또 누군가는 포기하지 않고 한 걸음을 내딛는다. 우리의 발걸음이 미래의 거인이 되어, 다음 세대에도 희망과 변화를 전할 수 있기를 바라며, 다시 한번 심장의 고동소리에 귀 기울여본다. 사람 안에는 자신보다 큰 거인이 자고 있다. 깨워라. 자신 안에 있는 거인을!

검소한 길을 걸은 거인

영웅은 외모로 알 수 없다. 오히려 외모가 소박하고 검소해 속을 알 수 없다. 정주영 회장님은 기업가가 아니고 애국자이셨다. 그리고 한국 산업화의 상징이었고, 불굴의 개척자였다. '하면 된다'는 회장님의 신념은 많은 이에게 회자되지만, 내가 가장 깊이 새긴 것은 '검소한 삶'이었다. 회장님의 삶은 언제나 검소하되 품위를 잃지 않는 태도로 가득 차 있었다.

신입사원 시절, 회장님의 특강을 들을 기회가 있었다. 말씀은 화려한 수식어 없이 직설적이며 강렬했다. 곤색 잠바가 현장에서 작업하다가 막 올라온 노동자 같아 보였다. 강연의 주제는 현대그룹의 사훈이기도 한 근면, 검소, 친애였다.

회장님이 세상을 떠난 직후, 장례에 도움을 줄까 하는 마음에 청운동 자택을 찾았다. 단정한 한옥 마당에 주인은 없었다. 대청마루에 햇살이 뉘엿뉘엿 지고 있었고 마당의 댓돌 위에는 닳아버린 낡은 구두 한 켤레가 놓여 있었다. 한옥은 일자로 된 집으로 안방과 부엌, 작은방으로 연결되어 있었고 안방에는 작은 금성 TV 한 대가 있었다. 부엌은 온 식구가 모두 같이 식사할 수 있도록 검소하게 꾸며진 시골집 부엌이었다. 최고경영자의 주택이라기보다, 평범한 가장家長의 삶을 보여주는 공간이었다.

회장님의 검소한 삶을 다시금 실감한 것은 과장 시절, 현대중공업 연수원 강당에서였다. 회장님은 단상에 올라 "양복 한 벌로 사계절을 입어라. 구두는 한 켤레면 충분하다"라고 말씀하셨다. 당시에는 쉽게 이해되지 못했지만, 시간이 지나면서 의미를 깨달았다. 그것은 단순한 절약이 아닌 본분을 지키며 낭비하지 않는 삶의 태도였다. 실제로 회장님은 늘 비슷한 양복을 입었고, 해외 출장에서도 비즈니스석이 아닌 일반석을 이용했다.

식사도 소박했다. 직원들과의 자리에서 보리밥과 청국장을 즐겨 드셨고, 대선 후보 당시에는 헬기 안에서 주먹밥이나 일반 김밥보다 더 큰 크기로 만들어져 여러 사람이 함께 나눠 먹기 좋은 형태인 대왕김밥으로 끼니를 해결했다. 재벌 총수임에도 서민적인 모습 그대로였다.

노사분규가 한창이던 시절, 나는 현장직 사원들을 대상으로 연수 과정 책자를 만들고, 2년여 동안 사내 강사로 지냈다. 회장님의 중동 진출 이야기는 사원들의 눈을 빛나게 만드는 주제였다. 사내에서는 명강사라고 소문이 자자했다. 알고 보면 회장님의 검소한 삶과 미래를 보는 통찰력이 강의의 인기 비결이 아닌가 싶었다.

정부가 중동 진출을 검토할 때 관료들의 보고는 '3불가론'을 내세웠다. 온통 사방이 모래뿐이라 건설이 어렵다. 비가 오지 않아 물이 부족하다. 한국의 노동자들이 더위를 견디지 못할 것이다. 그러나 회장님의 긍정론이 부정론을 이겼다. 모래는 건설의 주요 원자재다. 소나기라도 올 때 물을 받아두면 된다. 낮에는 쉬고 밤에 작업하면 생산성이 두 배로 올라간다. 청와대에서 회장님과 마주한 박정희 대통령은 큰 박수로 환영했고, 결국 한국의 중동 진출이 시작되었다. 그 결과 오일 달러를 벌어들이기 시작했고 한국 경제 도약의 전환점이 마련되었다.

회장님은 자신의 부를 위해 움직이지 않았다. 기업과 국가의 발전이 그의 목적이었다. 1998년에는 소 1,001마리를 이끌고 북한을 방문했다. 17세 때 고향인 강원도 통천에서 아버지의 소 판돈 70원을 가지고 몰래 가출한 한이 서려 있었다. 매립한 서산 농장에 이미 오래전부터 북한에 소를 몰고 방문하겠다고 생각했다.

기업인의 논리보다 북한에 두고 온 고향과 민족 화해, 협력을 먼저 생각한 것은 회장님의 미래를 보는 통찰력이었다. IMF로 전 국민이 실의에 빠져있을 때 희망을 불러준, 세계가 주목할 만한 사건이었다. 평소 회장님은 임직원들과 업무를 할 때 부정적인 답변을 늘어놓으면 "이봐! 해보긴 했어?"라는 말씀을 자주 하셨다. 많은 경험과 지혜에서 나온 듯했다.

청운동 7칸 한옥집 앞마당은 여전히 단정하지만, 주인이 없는 집이 쓸쓸하게 보인다. 대청마루에는 햇살이 비치고 있고, 낡은 구두는 여전히 댓돌 위에 놓여 주인을 기다린듯하다.

회장님의 마지막 안식처는 검단산 아래 선영이다. 화려한 영면이 아니라, 검소한 삶을 살다 가신 그분의 그림자만 선명하게 남아있다. 그곳은 평생을 함께한 가족과 조용히 머무는 자리다. 회장님은 떠나셨지만, 그분의 정신은 여전히 우리에게 묻고 있다.

"지금 세상은 너무 풍족하지 않은가? 우리가 가진 것이 모두 다 필요한 것인가?" 소비와 과시가 만연한 시대, 회장님의 검소한 삶을 다시 떠올려 본다. 지금과 같이 힘들고 어려운 경제 현실을 생각할 때면 회장님이 살아 돌아오셔서 힘난한 앞날의 개척자로 다시 설 수 있기를 꿈꿔 본다. 양복 한 벌로 사계절을 입는다고? 도저히 이해 못 한 나에게 회장님은 말씀하신 듯하다.

"이봐! 입어 보기나 했어?"

네 안에 잠든
위닝 멘탈리티 Winning Mentality 를 깨워라

자동차 판매량은 계속해서 내리막길을 걸었고, 영업이익은 끝없이 추락했다. 구매 사업부장으로서 나의 어깨는 더욱 무거워졌다. 원가 절감의 압박은 쓰나미처럼 몰아쳤고, 협력업체의 경영난은 부품 가격 인하의 희망마저 앗아갔다. 신차개발 목표 원가는 마치 넘을 수 없는 거대한 장벽처럼 느껴졌으며, 연구소와의 힘겨운 줄다리기는 매일같이 반복되었다. 회사는 비상계획을 가동했고, 긴장은 극에 달했다.

그때 회사 간부들을 위한 특별한 강연이 열렸다. 무너질 것 같던 팀의 사기를 되살릴 계기가 될 수 있을까 하는 기대 속에서 강연장을 찾았다. 연단에 선 사람은 10년 만에 삼성화재의 철옹

성을 무너뜨리고 현대캐피탈 배구단을 챔피언으로 이끈 김호철 감독이었다. 감독의 손에는 챔피언 결정전의 뜨거운 순간을 간직한 배구공이 들려 있었다.

김 감독은 패배의식에 젖어 있던 선수들에게 가장 먼저 질문을 던졌다. "너희는 왜 이겨야 하는가?" 감독은 목표 없이 습관처럼 패배를 받아들이던 선수들에게 '이겨야 하는 이유'부터 다시금 깨닫게 했다. 선수들이 자신감을 찾을 수 있도록 끊임없이 동기를 부여했고, 작은 성취의 소중함을 일깨우며 솔선수범하는 자세로 신뢰를 쌓았다.

감독은 "단체 생활에서 모든 사람에게 인정받을 수는 없다. 하지만 절반만이라도 나를 믿고 따라준다면 충분하다"라고 말했다. 감독의 말은 내 마음속 깊이 파고들었다. 나는 조직 내에서 모두를 만족시키려 애쓰는 것이 아니라, 진정으로 함께할 사람들과 목표를 공유하는 것이 더 중요하다는 것을 깨달았다.

감독은 또 "잘못된 방향이라면 과감히 철수할 용기가 필요하다. 그리고 적에게서도 배울 점을 찾아야 한다"라며 강조했다. 승리를 향한 집념은 단순한 고집이 아니라, 냉철한 판단력과 열린 사고에서 비롯된다는 의미였다.

그의 리더십은 '목적의식이 조직력으로 나타나고, 조직력은 결국 승리를 부른다'는 신념을 증명했다. 선수들에게 이렇게 말했다. "스타는 자존심과 책임감을 갖추고 있다. 그리고 오직 끊임없는 노력과 실력만이 자신을 지켜줄 수 있다."

나는 감독의 말을 듣고 손흥민 선수를 떠올렸다. 손 선수는 어린 시절부터 아버지의 혹독한 훈련을 받으며 강인한 정신력을 길러왔다. 매 경기마다 최선을 다해 승리를 목표로 하는 손 선수의 태도야말로 진정한 위닝 멘탈리티Winning Mentality의 표본이었다.

나는 기아 타이거즈의 오랜 팬이다. 뛰어난 실력을 갖춘 김도영 선수도 있지만, 특히 응원하는 선수는 박찬호다. 박찬호 선수는 타석에 설 때마다 혼잣말하듯 반복해서 중얼거린다. 자세히 들여다보면 '힘 빼고'라는 말을 되뇌고 있는 듯하다. 긴장 속에서도 자신을 조절하고, 냉정하게 경기를 풀어가려는 노력이다. 나는 박찬호 선수의 머릿속에 자리 잡은 위닝 멘탈리티를 보며, 진정한 프로라고 생각한다.

위닝 멘탈리티란 '이길 수 있다'는 자신감이다. 스포츠뿐만 아니라, 삶의 모든 영역에서 발휘되는 강력한 무기다. 미식축구의 전설적인 감독 '빈스 롬바르디'는 말했다. "승리는 습관이다. 유감스럽게도 패배 역시 마찬가지다." 긍정적인 마음가짐과 끊임없는 노력이 습관이 되어야 한다는 뜻이다. 어떤 어려움 앞에서도 쉽게 포기하지 않고, 목표를 향해 나아가게 하는 정신이다.

역사를 돌아보면, 위닝 멘탈리티가 발휘된 순간들은 많다. 명량해전은 단 12척의 배로 수십 배에 달하는 적을 물리친 역사상 가장 위대한 승리 중 하나였다. '필사즉생 필생즉사必死則生 必生則死'의 정신으로 무장한 조선 수군은 불가능을 가능으로 만들었다. 위닝 멘탈리티가 얼마나 강력한 힘을 발휘하는지를 이순신 장군의 리더십에서 보여주는 생생한 증거였다.

삶은 끊임없는 도전과 시련의 연속이다. 하지만 실패는 끝이 아니다. 실패를 성장의 발판으로 삼는다면, 더욱 강한 위닝 멘탈리티를 갖게 될 것이다. 실패의 원인을 냉철하게 분석하고, 긍정적인 마음으로 다시 일어설 때 한층 더 단단해진다.

위닝 멘탈리티는 단순한 승리에 대한 집착이 아니다. 삶의 거친 파도를 헤쳐 나가는 강력한 힘이며, 어떤 어려움 속에서도 목표를 향해 나아가게 하는 정신이다. 긍정적인 마인드, 끊임없는 노력, 그리고 실패를 통해 배우는 성장의 자세에서 비롯된다.

나에게도 무한한 가능성의 DNA가 있다. 내 안에 잠들어 있는 위닝 멘탈리티를 깨워, 거친 파도와 풍랑 속에서 삶아가는 인생 게임의 진정한 승리자로 살고 싶다. 승리보다 값진 것은 도전하는 마음이다. 도전 없는 성취는 없다.

격랑 속의 도전,
멈춰 선 엔진을 다시 뛰게 하다

　위험한 것은 도전하다 실패하는 것이 아니라 도전하지 않는 것이다. 현장에서 직접 경험한 이야기다. 자동차 엔진을 조금이라도 안다고 하는 엔지니어들은 모두 고개를 저었다. "미친 짓이야! 엔진 시동이 꺼질 거야." 그들의 차가운 시선과 냉소적인 말들은 오히려 내 안의 뜨거운 불꽃을 지폈다. 그때, 엔진 생산 기술에 오랜 경력을 가진 동료가 나에게 귀띔해 주었고, 나는 자신감을 갖기 시작했다.

　1990년대, 현대자동차는 거대한 격랑에 휩싸여 있었다. 구조 조정의 칼바람은 매서웠고, 노사 분규의 불길은 공장 전체를 집어삼킬 듯 타올랐다. 컨베이어 생산 라인은 멈춰 섰고, 공장은 마치 유령 도시처럼 적막에 잠겼다. 직장폐쇄라는 절망적인 상황은 직원들 모두를 벼랑 끝으로 내몰았다.

　사륜구동 갤로퍼 라인 역시 예외는 아니었다. 4D56 엔진일본의 미쓰비시 자동차 엔진 공급이 끊기고, 자동차 외관을 구성하는 철판으로 만든 제품인 대물 판넬 공급마저 중단되면서 생산 라인은 완전히 멈춰 섰다. 갤로퍼 라인 내 창고는 마치 전쟁터의 폐허처럼 텅 비어갔다. 모두가 불가능하다고 여겼던 한 가지 아이디어를 떠올렸다. 바로 엔진 수동 조립이었다.

　어떤 누구도 책임을 맡으려 하지 않는 상황이 발생했다. 나는 갤로퍼 자재 공급을 담당하던 팀장이었다. 예상치 못하게 떠밀려 엔진 조립 책임자로 지목되었다. 하기휴가가 시작되었지만, 휴가는 꿈도 꿀 수 없는 상황이 되었다.

아무도 맡으려 하지 않던 엔진 조립 책임을 떠안았을 때, 막막함과 두려움이 밀려왔다. 마치 안개 자욱한 숲속에 홀로 남겨진 기분이었다. 하지만 회피는 답이 아니었다. 주어진 상황을 정면으로 돌파해야만 했다. 생산 인력 확보부터 컨베이어 라인 설치, 조립 치구 제작까지, 모든 것이 난관의 연속이었다. 문제 해결을 위한 끈질긴 노력과 창의적인 아이디어는 어둠 속에서 한 줄기 빛을 찾아내는 것과 같았다.

특히 노동조합의 협조 거부라는 예상치 못한 벽에 부딪혔을 때, 절망감은 더욱 컸다. 포기하지 않았다. 일용직 근로자들을 조달하여 그들을 숙련된 작업자로 육성하는 과정은 마치 황무지에 씨앗을 뿌려 꽃을 피우는 것과 같았다. 짧은 시간 안에 엔진 조립의 복잡한 과정을 교육하고, 안전 의식을 심어주는 것은 결코 쉬운 일이 아니었다. 맞춤형 교육 자료 제작, 1:1 밀착 교육, 지속적인 격려와 칭찬은 그들의 잠재력을 끌어올리는 큰 역할을 했다.

일용직 근로자들은 숙련도가 낮고 안전 의식이 부족하여 프로젝트 성공에 큰 걸림돌이 될 수 있었다. 강력한 리더십을 발휘하여 그들을 이끌고 동기를 부여함으로써 성공적으로 작업을 완료할 수 있었다. 마치 오케스트라의 지휘자처럼, 각자의 역할을 부여하고 조화를 이루도록 이끌었다. 어려운 상황 속에서도 포기하지 않고 목표를 향해 나아가는 모습은 작업자들에게 긍정적인 영향을 미쳐 팀 전체의 사기를 높였다.

밤낮없이 작업에 매달리고, 어려운 상황 속에서도 포기하지 않는 끈기는 결국 성공이라는 결실을 맺었다. 마치 오랜 시간 공들여 탑을 쌓아 올리듯, 하나씩 문제를 해결하고 목표를 향해 나아갔다. 작업자들과 함께 땀 흘리며 어려움을 극복해 나가는 과정은 팀워크를 강화하고 서로에 대한 신뢰를 쌓는 데 기여했다. 마치 하나의 배를 타고 거친 파도를 헤쳐 나가는 선원들처럼 서로 의지하며 목표를 향해 나아갔다.

고난의 과정을 통해 책임감, 문제 해결 능력, 리더십, 그리고 끊임없는 노력과 헌신은 성공의 필수적인 요소임을 깨달았다. 마치 어둠 속에서 길을 잃었을 때, 나침반과 지도, 그리고 굳은 의지가 있다면 결국 목적지에 도달할 수 있다는 것을 증명한 것과 같았다.

조립을 위해 창고에 컨베이어 라인을 설치하고 수동 조립을 시작해야 했다. 조립 라인을 설치하는 것은 복잡하고 다양한 장비와 도구가 필요한 작업이었다. 대차를 제작하고 컨베이어 라인을 설치했다. 조립 치구, 크레인은 무거운 엔진 부품이나 조립된 엔진을 들어 올리고 이동시키는 역할을 한다. 전동 공구와 측정 장비 작업자의 안전을 위해 모든 장비와 도구를 안전하게 설치했다. 작업 공간에 안전 표지판과 비상 정지 장치를 설치했다.

처음에는 시간당 2대로 더딘 생산이었지만, 우리는 멈추지 않았다. 5일 후 우리는 시간당 10대로 생산량을 늘리는 데 성공했다. 판넬 공급은 현대차 대형 프레스 라인을 야간에 비밀리에 가동하여 해결했다. 노동조합과의 숨 막히는 협력은 우리에게 희망의 빛을 선사했다.

500대의 엔진 조립이 완료되자, 우리는 흩어진 부품들을 모아 추가로 100대의 엔진을 더 조립했다. 그 사이 1,000대의 5C블록, 헤드, 콘로드, 캠샤프트, 크랭크 등를 일본 미쓰비시로부터 긴급 수입했다. 당시 수입 업무 담당자는 입사 동기인 친구였기에 위기를 함께 헤쳐 나가며 더욱 끈끈한 우정을 쌓았다.

엔진의 최종 검사는 파이어링 테스트Firing Test로 진행했다. 모든 과정은 땀과 열정 그리고 간절함으로 가득했다. 그렇게 우리는 총 1,600대의 엔진을 조립했고, 갤로퍼 생산 라인은 다시 힘찬 엔진 소리를 내며 가동되기 시작했다.

기적 같은 일이 벌어졌다. 어떤 클레임도 발생하지 않았다. 우리는 완벽하게 해냈다. 현대차의 노사 분규가 종료되고, 공장이 정상화되기까지 한 달여 시간이 흘렀다. 그 시간은 마치 영원처럼 느껴졌다. 하지만 우리는 해냈다. 우리는 불가능을 가능으로 만들었다. 모든 것은 그날의 엔진 수동 조립 작전에서 시작되었다. 당시 본부장님과의 인연은 현재까지 이어지고 있다. 그날의 만남은 내 인생의 큰 전환점이 되었고, 나는 직장 생활의 꽃을 활짝 피울 수 있었다.

나는 믿는다. 직장인은 열정을 다해야 한다고. 어떤 어려움에도 포기하지 않고, 창의적인 문제 해결과 강력한 리더십으로 맞서 싸워야 한다고. 그때의 경험은 내게 무한한 가능성을 발견하게 해주었다. 그리고 나는 가능성을 믿는다. 열정을 다한 직장 생활은 삶의 깊숙한 곳까지 보람을 선물로 받는다. 마치 텅 빈 캔버스에 한 폭의 그림을 완성했을 때처럼, 목표 달성은 짜릿한 성취감을 안겨준다.

열정은 사람을 끌어당기는 힘이 있다. 함께 목표를 향해 나아가는 과정에서 동료들과 깊은 유대감을 형성하고 서로에게 힘이 되는 존재가 될 수 있다. 마치 따뜻한 햇살 아래 옹기종기 모여 앉은 사람들처럼, 긍정적인 인간관계는 직장 생활을 더욱 풍요롭게 만들어준다.

자신의 노력이 사회에 긍정적인 영향을 미친다는 것을 깨달았을 때, 마치 작은 씨앗이 울창한 숲을 이루는 것처럼, 자신의 역할이 사회 발전에 기여한다는 자부심은 큰 보람을 안겨준다. 마치 등대처럼, 어려운 상황 속에서도 희망을 잃지 않고 목표를 향해 나아가는 모습은 다른 사람들에게 용기를 주고 긍정적인 영향을 미친다.

엔진으로 멈춰버린 생산 라인에 다시 엔진의 시동을 켜서 공장을 가동했던 추억의 한 페이지는 나의 자존감을 우뚝 세워준 무형자산이기도 하다. 도전한 자는 실패할 수 있지만 실패에서 다른 방법을 찾을 수 있다. 하지만 도전하지 않은 자에게는 아무

일도 일어나지 않는다. 패배보다 무서운 좌절만 있다.

하인리히 법칙으로 산다

　세상을 관통하는 법칙이 있다. 사소한 것을 무시하면 작은 것들이 누적되어 큰 것으로 한 번에 몰려온다는 법칙이다. 하인리히의 법칙Heinrich's law 또는 1:29:300의 법칙이 있다. 대형 사고가 발생하기 전에 같은 원인으로 수십 차례의 경미한 사고와 수백 번의 징후가 반드시 나타남을 뜻하는 통계 법칙이다. 유사한 법칙을 제창한 버드, 로프터스 및 애덤스의 법칙을 묶어 '사고의 삼각형accident triangle' 또는 '재해 연속성 이론'이라고도 한다. 안전사고뿐만 아니라 전쟁이나 우리의 삶에도 적용된다.
　이 법칙은 한 건의 중대 사고가 발생하기 전에 경미한 사고 서른 번과 잠재적 위험 요인 삼백 번이 존재한다는 원리를 담고 있다. 단순히 사고 분석의 법칙을 넘어, 삶과 조직, 관계 속에서 우리에게 깊은 통찰을 제공한다. 사소한 문제를 간과하지 않고 주의 깊게 대처한다면 더 큰 문제를 예방할 수 있다는 교훈은 나의 삶과 업무에 중요한 지침이 되어왔다.
　삶을 돌아보면, 크고 작은 사건들이 연속적으로 이어져 왔다. 어릴 적 실수와 젊은 날의 시행착오, 그 과정에서 지나쳤던 사소한 순간들은 모두 중요한 전환점이 되곤 했다. 직장 생활에서도 마찬가지였다. 한순간의 방심이 더 큰 문제로 이어졌던 경험, 혹은 미리 대비하여 사고를 예방할 수 있었던 순간들이 선명하게 떠오른다. 작은 갈등을 방치하면 관계의 균열로 이어지고, 사소한 성취를 소홀히 하면 더 큰 성공의 기회를 놓칠 수 있음을 직접 경험하며 배워왔다.

특히 내가 몸담았던 중소기업 현장은 이 법칙의 교훈을 생생히 체감할 수 있는 공간이었다. 품질 관리, 안전 문제, 화재 위험 등 다양한 과제가 늘 상존했다. 작은 결함이 대규모 리콜로 이어질 가능성, 안전 수칙을 소홀히 한 결과가 큰 사고로 이어질 위험성은 늘 현실이었다. 팀원들과 함께 잠재적 문제들을 조기에 발견하고 해결하기 위해 노력했다. 사소한 실수라도 철저히 점검하고 개선하며 더 큰 문제를 막아내던 경험은 내게 큰 자부심으로 남아 있다.

생산 현장에서 발생했던 안전사고들은 하인리히 법칙을 더욱 실감하게 해주었다. 기계에 의한 끼임 사고, 화학 물질 누출, 전기 화재 등은 대부분 사소한 문제를 간과했을 때 발생했다. 예를 들어 안전장치의 고장이 방치된 채 작업이 지속되면서 직원이 큰 부상을 입는가 하면, 전기 설비를 점검하지 않아 낡은 배선에서 화재가 발생하는 일도 있었다. 사건은 작은 위험 요소를 제때 관리하지 못한 결과였다. 나는 사례를 통해 위험 요소 하나하나에 민감하게 반응하는 것이 얼마나 중요한지를 깨달았다.

이 법칙은 나에게 경각심과 동시에 희망을 준다. 큰 실패가 모든 것을 좌우한다고 느껴질 때, 실패가 사실 미처 주목하지 못했던 수많은 작은 신호의 결과였음을 깨닫는다. 반대로 신호들을 하나씩 주의 깊게 살펴본다면 더 나은 결과를 만들 수 있다는 자신감도 얻는다. 개인적인 성장에서도, 가족과의 관계에서도, 회사의 문제 해결에서도 하인리히 법칙은 나에게 중요한 나침반과 같은 역할을 해주었다.

삶의 작은 신호를 간과하지 않고 주목하는 자세는 관계의 회복과 성장을 가능하게 했다. 예컨대 가족과의 작은 대화를 통해 큰 갈등을 예방할 수 있었고, 직장에서 동료와의 작은 배려가 조직의 화합으로 이어지는 것을 경험했다. 곧 하인리히 법칙이 사고 예방의 원리를 넘어, 인간관계와 삶의 성장을 위한 철학으로 확장될 수 있음을 보여준다.

내가 맡고 있었던 차량생산본부 자재관리 팀장 시절이다. 자재 결품이 발생하면 생산 라인이 멈추고, 협력업체의 납품이 조금이라도 지연되면 고객과의 신뢰에 큰 문제가 되었다. 더구나 현장에서는 자재 도난과 직원 간의 갈등이 종종 발생하며 내 업무를 더욱 복잡하게 만들었다.

공장의 한 창고에서 자재 도난 사고가 발생했다. 처음에는 사소한 문제로 여겼다. 몇 개의 부품이 없어졌지만, 나중에는 값이 꽤 비싼 오디오가 매일 몇 개씩 없어졌다. 그동안의 경험으로 볼 때 단순한 실수일 가능성은 낮았다. 같은 유형의 사건이 몇 차례 더 반복되면서 방치해서는 안 된다는 걸 깨달았다. 자칫하면 작은 도난이 조직 내 불신으로 이어지고, 현장의 근무 태도까지 흔들릴 수 있다는 생각이 들었다.

나는 팀원들과 함께 문제의 근본 원인을 찾기 시작했다. 단순히 CCTV를 추가 설치하거나 보안 강화를 지시하는 것으로 끝내지 않았다. 현장을 둘러보며 직원들과 직접 대화하고, 보관 방식과 관리 체계에 허점이 있는지 세심히 살폈다. 몇 가지 사소한 관리 미흡이 반복적인 사고로 이어졌음을 알게 되었다. 하루 조립대수만큼 생산팀에 불출하니 손실량이 하나도 생기지 않았다. 도난 사고를 계기로 우리 팀은 자재 관리 매뉴얼을 전면 개편했고, 직원들에게 소통과 신뢰의 중요성을 강조했다.

단순한 물리적 보안 강화 이상의 교훈을 남겼다. 하인리히 법칙에서 말하듯, 큰 사고는 언제나 작은 신호에서 시작된다. 반복되는 도난이 더 큰 문제의 전조였고, 무시했다면 조직 전체가 흔들릴 수도 있었다.

수십 명의 인명사고를 유발한 화성의 배터리 공장의 사고는 이 법칙을 무시한 사고였다. 이 공장은 고온과 화학물질을 다루는 작업이 많았다. 작은 불꽃 하나도 대형 화재로 이어질 수 있는 환경이었다. 초기에는 화재 예방에 필요한 안전장비와 규정만 잘 지키면 충분하다고 생각했다. 현장에서 만난 한 직원이 "작업장 한쪽 배선이 조금씩 뜨거워진다"라는 이야기를 들려주었다. 상부에서 납기에 쫓기다 보니 이를 무시했다. 화재 후 점검 결과, 실제로 오래된 배선이 문제였다. 작은 징후를 놓치지 않고 조치를 취했더라면 큰 인명사고는 사전에 막을 수 있었을 것이다.

하인리히 법칙은 조직과 관계의 신뢰를 지키는 기본이기도 하다. 직원들이 업무 환경에서 느끼는 사소한 불편과 위험 요소를 무시하지 않고 귀 기울일 때, 그들은 자신이 존중받고 있다고 느끼며 더 나은 성과를 내게 된다.

현장에서 얻은 교훈은 여전히 나의 삶과 일에 스며들어 있다. 하인리히 법칙은 나에게 단순한 안전 수칙이 아닌, 삶을 대하는 자세를 가르쳐준 철학이다. 지금도 작은 문제 하나하나를 지나치지 않고 살피는 태도를 통해 더 나은 결과를 만들어내고자 한다. 그것이 직장 생활이나 사회에서 얻은 가장 값진 깨달음이다.

내가 깨달은 삶의 철학은 완성된 형태로 그저 주어지는 것이 아니다. 매일의 경험과 실수, 기쁨과 아픔 속에서 스스로 빚어가야 하는 것이다. 때로는 실패하고 때로는 후회하더라도, 과정이 나의 삶을 더 풍성하게 만들어준다. 중요한 것은 멈추지 않고 나아가는 것이다.

'작은 일에도 최선을 다하며, 자신에게 정직하고, 세상에 따뜻한 사람이 되자'는 말로 정리해 본다. 지금 이 순간 어떤 선택을 해야 할지 고민될 때 이 철학이 나만의 길을 밝혀주는 등불이다. 삶은 완벽할 수 없지만, 진실하고 열정적이며 후회 없는 방향으로 살아갈 때 비로소 가치 있는 여정이 될 것이다.

결국 하인리히 법칙은 나에게 작은 문제를 지나치지 않고 살피는 습관을 심어주었다. 삶은 완벽하지 않다. 불완전함 속에서 내가 할 수 있는 최선의 노력은 사소한 것부터 하나씩 신경 쓰는 일이다. 작은 일에서부터 시작하는 변화가 결국 더 큰 성공과 평안을 가져다준다는 사실을 늘 가슴에 새기며 앞으로도 나아가고자 한다. 완벽하지 않아 관리가 필요하다. 관리는 불완전한 사람들을 위한 예방이다.

후지산 자락의 노란 요새, 화낙에서 배우다

 외길을 걷는 장인은 흔들리지 않는다. 장인의 길을 간 기업이 있다. 일본 경제가 '잃어버린 20년'이라 부르는 긴 침체 속에서도 무너지지 않은 이유는 뿌리 깊은 제조 기술 기업들이 굳건히 버팀목 역할을 했기 때문이다. 만약 우리가 비슷한 상황에 처했다면 과연 우리 산업도 이처럼 버틸 수 있었을까? AI와 자동화가 급속도로 산업 구조를 바꾸는 지금, 우리는 어떤 준비를 해야 할까?
 회사의 업무로 일본을 방문했던 어느 날, 나는 후지산 자락에 자리 잡은 한 기업을 찾을 기회를 얻었다. 도쿄 신주쿠에서 전철로 두 시간 남짓, 후지산역에 도착한 후 다시 차로 20분을 달리니 눈 덮인 후지산의 웅장한 모습이 펼쳐졌다. 자연의 위용에 압도되어 카메라 셔터를 연신 누르던 중 울창한 숲속에 마치 요새처럼 자리 잡은 거대한 노란색 건물들이 시선을 사로잡았다.

공장이라고 하기엔 너무도 이질적인 풍경. 국립공원 속에 위치한 노란색 공장이라니, 그 자체로 강렬한 인상을 남겼다. 놀라움은 잠시, 기업의 정체를 알고 나니 경이로움으로 바뀌었다.

이곳은 바로 세계적인 공작기계와 산업용 로봇 기업, 화낙 FANUC. 1972년 설립된 회사는 공작기계 핵심 부품부터 자동화 소프트웨어까지 자체 기술로 개발하며, 전 세계 산업용 로봇 시장의 20% 이상을 점유하고 있다. 특히 스마트폰 가공 기기 분야에서는 무려 80%라는 압도적인 점유율을 자랑한다. 그야말로 자동화시대의 선봉장이라 할 만했다.

화낙에 도착하자마자 가장 먼저 느낀 것은 극도의 보안과 통제였다. 회사 내부는 외부인의 출입이 엄격하게 제한되어 있었고, 내부에서도 특정 구역에 대한 접근이 제한되는 경우가 많았다. 회사의 모든 데이터는 철저히 보호되며, 이메일조차 사용하지 않고 팩스를 고수하는 모습에서 보안에 대한 집착을 엿볼 수 있었다.

또한 직원들의 생활 역시 통제된 환경 속에 있었다. 대부분의 관리자는 회사 기숙사에서 생활하며, 주말이 아니면 집으로 돌아가지 못했다. 내부적으로도 부서 간 정보 교류가 제한되는 등 군대 조직을 연상케 하는 시스템이 구축되어 있었다. 이러한 폐쇄적인 문화가 다소 답답하게 느껴질 수도 있지만, 철저한 보안을 유지하며 기술 유출을 막기 위한 전략임을 알 수 있었다.

화낙의 또 하나 특징은 노란색에 대한 집착이었다. 공장의 외벽뿐만 아니라 기계, 작업복, 내부 시설까지 모든 것이 노란색으로 통일되어 있었다. 단순한 색상의 선택이 아니라, 화낙의 철학을 상징하는 것이었다.

화낙은 창립 이래 철저하게 한 길만을 걸어왔다. 한눈팔지 않고 오직 공작기계와 로봇 기술에만 집중하며 세계 최고의 자리를 지켜왔다. 노란색은 바로 그 일관된 철학과 정체성을 상징하는 색이었다. 화낙의 직원들에게 노란색은 단순한 색상이 아니라, 자신들이 속한 기업의 자부심이자 신념이었다.

화낙의 창업주 이나바 세이우에몬은 '기술만이 국가와 기업의 경쟁력을 좌우한다'고 믿었다. 그는 "다능은 군자의 소치多能은 君子의 小恥"라는 철학 아래, 자기들만의 길을 묵묵히 걸어가는 기업이었다. '절대 스스로와 타협하지 않는다'는 정신이 세계 최고의 기술을 만들어냈고, '영속성'을 추구하는 경영 철학이 회사를 시대를 초월하는 기업으로 만들었다.

우리는 지금 AI와 자동화 혁명이 진행되는 시대를 살고 있다. 단순 반복 업무는 점차 사라지고, 인간이 해야 할 일의 본질이 변화하고 있다. 화낙이 보여준 것처럼 기술에 대한 집념과 철저한 준비 없이 미래를 맞이한다면, 우리의 제조업과 산업은 AI시대에서 도태될 수밖에 없다. AI와 로봇 기술이 빠르게 발전하는 지금, 어떤 기술을 핵심으로 삼고 집중해야 할 것인가? 화낙이 한 우물을 깊게 판 것처럼, 어떤 분야에서 세계 최고의 자리를 차지할 것인가?

화낙의 성공 비결을 통해 미래를 대비하는 길을 배워야 한다. AI시대는 이미 도래했고, 이제는 변화 속에서 어떻게 살아남을 지를 고민해야 할 때다. 기술과 철학이 있는 기업만이 AI시대에서도 살아남을 것이다. 장인의 정신으로 철학과 기술이란 두 기둥으로 서 있는 기업에게서 성공을 배우고 미래를 준비한다.

뿌리 깊은 나무는 바람에 아니 뮐세

내가 다녔던 회사에서의 일은 마치 '토끼와 거북이의 경주' 같았다. 승진이나 상여금을 독차지하는 사람들은 대개 아부를 잘하는 토끼들이었다. 상사의 비위를 맞추고, 잘못된 정책을 그대로 따르며 눈에 띄는 성과를 만들어냈다. 반면 나는 거북이처럼 묵묵히 걸었고 성과도 내지 못해 마냥 웅크리고 살았다. 환경에 쉽게 적응하지 못해 괴로움도 많았다. 이직을 할까 고민도 참 많이 했다. 승진은 동료들보다 느렸고 상사의 총애도 받지 못했다. 연말 상여금은 하위 등급을 받았다. 그러나 흔들리지 않으려 노력했고 나를 개발하는 데 노력했다. 나는 내가 가고 있는 길이 옳다는 믿음을 가지고 계속 나아갔다.

내가 일하던 부서에는 아부를 잘하는 직원들이 있었다. 상사의 안색을 보고, 상사가 원하는 대로 행동하며 빠르게 승진하고, 상사의 총애를 받아 상여금과 인사 혜택을 독차지했다. 반면 나는 상사의 비위에 맞추지 않았다. 때로는 상사와의 갈등이 생기기도 했지만 실력으로 인정받고 싶었다. 그러나 아부를 잘하는 그들은 언제나 빠르게 승승장구했다.

그렇게 시간이 흐르고 부서 내 분위기는 점점 아부가 중심이 되어갔다. 아부를 잘하면 승진하고 상사에게 특혜를 받는 모습이 계속되었고, 나는 뒤를 따라가느라 초조한 마음이 들 때도 있었다. 하지만 내가 믿었던 것은 한 가지였다. '뿌리가 깊은 나무는 바람에 흔들리지 않는다.'

회식 날 사내 분위기는 다소 어색했다. 부장은 항상 자신의 권력을 과시하고 회식 자리에서 자신의 의견을 최우선으로 반영하려는 성향을 보였다. 특히 부장은 회식 때마다 직원들에게 자신을 우러러보게 만드는 것을 좋아했다. 그런 부장에게 다가가려고 아부하는 직원들이 속속 모여들었다. 부장의 눈에 들기 위해서라면 어떤 일이든 마다하지 않았다. 심지어 무리한 술자리가 이어져도 부장의 기분을 맞추기 위해 불편한 마음을 감추고 따랐다.

"오늘은 다들 편하게 즐기자. 하지만, 우리 팀이 잘되려면 내 의견을 존중하고 잘 따라야 한다. 나는 이런 사람들을 좋아한다." 이 말에 주위에서 몇 명은 미소를 지으며 고개를 끄덕였고, 일부는 "부장님 말씀처럼 다 잘되겠죠!"라며 적극적으로 동조했다. 분위기는 마치 부장 한 사람만이 중요하고, 그에 대한 아부가 승패를 가리는 듯한 느낌을 주었다.

그때 한 직원이 살짝 비틀거리며 다가와 "부장님, 진짜로 우리 부서가 이렇게 잘되도록 만들어주신 덕분에 너무 감사드립니다!"라고 외쳤다. 부장은 만족스럽게 웃으며 다른 직원들에게도 말을 시켰다. "저 친구는 정말 일 잘하고 있어. 알았으니 다들 저 친구처럼 해봐." 또 다른 직원이 아부를 이어갔다. "부장님, 이번 프로젝트도 부장님 덕분에 성공할 거라고 믿습니다!"

나는 묘한 감정을 느꼈다. 부장의 말이 진심인지 아니면 그저 자신에게 유리한 상황을 만들기 위한 정치적인 말인지 구분할 수 없었다. 아부하는 분위기는 점점 더 심해졌고 나와 다른 몇몇 직원은 피로감을 느꼈다. 아부가 조직의 분위기를 지배하고 진정한 실력과 노력은 묻혀가는 듯한 느낌이 들었다.

회사의 인사가 발표되었다. 그동안 목에 힘만 잔뜩 들어갔던 부장이 다른 부서로 전출을 가게 되었다. 그가 떠나자 주변의 아부꾼들도 한동안 혼란스러워하며 자리를 잡지 못했다. 그러던 중 새로운 부장이 오셨다. 그분은 직원들이 진정으로 성과를 내기 위해 무엇을 해야 하는지, 누구를 믿고 함께 일해야 하는지를 잘 아는 사람이었다.

새로운 부장은 성과를 중요시하면서도 사람을 배려하고 실제 업무에서 실력을 중시하는 성격이었다. 그분의 리더십 아래 나는 처음으로 나의 의견을 자유롭게 표출할 수 있었고, 아부가 아닌 진짜 실력으로 인정받을 기회를 얻었다.

회식 분위기도 달라졌다. 이제는 부장이 주도하는 자리에서 아부보다는 실력 있는 직원들의 의견이 반영되었다. 술은 각자 주량껏 마셨으며 노래 부르는 2차는 입 밖에 꺼내지도 못했다. 팀워크는 더욱 단단해졌다. 나는 점차 인정받기 시작했고 부서 내에서 핵심적인 역할을 맡게 되었다.

"우리는 실력 있는 사람들이 결과를 만들어내는 조직이어야 한다. 서로 믿고 협력하며, 올바른 일을 했을 때만 성공할 수 있다." 그 말에 나는 희망을 가졌다. 그동안 숨죽이던 분위기가 살아났고 직원들의 사기는 되살아나게 되었다. 모두가 업무에만 열중했고 아부 문화는 사라지게 되었다.

나는 빠르게 그분에게 다가갔다. 내가 맡고 있던 업무의 성과를 보여주고 그동안 회사가 놓친 점들을 건의했다. 부장은 내 의견을 경청하며, "네가 말하는 방향이 옳다. 우리 부서가 나아가야 할 방향이 바로 그거야"라고 말하며 나를 진지하게 평가했다. 나는 부서의 주요한 프로젝트를 맡게 되었다. 내가 주도하는 프로젝트가 성공을 거두며, 다른 부서와의 협업에서 실력을 인정받았다. 그동안 고속 승진을 한 사람들보다 훨씬 큰 성과를 내었고, 회사 내에서 내 위치가 확고히 자리 잡았다.

마치 조선의 세종과 중국 오나라의 마지막 황제인 유선처럼 상반된 두 인물을 떠올리게 한다. 세종은 자신의 백성을 사랑하고, 능력 있는 학자들과 함께 나라를 이끌어갔다. 세종은 단기적인 성과에 치우치지 않고 장기적인 비전을 가지고 국정을 펼쳐 나갔고, 결국 조선의 문화와 과학 발전에 기여했다.

세종은 유능한 인재들을 발굴하고 의견을 경청하며 정책을 추진했다. 실력 있는 사람들을 중용하고 아부나 기회주의가 아닌 실력과 신뢰로 조직을 이끌어 갔다. 내가 새로운 부장을 만났을 때의 상황과 비슷하다. 부장은 성과와 협력의 가치를 중요시하며 공정하게 실력과 능력을 인정해 주었다.

반면 유선은 집단 내 아부와 권력 다툼에 집중한 인물이었다. 자신의 실력보다는 아첨하는 이들의 충성에 의존하며 나라를 이끌었다. 결국 무능과 부패한 정치는 나라를 몰락하게 만들었고, 오나라 역시 망하게 되었다. 유선의 실패는 바로 실력보다는 아부를 우선시한 결과였고, 자리를 지킬 수 있었던 것도 잠시였다.

나 역시 한때 아부를 잘하는 사람들이 승진하고 잘나가던 상황을 보며 초조함을 느꼈지만, 세종처럼 실력으로 승부할 수 있다는 믿음을 잃지 않았다. 그리고 유선처럼 아부로만 승진한 사람들이 결국에는 제자리로 돌아오는 모습을 목격했다. 새로운 부장은 바로 그런 세종과 같은 사람으로 그의 리더십 아래 나는 그동안 쌓아온 실력을 인정받을 수 있었다.

내가 느낀 것은 하나였다. 조직에서 진정으로 중요한 것은 빠른 승진이나 눈에 띄는 단기성과가 아니다. 조직이 성장하고 발전하려면 실력 있는 사람들 간의 협력과 신뢰가 필수적이다. 나무는 뿌리가 깊어야 바람에 흔들리지 않고 강물은 깊어야 소리가 나지 않는다. 비록 처음에는 느리게 나아가는 것처럼 보였지만 결국 조직을 이끄는 중요한 역할로 이어졌다. 토끼처럼 빠르지 않았더라도 꾸준히 나아갔다. 지금은 조직의 성장을 위해 후배들에게 조언한다.

  새로운 부장은 나중에 임원으로 승진도 했고 임직원들의 존경받는 상사로 지금까지도 선후배들의 신망을 받고 있다. '빠르다고 항상 이기는 것은 아니다. 꾸준히 나아가는 자가 결국 승리한다.' 단순하지만 강력한 진리를 믿으며, 믿음을 통해 자부심을 느끼며 살고 있다. 나무는 일 년에 한 번 자신을 나이테로 끌어안는다. 나도 나를 안아주어야겠다.

회복탄력성을 통한 나의 삶

  사람이 넘어지는 것은 자연스러운 일이다. 그래서 일어서는 것을 배우면 된다. 나는 어린 시절부터 크고 작은 어려움을 겪으며 극복과 성장을 반복해 왔다. 가난과 부족함 속에서도 배움에 대한 열의만큼은 결코 잃지 않았다. 초등학교 시절 『톰 소여의 모험』을 읽으며 우정과 용기, 정의감의 중요성을 배웠고, 『어린 왕자』를 통해 어린이의 눈으로 본 삶의 가치와 지혜를 깨달았다. 독서를 통해 얻은 깨달음들은 삶을 살아가는 데 소중한 밑거름이 되었고, 더욱 강하고 단단하게 만들었다.

  '회복탄력성Resilience'이란 역경과 좌절에도 굴하지 않고, 스트레스를 유연하게 극복하며 스스로를 회복하는 능력을 뜻한다.

흔히 '마음의 근육'으로 비유되며, 누구나 단련할 수 있는 삶의 필수 기술이다. 회복탄력성은 단순히 어려움을 버티는 힘이 아니라, 넘어져도 다시 일어설 수 있는 '오뚝이' 같은 힘을 의미한다. 이를 키우기 위해서는 긍정적인 마음가짐, 유연한 대인관계, 자기 조절 능력 등 다양한 요소가 필요하다. 나는 이러한 요소들을 체득하고 실천하며 삶의 여러 고비를 헤쳐 나갔다.

직장 생활에서도 회복탄력성은 필수적인 덕목이었다. 특히 과장 시절이었다. 대규모 철구조물 프로젝트의 예산 관리를 맡게 되었다. 당시 회사에는 체계적인 시스템이 제대로 구축되지 않은 상태였고, 나는 초급 관리자의 경험만으로 수백억 원 규모의 예산을 책임져야 했다. 결과적으로 프로젝트에서 예상치 못한 손실이 발생했고, 규모는 수십억 원에 달했다.

첫 대규모 프로젝트였기에 나뿐만 아니라 경영진의 기대도 컸다. 현실은 실패로 귀결되었고, 나는 큰 좌절과 자책 속에서 한동안 힘든 시간을 보냈다. 하지만 실패가 곧 나의 성장으로 이어지는 계기가 되었다. 주변 동료들의 격려, 가족의 변함없는 지지, 그리고 무엇보다 실패 속에서도 배우고자 했던 나 자신의 의지가 더해져 다시 도전할 용기를 얻었다.

나는 실패를 곱씹으며 무엇이 부족했는지 분석했고, 체계적인 예산 관리 시스템의 필요성을 절감했다. 이후 보다 더 정교한 관리 시스템을 구축하며 새로운 프로젝트를 맡았고, 회사의 비용 절감과 효율성을 높이는 성과를 거둘 수 있었다. 경험을 통해 나는 실패는 끝이 아니라 새로운 도약의 발판이 될 수 있음을 깨달았다.

삶은 예기치 못한 도전으로 나를 끊임없이 시험했다. 환경의 변화, 관계의 갈등 속에서 스스로를 단련하며 회복탄력성을 키워갔다. 특히 하루를 마무리하며 감사한 일을 떠올리는 습관은 내 마음을 긍정으로 채워주었고, 종교적 믿음은 힘든 순간에도 나를 붙잡아 주는 든든한 버팀목이 되었다.

또한 나의 강점을 발견하고 적극적으로 활용하려는 노력도 큰 도움이 되었다. 내가 가진 책임감과 문제 해결 능력은 실패 속에서도 다시 일어날 수 있는 원동력이었다. 여기에 조깅과 같은 운동을 통해 스트레스를 해소하고 마음의 평정을 찾으며, 나는 더욱 강한 사람으로 거듭날 수 있었다.

내가 몸담았던 중소기업에서도 회복탄력성은 생존과 도약의 필수 조건이었다. 특히 기존 사업의 한계로 인해 매출이 정체되었던 시기는 우리 조직에 있어 큰 도전이었다. 이 위기를 기회로 삼아 새로운 사업을 발굴하고 해외 시장에 진출하며 다시 성장할 수 있었다.

과정이 순탄하지만은 않았다. 해외 진출 프로젝트에서 예기치 못한 품질 문제로 대규모 리콜 사태가 발생하기도 했다. 나는 조직의 회복탄력성을 발휘해 신속한 대응책을 마련했고, 신뢰를 바탕으로 협력하며 문제를 해결해 나갔다.

공장 혁신을 추진하면서도 마찬가지였다. 기존 시스템을 개혁

해야 했던 당시, 변화에 대한 저항과 불만이 컸다. 끊임없는 설득과 협력을 통해 새로운 시스템을 성공적으로 도입했고, 이는 조직의 성장을 가속하는 기반이 되었다.

무엇보다도 중소기업에서는 구성원의 화합과 단결이 가장 중요한 요소였다. 우리는 위기를 극복하고 목표를 달성하며, 고객과 구성원이 하나 되어 자축하는 순간을 맞이했다. 단순한 성과 이상의 의미를 지니며, 조직의 회복탄력성과 자부심을 상징하는 값진 경험이 되었다.

나는 '스티브 잡스'의 이야기를 통해 회복탄력성의 가치를 다시 깨닫게 되었다. 잡스는 자신이 창업한 애플에서 쫓겨나는 좌절을 겪었지만, 이를 발판 삼아 다시 돌아와 회사를 세계 최고의 혁신 기업으로 탈바꿈시켰다.

잡스의 성공 비결은 리더십, 비전, 유연성이라는 세 가지 요소에 뿌리를 두고 있다. 잡스는 실패를 두려워하지 않았다. 실패로 배운 교훈을 바탕으로 새로운 도전을 멈추지 않았다. 또한 애플의 구조를 단순화하고 최고의 인재를 영입하며 팀워크를 강화했다. 잡스의 이야기는 조직의 회복탄력성을 높이는 본보기가 되었고, 큰 영감을 주었다.

나의 삶과 조직은 수많은 위기를 극복하며 성장해 왔다. 중심에는 늘 회복탄력성이 있었다. 고난을 견디는 것을 넘어, 성장의 발판으로 삼는 능력이다. 실패와 시련 속에서도 자신의 강점을 발견하고, 주변의 지지와 화합을 통해 다시 일어서는 힘이다.

기초가 단단한 집이 어떤 환경 속에서도 흔들리지 않듯, 회복탄력성은 개인과 조직이 어떤 도전 앞에서도 무너지지 않는 든든한 기반이 된다. 우리는 늘 예상치 못한 위험과 도전에 직면하며 살아간다. 기업 환경 또한 경쟁이 치열해지고 다양한 위험에 노출되고 있다. 하지만 나는 앞으로도 회복탄력성을 삶의 중심에 두고, 더 나은 내일을 향해 나아갈 것이다. 그것이야말로 나의 정신력이자, 믿음의 힘이다. 생명체는 회복되는 존재다. 다시 일어나는 존재다. 아침 해가 다시 떠오르듯, 봄이 되면 다시 새싹이 돋듯. 내 몸에는 회복의 유전자가 살아있다.

4.
소중한 추억의 조각들

어린 시절의 추억, 일상의 소소한 행복, 지나간 시간에 대한 그리움,
기억과 감성의 시간이 빚어낸 풍경 속에서 살다.

추억을 저축하는 나무

 지난여름, 우리나라를 '대프리카'라고 했다. 폭염에 찌든 사람들이 아프리카를 생각하며 붙인 이름이다. 찌든 더위를 경험해 보지 못한 사람들은 그럴 만도 했다. 열대야로 잠 못 드는 날이 한 달도 넘었으니 말이다. 시원한 바람이 좀 부니 슬슬 오기가 난다. 친구들 셋이서 춘천행 ITX를 탔다. 목적지는 용문사였다.
 자연 상태에서는 멸종한 은행나무. 다시 인류에게 찾아온 은행나무를 찾아갔다. 해마다 늦가을이면 황금빛 단풍으로 물드는 은행나무가 용문사 입구에 우뚝 서서 사찰을 찾는 수행자들을 맞이한다. 은행나무는 마의태자麻衣太子가 지팡이를 꽂았더니 자랐다는 전설이 전해진다. 마의태자麻衣太子는 신라 56대 경순왕敬順王의 아들, 비운의 마지막 왕자다.
 수령 1100년, 높이 40m인 나무는 동양에서 가장 큰 은행나무로, 영검해 나라가 위급할 때마다 신호를 보낸다는 전설도 함께 전해지고 있다. 노랗게 물든 은행잎이 계절의 변화를 보이고

4. 소중한 추억의 조각들 133

오가는 사람들의 모습을 담고 서 있다.

은행나무 아래를 지날 때마다 생각한다. 왜 은행잎은 그렇게 노랄까? 봄에 돋아 새싹은 연둣빛으로 부드럽고 여리지만, 여름이 되면 짙은 녹색으로 무성해진다. 가을이 오면 은행나무는 다시 색을 바꾸기 시작한다. 연녹색이 점점 샛노란색으로 물들면서, 마치 자신이 준비한 마지막 무대를 위해 천천히 옷을 갈아입는 듯하다. 그리고 늦가을 노란 잎이 햇살을 받아 반짝일 때 우리는 비로소 은행나무의 가을을 느낀다.

노란색의 비밀은 사실 천둥과 벼락을 맞은 나무의 오래된 전설에서 왔을지도 모른다. 옛날 큰 폭풍이 몰아친 후 은행나무가 번쩍이는 벼락에 맞았다고 한다. 은행나무는 충격을 잊지 않고 매년 가을마다 잎을 노랗게 물들인 게 아닌가 생각한다. 노란 잎을 보고 있으면 가을의 노스탤지어와 함께 이야기가 살며시 떠오른다.

은행나무는 참으로 특이한 나무다. 인생의 사계절을 빼닮았다. 봄의 연둣빛 싹은 새롭게 태어난 인생의 시작을, 여름의 짙은 녹음은 젊음의 한창을, 가을의 샛노란 잎은 성숙한 중년을, 겨울의 나목은 마지막 휴식을 준비하는 인생을 닮았다. 은행나무는 긴 시간 동안 천천히 변해가며, 인생의 단계를 표현하는 나무가 아닐까 싶다.

은행나무의 열매인 은행알도 그렇다. 처음엔 단단하고 푸른 열매가 자라더니 시간이 지나면 향기와 함께 가을을 알려준다.

비록 향은 그다지 매력적이지 않지만, 영양가는 예로부터 귀하게 여겨왔다. 마치 인생도 처음엔 순수하고 아름답지만, 때론 아픔과 어려움이 담겨 있고, 시간이 지나야 가치를 깨닫는 것처럼 말이다. 아픔이 성숙으로 변하는 과정, 은행 알처럼 우리도 시간이 지나면서 그 속에서 무엇을 얻게 될지 모른다.

또 은행나무는 암수 한 쌍으로 존재한다. 이 또한 인생의 균형을 상징하는 듯하다. 마치 삶 속에서 남과 여, 빛과 어둠, 기쁨과 슬픔이 서로 조화롭게 공존한다. 자연의 이치 속에서 은행나무가 주는 소중한 메시지를 느낀다.

가로수로 자주 심기는 하지만 은행나무는 그저 보기 좋고 심심치 않은 나무가 아니다. 가로 보호수로서 거리 곳곳에서 우리를 지켜주는 마치 인생의 수호자처럼 보인다. 굵고 튼튼한 나무 줄기는 바람과 비를 견디며 늘 같은 자리에서 사람들의 발걸음을 지켜본다. 마치 조용하게 자리를 지키며, 우리가 무엇을 겪든 그저 묵묵히 기다리는 어른처럼 서 있다.

이 가을, 은행나무 아래를 걷다 보면 노란 잎이 바람에 흩날린다. 노란 잎은 단순한 잎이 아니라 인생의 사계절을 지나는 우리의 모습과도 닮아 있다. 성숙해지기까지 겪었던 아픔과 기쁨, 모든 순간이 담겨 있는 작은 잎사귀 하나하나에 각자의 이야기가 서려 있다.

이번 가을에는 은행나무를 한 번 더 유심히 바라보자. 노란 잎들이 전해주는 은근한 미소 속에서 자연이 가르쳐주는 삶의 유머를 느껴보는 것도 좋을 것이다. 은행나무는 언제나 같은 자리에 서서 다정하게 말할 것이다. "이 또한 지나가리라." 지난 폭염도 한낮의 시름도 모두가 시간의 흐름 속에 갇혀 있다고.

가을이 되면 은행잎이 바람에 휘날리는 풍경을 자주 볼 수 있다. 노랗게 물든 은행잎을 하나 주워서 손바닥 위에 올려놓으면, 어쩐지 마음이 따뜻해진다. 노란 잎을 깨끗하게 말려 책갈피 속에 넣어두거나 편지 봉투 속에 고이 담았던 기억도 떠오른다. 젊은 시절 나는 노란 은행잎을 하나씩 주워 편지에 담아 친구에게 보냈다. 편지 속에서 가을의 향기를 전해주고 싶었던 마음, 애틋함이 은행잎에 고스란히 담겼던 것 같다.

그리고 며칠 후 답장 속에는 붉게 물든 단풍잎이 들어 있었다. 단풍잎을 꺼내는 순간 은은한 미소가 지어졌던 기억이 난다. 노란 은행잎과 붉은 단풍잎의 교환은 마치 우리 마음이 계절을 타듯 가을의 감성을 그대로 나누고 싶었던 서로의 마음을 대변한 듯했다. 지금도 은행잎을 볼 때마다 그때의 풋풋하고 따스한 추억이 떠오른다. 가을날의 낭만 속에서 주고받았던 잎사귀들은 젊은 날의 가장 소중한 기억으로 남아 있다.

은행잎을 보면 문득 생각한다. '은행'은 돈을 저축하는 곳일까? 어쩌면 우리 마음속에도 어떤 '은행'이 있는 것이 아닐까? 추억을 저축하는 그런 은행 말이다. 시간을 거치며 마음에 차곡차곡 쌓이는 기억들이 마치 은행의 돈처럼 모아져 나중에 꺼내어 보았을 때 가치를 다시금 깨닫게 되는 것처럼. 그때 보낸 은행잎도, 답장 속의 단풍잎도 모두 마음속 '추억의 은행'에 차곡차곡 쌓여 있었다.

그렇다면 은행이라는 이름은 어떻게 지어진 걸까? 돈을 모으는 은행과 나무의 은행, 이 둘은 무슨 관련이 있을까? 사실 은행나무의 열매인 '은행銀杏'에서 그 이름이 비롯되었다. 노랗고 둥근 열매가 은빛을 띤다고 해서 '은銀' 자와 살구나무를 뜻하는 '행杏' 자를 합쳐 '은행銀杏'으로 불리게 된 것이다. 돈을 모으는 은행과 이름이 같은 이유는 우연이지만, 은행잎이 사람들에게 추억을 저축하게 한다는 점에서는 의미가 닿는 것 같다.

가로수길을 따라 걷다 보면, 가을의 풍경은 정말 아름답다. 특히 은행나무와 플라타너스가 나란히 서 있는 모습을 보면 각기 다른 매력을 지닌 두 나무의 조화가 눈에 띈다. 어느 날 플라타너스가 궁금증에 가득 차 은행나무에게 물었다.

"나는 빨간데, 너는 왜 노랗니?" 은행나무는 한숨을 쉬며 대답했다. "나는 여름 내내 푸르른 잎을 가지고 있다가, 가을이 오면 자연스럽게 색을 변화시켜. 내 노란 잎은 나의 변화를 받아들이는 방식이야. 그리고 그 색깔은 모든 것을 품고 있는 여유로움과 성숙함을 나타내지."

플라타너스는 의아한 표정으로 말했다. "그렇구나. 나는 가을이 오면 화려한 빨강으로 변해. 사람들에게 더 많은 주목을 받으려는 마음에서 그런 걸까? 내 색깔은 생명력과 열정을 상징하는 것 같아." 은행나무가 고개를 끄덕이며 대답했다. "각자의 색이 다르다고 해서 더 나은 것은 아니야. 너의 빨강은 젊음과 생명력을 상징하지만 나의 노랑은 지나온 세월과 깊은 이야기들을 담고 있어. 우리는 모두 각각의 이야기를 가지고 있을 뿐이야."

"그렇다면 우리는 서로 다른 색으로 서로를 보완하는 사이인가? 사람들이 각기 다른 모습의 나무들을 사랑하듯, 우리도 그런 존재가 되어야겠다."

"맞아." 은행나무가 웃으며 답했다. "우리는 서로 다른 색깔이 어우러져 더욱 빛나는 법이지. 함께 서 있을 때, 사람들은 아름다움을 느끼고, 각자의 이야기를 상상할 수 있어." 그들은 함께 가을의 비바람을 맞으며, 각자의 색을 뽐내는 것이 아니라 서로의 아름다움을 인정하고 축하하는 친구가 되었다. 서로 다른 모습으로 함께하며, 가로수길을 오가는 사람들에게 잊지 못할 기억을 선사하는 나무가 되었다.

은행나무는 천년을 살아가는 나무로도 유명하다. 은행나무는 추억의 나무다. 사람들은 나무 아래서 사랑을 고백하고, 시간을 보내며, 때로는 이별의 아픔도 겪는다. 노랗게 물들면, 그 안에는 지나온 계절들이 담겨있다. 한 잎 한 잎이 인생의 한순간을 상기시켜 주는 듯하다. 젊은 시절의 풋풋함과 사랑의 열정, 그리고 그리움까지. 은행잎 속에 이야기가 숨겨져 있다.

은행나무는 시간을 흘려보내면서도 언제나 자리를 지키며 그곳에서 사람들을 기다린다. 그리고 노란 잎들은 언제나 가을마다 다시 우리 앞에 나타나 잊고 지냈던 추억을 상기시킨다. 마치 시간이 흘러도 변하지 않는 그 비밀이 있다는 것을 말해주려는 듯.

이번 가을에도 은행잎을 하나 주워 보자. 그리고 잎을 깨끗하게 닦아 책 속에 넣어 그리운 사람에게 선물로 보내자. 친구는 빨간 단풍잎을 다시 나에게 보내주겠지? 은행잎 속에 담긴 시간과 추억을 가만히 들여다보며 인생의 또 다른 한 페이지를 저축해 본다. 추억이 많이 모여 만기가 되면 더욱 아름다워지겠지. 초록 잎에서 노란색이 나오는 신비처럼 내 인생도 다른 빛깔로 옮겨가고 있다. 나이가 든다는 것은 새로운 색으로 옮겨가는 것이다. 나도 자연의 이치를 생각해 본다.

어린 시절 겨울은 따뜻하였네

시골 고향에는 겨울이면 겨울로 가득했다. 겨울이 오면 겨울이 가진 구들방, 오순도순한 가족, 군고구마와 같은 것들이 이야기를 스스로 만들곤 했다. 찬바람이 옷깃을 여미게 만드는 겨울이 다가오면 문득 어려웠던 시절의 따뜻함이 그리워진다. 나의 어린 시절은 농경 사회를 지나, 학창 시절은 징검다리처럼 삶의 과도기를 건넜고, 청장년 시절은 산업 사회를 살아냈으며, 지금 노년의 나는 정보화 사회 속에서 새로운 세상을 경험하고 있다. 시대가 바뀔수록 한 해의 마지막 달, 12월을 바라보는 나의 느낌과 생각도 달라져 왔다.

 농경 사회에서 겨울은 고된 노동의 쉼표이자, 다음 해를 준비하는 중요한 시간이기도 했다. 들판은 가을걷이가 끝난 후 황량하고 차가운 바람이 불어왔고 우리는 긴 겨울을 맞았다. 겨울은 추위 속에서도 사람들이 함께 모여 삶을 이어가는 달이었다.

 수확한 곡식은 집 안 곳간에 차곡차곡 쌓아두었다. 우리 집은 벼농사를 주로 했는데, 한 해 동안 수확한 벼를 쌀로 도정해 몇 가마씩 광에 쌓아두었다. 쌀가마는 가족의 생계를 책임지는 중요한 자산이었다. 돈이 필요한 일이 생기면 쌀을 내다 팔아 자녀들의 학비나 형제들의 결혼자금으로 사용했다. 저축 통장이 없던 시절, 쌀가마니는 곧 부의 척도였다.

 겨울 동안 가족의 주식은 고구마였다. 가을에 수확한 고구마는 안방 한구석에 소중히 보관되었고, 가족은 고구마로 끼니를 때웠다. 특히 가마솥에 푹 찐 고구마와 얼음 같은 동치미는 겨울철 최고의 별미였다. 김장김치를 잘게 썰어 식은 밥에 말아 끓여 먹는 김치국밥은 온 가족의 힘을 북돋아 주었다.

 저녁이면 온 가족이 모여 부업에 열중했다. 벼를 훑고 남은 볏짚은 겨울에 가마니를 짜는 재료가 되었다. 자녀들은 새끼를 꼬고 부모님은 가마니를 짰다. 가마니는 오일장에 팔아 생필품을 사 오는 데 썼다. 소박한 오일장의 풍경은 시간이 지나도 잊을 수 없는 추억이다.

 겨울 아침 추위에 내가 가장 먼저 해야 할 일 중 하나는 소죽을 끓이는 일이었다. 아궁이에 불을 지피고, 커다란 가마솥에 물을 붓고 나무를 더해가며 불길을 키웠다. 솥 안에서 물이 끓기 시작하면, 어머니는 미리 준비해 둔 쌀겨와 콩깍지, 남은 밥 등을 넣어 휘휘 저으셨다.

연기와 함께 퍼져 나오는 따뜻한 냄새는 차가운 공기를 녹여주었고, 소들은 소죽을 기다리며 아침밥을 기다렸다. 뜨거운 소죽이 완성되면 커다란 들통에 퍼 담아 소구유에 나눠 주었다. 소들이 맛있게 먹는 모습을 보며, 농촌의 일상이 자연스레 몸에 배어갔던 기억이 난다. 소는 한 가족이나 다름없었다.

그때는 힘들게 느껴졌던 일이지만 지금 생각해 보면 가족과 함께했던 시간이 참 소중하고 따뜻하게 느껴진다. 소죽을 끓이며 시작된 하루는 농촌의 정겨운 일상 속에서 자연과 함께 살아가던 삶의 한 단면이었다.

겨울은 단순한 휴식의 계절이 아니었다. 야산에서 나무를 베어와 난방용 땔감을 마련하고, 가축의 먹이도 챙겨야 했다. 집안을 단단히 보강하며 추위를 대비하는 일도 필수였다. 고단함 속에서도 가족은 따뜻한 손길을 나누고, 서로 도우며 함께 겨울을 보냈다.

겨울밤은 길고 추웠지만, 가족의 온기와 사랑이 추위를 잊게 해주었다. 바깥일이 줄어들면 마을 사람들은 서로의 집을 오가며 농주를 나누고, 아낙네들은 길쌈하며 서로를 도왔다. 저녁 무렵 가족이 둘러앉아 호롱불 밑에서 이야기를 나누는 시간은 시간 가는 줄 몰랐다. 설화를 나누고 농사의 지혜를 전하며 긴 겨울밤을 채웠다.

　가족들이 모여 앉아 서로의 체온을 나누고 이야기를 나누는 시간은 무엇보다 따뜻했다. 비록 먹을 음식은 많지 않았지만, 가족의 사랑과 배려가 가득 담긴 말 한마디가 우리를 풍요롭게 했다. 그런 사랑이야말로 삶의 어려움 속에서도 우리를 지탱해 주는 가장 강력한 힘이었다.

　새로운 계절을 꿈꾸며 농부들은 눈 덮인 들판을 보며 땅이 쉬고 있음을 알고 있었다. 겨울은 새로운 생명과 수확을 위한 준비와 재충전의 시간이었다. 차가운 들판 너머로 떠오르는 해처럼 다가올 새 계절을 꿈꾸며 하루하루를 살아갔다.

　이제 그 시절을 돌아보며 깨닫는다. 함께라면 어떤 추위도 이겨낼 수 있다는 것을. 긴 겨울밤을 함께 견뎌낸 시간이 지금의 나를 이루는 소중한 기초가 되었음을. 겨울의 차가움 속에서도 우리는 서로의 온기와 사랑을 나누며 희망을 이어갔고, 우리의 삶을 지탱하는 진정한 힘이 되었다.

　따뜻함은 단순히 화로의 불길이나 두터운 이불에서 오는 것이 아니었다. 추위 속에서도 서로를 보듬어주던 마음, 그 속에서 피어난 사랑이 나의 마음을 데워주었다. 고된 일상 속에서도 부모님의 사랑과 형제간의 우애가 있어, 겨울은 오히려 더 따뜻하게 기억된다.

　지금은 따뜻한 온기와 사랑이 그리워지는 겨울이다. 비록 시간이 흘러 많은 것이 변했지만, 그때의 사랑과 정은 여전히 내 마음속에 남아 있다. 추운 겨울밤마다 그리운 마음을 데우며, 따뜻한 기억 속으로 돌아가고 싶어진다. 어려웠던 시절에도 함께여서 행복했던 순간들이, 오늘의 나를 지탱하는 힘이 되어 준다.

다시 따뜻한 온기와 사랑을 느낄 수 있기를, 그리고 지금 이 순간에도 우리 주변에 그런 따뜻함이 깃들었으면 좋겠다. 나의 겨울은 늘 포근하다. 아름다운 추억이 내 마음속에 스멀스멀 생각나기 때문이다. 추억은 언제나 고향으로 가는 열차를 태우곤 한다. 열차 안에는 돌아가신 어머니와 아버지 그리고 가족들이 타고 있다. 물론 친구들도 함께 있다.

겨울 동백나무 아래서 피어나는 삶의 노래

새해가 시작될 무렵이면 겨울 추위 속에서 가장 먼저 피어나는 동백꽃. '그 누구보다도 당신을 사랑합니다'라는 진실한 사랑의 의미를 담고 있다. 붉은 꽃잎은 화려함보다는 소박한 아름다움을 지니고 있으며, 통째로 떨어지는 모습은 선비의 절개와 지조를 상징한다.

동백꽃은 우리나라 남쪽 섬 지방에서 추운 겨울부터 피기 시작해 3월까지 만개하여 섬 전체를 붉게 물들인다. 강인함을 보여주는 꽃으로 이름나 있다.

차가운 겨울바람이 불어올 때면 어린 시절 큰집 마당 한편에 자리했던 동백나무가 떠오른다.

형님이 여수 오동도에서 가져와 심은 작은 나무는 큰댁의 따뜻한 담벼락 아래 자리를 잡았다.

처음에는 앙증맞은 묘목에 불과했던 동백나무는 세월이 흐르며 늠름한 자태를 뽐내기 시작했다. 굵어진 줄기는 굳건히 땅을 지탱했고, 촘촘히 돋아난 가지들은 푸른 하늘을 향해 힘차게 뻗어 나갔다. 겨울이 되면 붉은 꽃망울을 터뜨리며 온 세상을 붉게 물들였고, 동백나무 아래에서 나는 꿈을 키워나갔다.

키가 자라고 꿈이 자라는 동안에도 동백나무는 늘 그 자리에 있었다. 붉은 꽃잎은 내 어린 시절의 추억을 고스란히 담고 있었고, 짙은 녹색 잎사귀는 내 성장의 시간을 말해주는 듯했다. 동백나무는 내게 단순한 나무가 아닌, 삶의 동반자이자 희망의 상징이었다.

오동도는 '동백섬'이라는 별칭을 가진 아름다운 섬이다. 한려해상 국립공원의 일부로, 아름다운 자연경관과 동백나무 숲으로 많은 이가 찾는 명소다. 동백나무는 한국 문화에서 절개, 인내, 다산, 기다림 등 다양한 상징적 의미를 지니며, 선조들의 삶과 정신을 반영한다.

추사 김정희는 제주 유배 시절, 아내에 대한 애틋한 마음을 동백꽃에 빗대어 표현했다. 울릉도에서는 오랜 기다림 끝에 남편을 만나지 못하고 세상을 떠난 아내의 무덤 위에 동백나무가 자라났다는 설화가 전해지기도 한다. 여수 오동도에도 다른 지역과 비슷한 전설이 전해진다. 정절을 지키기 위해 절벽에서 몸을 던진 여인의 자리에서 붉은 동백꽃이 피어났다는 이야기는 동백꽃이 단순한 아름다움을 넘어 역사와 사람들의 감정이 깃든 특별한 의미를 지니고 있음을 보여준다.

어린 시절, 동백나무 아래에서 미래의 나를 그려보곤 했다. 붉은 꽃잎과 노란 꽃 수술, 은은하게 퍼지는 향기 속에서 내 가슴은 뜨겁게 뛰었고, 동백꽃의 정열은 희망과 미래를 보여주었다. 하지만 세월은 모든 것을 변화시켰다.

큰댁이 도시로 이사를 결정했을 때 동백나무는 홀로 남겨져야 했다. 큰어머니는 떠나는 날까지 동백나무 곁을 떠나지 못하고 연신 눈물을 훔치셨다. "이 나무가 없으면 어찌 살꼬…." 큰어머니의 흐느낌은 어린 내 마음에도 깊은 슬픔을 남겼다. 동백나무 아래에서 나를 품어주던 큰어머니가 도시로 떠나셨을 때 그 빈자리를 느꼈다.

큰어머니가 떠난 후 동백나무는 돌봄을 받지 못하고 점점 처량한 모습으로 변해갔다. 붉었던 꽃잎은 빛을 잃고 시들어갔고, 푸르렀던 잎사귀는 먼지를 뒤집어쓴 채 축 늘어졌다. 마치 버려진 아이처럼 동백나무는 홀로 남겨진 슬픔을 온몸으로 표현하는 듯했다.

차가운 겨울바람이 불어올 때면, 앙상한 가지를 흔들며 홀로 서 있는 동백나무의 모습은 더욱 처량하게 느껴졌다. 하지만 동백나무는 절망하지 않았다. 혹독한 추위 속에서도 꿋꿋이 뿌리를 내리고, 다시 한번 붉은 꽃망울을 피워냈다. 마치 큰어머니를 그리워하며 다시 일어서는 내 모습과 닮아 있었다. 동백나무 아래에서 자랐던 나는 그 꽃처럼 차가운 세상에서도 끝까지 피어날 것이다.

동백꽃은 나무에서 피었다가 땅에 떨어지면서 다시 피고 이를 본 사람의 마음에서 세 번째 핀다고 한다. 땅에서 다시 피어나는 동백꽃의 모습은 마치 김유정의 소설 『동백꽃』에서 점순이가 '나'에게 건넨 알싸하고 향긋한 꽃향기처럼 강렬한 생명력과 아름다움을 우리에게 선사한다. 하지만 소설 속의 동백나무는 노란 동백꽃으로, 생강나무를 말한다. 하지만 이름은 같다.

동백나무는 나에게 삶의 희망을 가르쳐주었다. 아무리 힘든 상황에서도 꿋꿋이 피어나는 동백꽃처럼 나 또한 어떤 어려움에도 굴하지 않고 삶을 꽃피워 나가겠다고 다짐했다. 동백꽃의 모습은 내 인생관과 깊이 맞닿아 있다. 어려운 상황에서도 신념을 지키며 묵묵히 나만의 길을 걸어가고, 마지막 순간까지 품위를 잃지 않는 삶. 동백꽃처럼 나도 삶의 역경 속에서도 꿋꿋이 피어나며, 내 자신을 온전히 지켜나가고자 한다. 나의 삶이 동백꽃의 아름다움처럼 진실되고 고결하게 피어나기를 소망한다.

첫눈 오는 날의 기도

첫사랑처럼 첫눈은 하늘이 내려준 선물이다. 천국의 축제일이다. 이유는 내가 그렇게 정했다. 첫눈이 내리면 마음 한구석이 간질거리듯 설렌다. 창밖으로 휘날리는 눈송이를 바라보며, 어린 시절의 추억과 첫눈에 얽힌 특별한 이야기가 떠오르기 마련이다. 첫눈은 계절이 주는 선물이다. 하얀 눈이 세상을 덮으면 모든 것이 새롭고 깨끗해 보인다. 무언가를 시작하거나, 그리운 사람과 추억을 나누고 싶은 마음이 들기도 한다.

첫눈을 기다리며 설레는 이유는 사람마다 다를 수 있다. 어린 시절 눈싸움하고 눈사람을 만들었던 시간들, 누군가와의 특별한 만남, 또는 평범한 일상이 순간적으로 동화처럼 느껴지는 느낌 때문이다. 눈은 세상 모든 것 위에 똑같이 내려, 어떤 순간도 포근히 감싸준다. 그래서 첫눈은 낭만적이고 따뜻한 기대감을 안겨주는 특별한 존재가 아닐까?

첫눈이 오면 마당을 뛰어다니는 강아지의 모습은 자체로 행복을 가져다준다. 눈을 처음 본 듯 꼬리를 흔들며 이리저리 뛰어다니거나, 사뿐히 내려앉는 눈송이를 따라가며 킁킁거리기도 한다. 발이 차가운지도 모르고 온몸에 눈을 뒤집어쓴 채 신나게 노는 모습은 마치 겨울이 주는 순수한 기쁨의 상징 같다. 강아지는 첫눈의 차가움을 두려워하기보다는 신선함에 매료되는 듯하다. 뭉쳐지는 눈을 이리저리 쫓거나 눈밭 위에서 구르며 새로운 놀이를 발견하는 모습은 주인의 마음마저 따뜻하게 만들어 놓는다.

첫눈이 내리는 날, 강아지와 함께 마당에서 뛰노는 시간은 사람과 반려동물이 함께 계절을 즐기며 더 가까워지는 순간을 선물해 준다. 강아지도 첫눈을 통해 계절의 설렘을 느끼는 걸까? 그것이 사실이든 아니든, 그들의 에너지와 기쁨은 늘 보는 이의 마음을 행복하게 만든다.

어머니께서는 늘 김장을 준비하셨다. 하얀 눈이 소복이 쌓인 날이면 땅도 얼어가기 전에 배추와 무로 김치 담그는 일은 어머니의 중요한 겨울맞이 의식과도 같았다. 이른 아침부터 가족들은 손발을 맞춰 배추를 절이고, 양념을 준비했다. 고춧가루와 마늘, 생강을 듬뿍 넣어 만드는 양념의 매콤한 냄새가 온 마당에 퍼지면, 차갑던 공기 속에서도 묘한 따뜻함이 느껴졌다. 어머니는 늘 말씀하셨다. "첫눈이 와야 제대로 된 김치를 담글 수 있어. 그래야 겨울을 든든하게 날 수 있지."

가끔 눈발을 맞으면서 배추에 양념을 바르던 어머니의 손길은 마치 겨울을 대비하는 자연의 한 장면 같았다. 어린 시절 김장날이면 어머니는 김치 속에 묻힌 손을 털어내며 막 버무린 배추김치를 쭉 째서 자녀들 입에 넣어주시곤 했다. 마치 어미 제비가 벌레를 잡아와 처마 끝 제비집 속에서 짹짹거리는 새끼 제비 입에 넣어주던 모습 그대로였다. 거기에는 작은어머니도, 누님도 한몫했다. 김이 모락모락 나는 돼지 수육은 빠질 수 없는 필수불가 메뉴임이 분명했다. 겨울의 맛은 이렇게 더해졌다.

잘 담근 김장은 여러 곳으로 보내진다. 결혼한 자녀들과 친척들 집으로 어머니의 정성을 한 줌 넣어 배달된다. 배고픈 시절, 김장은 새봄이 지나고 여름까지 가족의 입맛을 지키는 식탁의 왕자가 된다. 첫눈과 김장은 단순히 겨울맞이 준비를 넘어, 가족이 함께하는 온정의 시간이었고, 계절이 주는 소중한 추억이었다.

까치설날 이른 아침, 고향으로 가기 위해 차에 선물 꾸러미와 짐 가방을 실었다. 아내와 자녀들은 신이 나 있었지만, 나의 마음은 날씨 때문에 무겁기만 했다. 귀향길은 집을 나서자마자 도로가 주차장이었다. 날씨는 조금 흐리긴 했지만, 설마 눈이 그렇게 많이 올 줄은 몰랐다. 88고속도로에 들어서니 풍경은 금세 하얗게 변했고, 차들은 거북이처럼 기어가고 있었다.

눈발은 점점 거세지고 도로는 미끄러웠다. 언덕길에서 타이어가 헛돌기 시작했을 때 나는 체인의 필요성을 깨달았다. 인근 휴게소에 어렵게 도착해 보니, 체인을 사려는 차들로 장사진을 이루고 있었다. 마침내 두 배값으로 체인을 구입했다. 손이 꽁꽁 얼도록 체인을 어렵게 끼우는 동안 다른 운전자들도 각자 사투를 벌이고 있었다.

길은 여전히 막혔다. 도로 위에 갇힌 차들은 눈사람처럼 눈을 뒤집어쓰고 있었다. 아이들은 뒷자리에서 지루함을 달래려 애를 썼고, 나는 핸들을 잡은 손에 힘을 줄 뿐이었다. 간신히 조금씩 앞으로 나아가는 동안, 라디오에서는 "귀성길 정체로 광주까지 15시간 이상 걸릴 전망입니다"라는 방송이 흘러나왔다.

잠깐의 휴식도 없이 밤이 깊어갈 무렵 마침내 광주에 도착했다. 평소라면 네다섯 시간 정도 걸릴 거리를 거의 하루가 걸려 도착한 것이다. 눈길에서의 고생은 힘들었지만 처갓집 대문 앞에 도착했을 때 기다리던 가족들의 환한 미소가 모든 피로를 녹여주었다. 그날 밤 따뜻한 방에서 가족들과 나눠 먹은 떡국 맛은 세상에서 가장 따뜻하고 달콤하게 느껴졌다. 눈 덮인 설 귀향길은 고단했지만 그만큼 더 소중한 추억으로 남게 되었다.

군대 생활의 하루는 고되고 단조롭지만, 애인에게 편지를 쓰는 시간만큼은 특별했다. 내무반의 침상 바닥에 엎드려 조용히 펜을 들고 있으면 복잡한 세상 대신 단 한 사람을 떠올릴 수 있었다. 편지에는 보고 싶은 마음, 사소한 일상 그리고 함께했던 소중한 순간들이 담겼다. "오늘 훈련 중에 이런 일이 있었어. 끝나고 하늘을 봤는데, 너와 함께였으면 좋겠다는 생각이 들더라." 이런 문장을 쓰며 서로의 거리를 좁히고자 했다.

때론 군인의 투박한 글씨체와 서툰 문장들 속에 진심이 담겨있었다. 애인의 답장을 기다리는 시간은 유일한 낙이었고, 손편지를 받은 날은 말 그대로 축제였다. 봉투를 뜯어 읽는 순간, 마음만은 군복을 벗고 사랑하는 사람 곁에 가 있는 듯한 기분이 들었다. 군대에서 편지를 쓰고 받던 경험은 특별한 통신 소통의 의미가 있었다. 그것은 희망을 잇는 다리였고, 군인들에게는 삶의 활력이자 견딜 수 있는 힘이 되었다. 전투력이 더 강해지는 순간이 되기도 했다.

군대에서 겨울은 눈과의 끝없는 전쟁이었다. 밤새 소복이 쌓인 눈을 보며, 새벽부터 눈을 치워야 한다는 생각에 한숨이 절로 나곤 했다. 한 번 쓸어내고 돌아서면 다시 쌓이는 눈을 보며, "왜 이렇게 끝도 없이 내리는 거냐?"라고 투덜대던 기억도 생생하다.

눈을 치우는 일은 단순한 노동이었지만, 때로는 큰 의미를 갖기도 했다. 부대 진입로가 깨끗해야 차량이 이동할 수 있고, 훈련장까지의 길이 확보되어야 군 생활이 원활히 돌아가기 때문이다. 하지만 필요성을 알아도 계속 치워야 하는 눈의 반복은 정말 지겨운 일이었다.

그래도 가끔은 함께 눈 치우는 동료들 덕분에 웃음을 터뜨리기도 했다. "내가 제대한 다음에도 이 눈은 계속 오겠지?" 하며 농담을 나누고, 쌓인 눈으로 작은 눈사람을 만들며 잠깐의 여유를 찾기도 했다. 눈 치우기의 지겨움에도 동료애와 추억이 쌓였던 군대의 겨울. 지금 돌이켜보면 눈보다 더 무겁게 쌓였던 건 함께한 시간의 무게가 아니었나 싶다.

군대에서 하는 취침 내무점검은 긴장감을 유발하는 순간 중 하나였다. 사소한 불량 사항이라도 발견되면 단체로 벌칙을 받는 경우가 흔했다. 불이 꺼진 후 갑작스럽게 들어온 중대장의 호통 소리와 함께 '정렬 상태 불량!'이라는 지적은 모두를 긴장하게 만들었다.

특히 눈 덮인 겨울밤이라면 벌칙은 더 혹독했다. 팬티만 입은 채 눈 속에서 뒹굴며 정신이 번쩍 드는 상황은 고된 군 생활 중에서도 잊기 힘든 순간으로 남는다. 차디찬 눈이 피부에 닿을 때마다 얼음장 같은 고통을 느끼며 '다음엔 꼭 잘 정리해야겠다'고 마음을 다잡았던 기억도 떠오른다.

기합이 당시에는 부당하거나 가혹하게 느껴졌지만, 시간이 지나 돌아보면 군대의 규율과 단결을 강조하기 위한 훈련의 일환이었다고 이해하게 된다. 다만 훈련이 너무 지나쳐 트라우마로 남는 사례도 있었다. 오늘날에는 더 합리적이고 인권을 존중하는 방식으로 변화하고 있다. 그래도 혹독함을 이겨냈기에 세상의 싸움을 이겨낼 수 있었음을 자랑스럽게 생각한다.

첫눈이 오는 날은 자연스레 마음이 과거로 향한다. 창밖으로 내리는 눈을 보며 커피 한 잔을 들고 앉아 있으면, 소복이 쌓인 눈처럼 오래된 기억들도 조용히 쌓이기 마련이다. 군대에서 눈 치우며 고생했던 시간, 첫눈 오는 날 애인에게 보냈던 서툴고도 진심 어린 편지, 어머니의 겨울 김장, 그리고 신차개발을 마무리하고 최고 경영자와 러브샷 폭탄주의 추억까지, 첫눈은 우리의 삶 속 특별한 순간들을 환기시키는 마법 같은 존재다.

그때를 회상하며 혼자 웃음 짓는 이유는 무엇일까? 아마 그때는 힘들고 버거웠던 순간도 지금 떠올리면 사랑스럽고 따뜻한 추억으로 느껴지기 때문이다. 웃음은 현재의 나와 과거의 나를 잇는 다리가 되고, 첫눈은 그 다리 위에 서서 나를 위로해 주는 겨울의 선물이다.

세상이 온통 하얗게 변하는 순간은 자연이 만들어주는 가장 순수한 시간이다. 모든 색깔과 복잡함이 눈 아래 덮여 버리면, 나의 마음도 잠시나마 정리되고 맑아지는 듯하다. 하얀 세상 속에서 고민과 상념이 사라지고, 간절히 드리는 기도는 더 깊고 순수한 의미를 담고 있다.

눈은 깨끗함과 새로운 시작을 상징하기도 한다. 하늘에서 내려와 세상을 덮는 모습은 마치 우리의 마음을 위로하고 격려하며 "다 잘 될 거야"라고 속삭이는 듯하다. 그 순간 드리는 기도는 더욱 간절해지고, 응답이 오길 바라는 마음이 눈처럼 맑고 투명하게 전달될 것 같은 느낌이 든다.

자동차 판매 시장이 살얼음이 얼었던 시절이었다. 임원 모두가 청계산을 올랐다. 야심 차게 개발한 기아의 소형차인 'ED신차 프로젝트명' 런칭Launching을 앞둔 시점이었다. 참석한 임원 30여 명의 얼굴에는 야심 찬 의욕이 나타났고, 불끈 쥔 주먹은 펴질 줄 몰랐다. 총괄 연출자는 정 사장이었다. "우리 모두가 흘린 땀방울의 결실을 이번 신차 'ED'에서 자신 있게 보여줍시다." 결기가 느껴지는 순간이었고, 내리는 눈마저 잠시 그쳤다.

의지에 찬 등반이었다. 마침 해는 서산에 걸터앉아 있었고 그때 첫눈이 내리기 시작했다. 눈송이가 함박꽃이었고 모두들 함박웃음을 짓기 시작했다. 누군가 술잔을 들고 건배를 외쳤다.

4. 소중한 추억의 조각들

"이번에는 대박 터뜨릴 겁니다." 나는 구매 소속으로 연구소 임원과 러브샷을 했다. 서로의 역지사지易地思之로 일하라는 사장의 즉석 아이디어 술잔이었다. 잠시 실내의 불이 꺼졌다. 창밖의 눈송이는 수북이 쌓여서 축하 무대가 되었다. "지금부터 집에 계시는 사모님들께, 전화하는 시간을 갖겠습니다." 술에 취한 목소리를 통해 집에 있는 아내한테까지 분위기가 전달되었다. 첫눈은 축복을 주는 분위기 메이커가 되었다.

첫눈이 소복이 쌓인 초겨울 깊은 밤, 세상이 고요히 잠든 듯한 순간에 아픈 과거를 떠올리며 회상하는 마음은 깊은 울림을 준다. 하얗게 덮이는 눈은 마치 상처받은 마음을 감싸는 따뜻한 담요처럼 온몸을 휘감는다. 눈은 모든 것을 덮고 새롭게 시작할 수 있는 기회를 암시하는 자연의 선물이다. 깊은 밤, 그 고요함 속에서 간절히 드리는 기도는 마음의 상처가 천천히 아물고 더 나은 내일로 나아가는 길을 열어주는 힘이 된다.

"이 눈이 녹을 즈음엔 나의 마음도 녹아내려 상처가 회복되기를." 나의 기도는 혼자만의 숙연한 시간이자 지나간 고통을 정리하고 새로운 희망을 바라보는 과정이다. 초겨울의 맑은 밤, 하늘이 주는 첫 선물처럼 신비롭고 고결한 천사의 아름다움이다. 나의 기도는 따뜻한 응답이 되어 돌아온다.

추억의 종소리를 듣고 싶다

자연의 소리가 아름답지만 사람이 만든 소리가 더 아름다울 때도 있다. 종소리다. 종소리가 사라진 지 오래다. 60년대와 70년대만 하더라도 주변에 종소리가 들리곤 했는데 기계음으로 바뀌다가 이젠 그마저 듣기 힘든 시대가 되어간다. 사찰에서 세속에게 울려주는 종소리는 있지만, 도시에서는 힘들다.

고향의 시골 교회에서 치는 종소리를 듣고 자랐다. 이른 새벽에 들려오는 교회 종소리를 듣고 새벽을 깨웠다. 매일 새벽 단 한 번도 쉬지 않고 종을 치는 사람은 누구일까 궁금하기도 했다. 학교에 입학하니 매시간 수업의 시작과 끝을 알리는 종소리에 익숙해졌다. 단순히 종소리보다 종을 치는 사람, 종지기의 삶을 엿보고 싶어졌다.

시골 교회 종지기의 삶은 단순한 일상의 반복이 아니었다. 종지기는 마을 사람들을 교회로 인도하는 가교 역할을 했으며, 신앙과 삶을 연결하는 중매자였다. 교회에서 종을 치는 일은 매일 새벽과 저녁, 그리고 특별한 예배나 행사 때 이루어졌다. 종지기는 언제나 한 번도 시간을 어기지 않고 정해진 시간에 종을 울렸다. 울림은 마을 전체를 깨우는 소리였고, 동시에 하루의 시작과 마무리를 알리는 신호였다.

종지기는 마을 사람들에게도 친근한 사람이었다. 늘 새벽이 되기 전에 일어났다. 아직 어둠이 가시지 않은 시간, 온 마을이 조용히 잠든 순간에 하루를 시작했다. 집을 나서 교회로 향하는 종지기의 발걸음은 언제나 경건하고, 조심스러웠다. 마치 성스러운 의식을 준비하는 사람처럼, 종을 울리는 일을 하나님의 일을 하는 사명으로 여겼다.

교회에 도착하면, 종지기는 먼저 잠시 기도하며 마음을 정리했다. 그리고 종탑에 올라가 무거운 종줄을 힘껏 당겼다. 종은 그리 크지 않았지만 울림은 멀리 퍼졌다. 종소리는 마을을 둘러싼 산과 들을 타고 사방 십 리까지 퍼져 나갔다. 종소리는 마을 사람들에게 희망과 안식을 전하는 소리였고, 신앙의 시작을 알리는 신호였다.

종지기의 삶은 종소리만큼이나 소박하고 단순했다. 특별한 사람이 아니었다. 작은 농사를 지으며, 마을의 평범한 일상을 함께하는 한 사람에 불과했다. 그러나 종지기의 마음은 언제나 겸손했고, 삶은 신실함으로 가득 차 있었다. 종지기는 자신의 일을 대단한 것으로 여기지 않았다. 다만 주어진 일에 최선을 다하며, 매일매일을 성실히 살아갈 뿐이었다.

종지기의 삶에는 고된 순간도 많았다. 때로는 비바람이 몰아치는 날에도 혹은 한겨울 매서운 추위 속에서도 종을 울리는 일을 멈추지 않았다. 종이 울릴 때마다 마을 사람들에게 작은 위로를 전한다고 믿었다. 그래서 더 힘들고 지치는 날일수록 더욱 경건한 마음으로 종을 울렸다. 종소리는 마을의 일상에 녹아들었고, 마을 사람들의 삶에 깊이 자리 잡았다.

그러나 세월이 흐르면서 마을의 모습도 종지기의 삶도 변하기 시작했다. 사람들이 하나둘 객지로 떠나고, 교회의 성도 수도 점점 줄어들었다. 종소리를 기다리던 사람들이 더는 자리에 없었다. 종소리도 점점 의미를 잃어갔다. 마침내 종소리는 녹음된 스피커 소리로 대체되었고, 종지기의 역할은 점점 사라져갔다. 그러던 어느 날, 주민들의 소음 문제로 인해 그마저도 멈추고 말았다.

종지기는 마을 사람들에게 예수님의 향기를 전하는 삶을 살았다. 특별한 것이 없는 평범한 사람이었지만, 그가 살아온 길은 마을 사람들에게 깊은 인상을 남겼다. 삶을 통하여 믿음의 본을 보였고 사명의 아름다움을 보여준 사람이었다. 오랫동안 마을 사람들의 마음을 울렸다.

그는 가난했지만 마음은 누구보다 부유했다. 신실한 마음은 여전히 마을을 지키는 힘이 되고 있었다. 종지기는 자신이 남긴 작은 울림이, 세상 어딘가에서 여전히 사람들에게 희망을 전하고 있을 것이라 믿으며, 하루하루를 살았다. 농사를 짓는 사람에게도, 바다에 나가서 고기를 잡는 사람에게도, 공부를 하는 학생에게도 종소리는 마음과 몸을 깨우는 소리였다.

초등학교 시절 수업의 시작과 끝을 알리던 종소리는 하루의 리듬을 만들어주었고, 아이들의 마음을 설레게 하거나 차분하게 만들어 주었다. 학교의 사환, 흔히 '소사'로 불리던 분은 언제나 종을 정확하게 울렸다. 작은 체구에 말수가 적었지만, 성실함은 학생들에게 깊은 인상을 남겼다. 종소리가 울리면 나는 그를 떠올렸고, 부지런함이 얼마나 중요한지 어린 마음에도 알 수 있었다.

종소리는 우리의 일상을 규칙적으로 이어주는 끈과 같았다. 아침이면 종소리가 울리고, 소리에 맞춰 하루가 시작되었다. 점심시간의 종소리는 자유를 알리는 소리였고, 오후 수업이 끝날 때 울리는 종소리는 집으로 돌아가 가족과 함께하는 시간을 기대하게 했다. 종소리에 우리는 꿈을 키우고, 배움을 통해 믿음이 자라게 했다.

영국 런던 캔터베리교회에 감동적인 이야기가 전해진다. '니콜라이'는 종 치는 사람이었다. 종지기는 헌신적인 삶과 신실한 책임감으로 잘 알려져 있다. 17세에 교회를 관리하는 집사로 임명되었다. 런던 시민들은 종소리를 듣고 시간을 맞출 정도로 정확하고 규칙적이었다.

종지기는 매일매일 어떤 상황에서도 종을 치는 일을 게을리하지 않았다. 심지어 노환으로 인해 쇠약해졌을 때조차도, 종을 치는 시간에 맞춰 비틀거리며 종탑으로 올라가 종을 쳤다. 마지막 순간까지도 자신의 책임을 다하고자 했다는 점은 깊은 신앙심과 성실함을 보여주는 대목이다.

니콜라이는 종을 치다가 종탑 밑에서 세상을 떠났다. 충성과 헌신은 영국 사회에서 큰 감동을 불러일으켰고, 이를 기리기 위해 영국 황실에서는 종지기에게 묘지를 내주었으며, 가족은 귀족 대우를 받게 되었다.

니콜라이가 치는 종소리나, 내가 자란 시골 교회 종소리나 같은 소리였다. 종지기의 성실한 삶이 얼마나 큰 영향을 미칠 수 있는지를 보여준다. 그들은 종치기를 사명처럼 받아들여 헌신적인 삶으로 많은 사람에게 깊은 감동을 주며, 성실과 책임감으로 많은 사람에게 삶의 의미를 일깨워주고 있다.

깊은 산속 작은 절에서 울려 퍼지던 종소리도 기억에 남는다. 멀리 세속을 깨우는 듯한 소리다. 세상과 동떨어진 듯한 산속에서도, 종소리는 마치 세속의 번잡함을 잠시 잊게 해주듯 고요하고도 깊게 마음을 울려 준다. 종소리는 우리의 영혼을 맑게 해주고, 삶의 속도를 잠시 늦추고 마음을 비우게 해준다.

모든 소리는 한국의 아름다움을 담고 있다. 종소리 속에는 우리의 추억과 깨달음이 있으며, 꿈이 자라던 시절의 순수함이 고스란히 담겨 있다. 믿음이 자라고 지혜가 자라던 시절에 간직한 꿈과 희망의 아름다움은 종소리와 함께 깊이 자리 잡고 있다. 종소리는 나의 삶을 키워 준 멜로디였고, 깨달음을 주는 경종이었다.

『누구를 위하여 종은 울리나For Whom the Bell Tolls』는 미국의 소설가 어니스트 헤밍웨이Ernest Hemingway가 1940년에 발표한 소설로, 이 제목은 영국 시인 존 던John Donne의 설교에서 영감을 받아 지어진 것이다. 작품과 제목은 깊은 철학적 의미와 메시지를 담고 있다.

4. 소중한 추억의 조각들　159

소설은 스페인 내전을 배경으로, 죽음과 사랑, 전쟁의 참혹함과 인간의 존엄성에 관해 깊이 고민하게 된다. 전쟁의 무의미함 속에서도, 자신의 행동이 더 큰 의미를 가질 수 있기를 바라며 고뇌한다.

누구를 위해 종이 울리든, 그것은 바로 나를 위해 울리는 것이다. 인간이 서로 연결되어 있으며 한 사람의 죽음이나 고통이 결국 모든 인간에게 영향을 미친다는 것을 의미한다. '누구를 위하여 종은 울리나'라는 질문은 결국 우리 모두를 위한 것이며, 종은 바로 우리 자신을 위해 울리는 것임을 상기시켜 준다.

이제는 종소리가 들리지 않는다. 더는 종소리에 맞춰 움직이지 않고, 시간의 흐름에 무감각해지고 있다. 종소리가 사라진 자리에는 현대인의 바쁜 일상과 혼란스러운 마음만 남아 있다. 하루의 시작과 끝을 명확히 구분하지 못하고, 무엇을 추구해야 할지조차 잊어버리고 있다.

현대인의 삶은 때로는 삭막하고 메마른 감정을 안고 살아간다. 자연의 아름다운 소리나 종소리에도 귀 기울이지 않는다. 그 대신 우리는 인공적인 소음과 끊임없이 울려대는 알람 속에서 살아간다. 종소리가 전해주던 그 차분함과 평온함은 이제 우리 삶에서 점점 멀어져가고 있다.

종소리가 울리던 시절의 그 감상은 이제는 그리움으로만 남아 있다. 종소리가 다시 들린다면, 나의 마음에도 다시 한번 평화와 깨달음이 찾아올 수 있을까? 잃어버린 종소리 속에는 나의 추억들이 고스란히 담겨 있고 아픔과 눈물도 스며들어 있다.

'마음의 경종을 주는 일'은 사람의 마음을 일깨우고 중요한 깨달음을 주는 일이나 상황을 의미한다. 생각이나 행동을 재고하도록 한다. 실수나 잘못을 통해 배우는 경험이나, 심각한 사건으로 우리의 삶이나 가치관을 다시 생각하게 하는 일들이 마음에 경종을 울리는 일이다. 더 신중하게 생각하고, 올바른 방향으로 나아갈 수 있도록 돕는 순간을 의미한다. 완악해져 가는 세상은 종소리가 사라져 가는 일 때문이리라.

잔잔하게 울리는 교회의 종소리를 듣고 싶다. 눈이 오는 고요한 새벽에 울려 퍼지는 성탄 종소리는 세상을 향하여 울리는 깨달음의 소리다. 세상 어디에서도 이젠 들을 수 없는 종소리는 마음을 더욱 메마르게 한다. 바쁘게 살아가며 감동이 메말라 버린 현대인을 향해 울려 퍼지는 경종의 소리를 듣고 싶어진다. 종소리는 천상의 소리다.

추억의 낡은 영어책 한 권

추억이 전등처럼 켜질 때가 있다. 그럴 때면 타임머신도 없이 과거로 돌아가곤 한다. 낡은 책장을 정리하다 먼지 뽀얀 책 한 권이 손에 잡혔다. 빛바랜 표지에 큼지막하게 쓰인 『영어실력기초』란 책이었다. 고등학생 시절, 너덜너덜해질 때까지 붙들고 살았던 바로 그 책. 책을 펼치자 단어가 영어의 밑천이라고 강조하신 선생님의 우렁찬 목소리가 귓가에 울리는 듯했다.

영어 때문에 스트레스를 많이 받았던 시절이 있었다. 영어 공부에 쏟아부은 시간을 생각하면 억울하기가 이루 말할 수 없을 정도였다. 참고서를 몇 종류 선택하여 보았지만 성적은 크게 향상되지 않았다.

다른 친구들도 나와 비슷했다. 하지만 상급학교에 진학할 생각하면 영어를 게을리할 수는 없는 노릇이었다. 또래들이 대개 그렇겠지만, 나 역시 중학교에 들어가면서부터 영어를 배우기 시작했다. 수업 시간만 되면 공연히 주눅이 들면서 영어와 점점 멀어졌고, 급기야는 거의 포기하는 지경에까지 이르렀다.

그때 만난 것이 안현필의 『영어실력기초』란 책이었다. 책 서문의 '주의 사항'은 책을 읽는 내내 시시콜콜한 잔소리가 계속돼 마치 선생님이 옆에서 지켜 서 있는 것 같은 효과를 주었다. 독특한 잔소리꾼이라는 말이 어울리는 선생님은 배운 것은 무조건 암기하여 무의식적으로 입에서 줄줄 나오도록 해야 한다고 말씀하시면서, 단어 70%와 문법 30%의 비중을 강조하셨다. 책에서는 영어 격언을 즐겨 소개했다. "Where there's a will, there's a way뜻이 있는 곳에 길이 있다"처럼 노력과 성공에 관한 것이 많았다.

'가난에 시달리는 여러분에게'라는 글에서는 남에게 굴욕을 받으며 살기보다는 분투 중에 쓰러짐을 택하라고 하신 말씀을 읽고 의지를 다지기도 했다. 읽고 있으면 힘이 불끈불끈 솟았다. '앰비션ambition, 야망'을 강조하는 글귀가 많아 의욕을 불러일으켜 주기도 했고 지쳐 쓰러질 때는 희망을 불어넣어 주기도 했다. 영어책 수준을 넘는 자기계발서처럼 느꼈다.

선생님은 마치 옆에서 지켜보는 듯 끊임없이 잔소리를 늘어놓았다. 그때는 잔소리가 얼마나 듣기 싫었던지. 하지만 돌이켜 보면 선생님의 잔소리는 단순한 꾸짖음이 아니었다. 뼈아픈 현실을 직시하게 하고, 나태한 자신을 채찍질하는 사랑의 매였다.

선생님은 늘 강조했다. 영어는 단순한 시험 과목이 아니라 '세상을 향해 나아가는 문'이라고. 문을 열기 위해서는 단어라는 벽돌을 하나하나 쌓아 올려야 한다고. 선생님의 가르침대로 단어를 외우고 문법을 익히고 소리 내어 읽고 또 읽었다. 일상을 중얼중얼하며 시간을 보냈다. 그렇게 선생님의 잔소리를 양분 삼아 영어 실력을 키워나갔다. 덕분에 영어 시험에서 좋은 성적을 거둘 수 있었고, 대학 입시와 취업에서도 남들보다 유리한 고지를 점할 수 있었다.

선생님은 늘 우리에게 말했다. "영어를 통해 더 넓은 세상을 만나고 꿈을 펼치라"라고. 선생님의 가르침 덕분에 영어를 통해 세상을 바라보는 시야를 넓힐 수 있었다.

수십 년이 지난 오늘 나는 다시 선생님의 책을 펼쳐본다. 빛바랜 책 속에서 선생님은 여전히 우렁찬 목소리로 잔소리를 늘어놓는다. 잔소리는 이제 더는 듣기 싫은 소음이 아니다. 나를 일으켜 세우고 앞으로 나아가게 하는 힘이다. 젊은 시절로 되돌려 놓으니 좋긴 하다.

1970년대 학원들이 부도를 맞으면서 스타 강사 안현필의 시대는 저물었다. '안현필 건강연구소'를 세우며 '건강전도사'로 인생 2막을 시작했다. 선생님은 제독除毒, 자연식, 운동을 강조하는 자립형 건강법인 『삼위일체 건강법』을 주창해 큰 인기를 끌었다. 영어에 이어 건강으로 다시 한번 베스트셀러 저자로 자리매김한 것이다. 선생님은 90년대 후반 세상을 떠나셨다.

세월이 흘러 선생님이 더는 우리 곁에 없지만, 선생님의 가르침은 여전히 마음속에 살아 숨 쉬고 있다. 낡은 책장을 다시 정리하며 선생님의 책들을 꺼내본다. 『삼위일체』, 『영어기초 오력일체』 한 권 한 권 펼쳐볼 때마다 선생님의 열정과 사랑이 고스란히 담겨있다. 『영어실력기초』는 지금까지 살면서 가장 여러 번 반복하여 읽은 책이다. 아마도 열 번 이상 본 것 같다. 내가 가장 가까이하고 있는 성경책보다 더 많이 읽은 책이다. 그래서 내 인생의 책이라 하지 않을 수 없다. 내 인생의 키는 책으로 컸다. '키 높이 책'이었다.

포장마차의 낭만과 소박한 단상

　기타 하나는 오케스트라 악단과 맞먹는다고 했다. 70년대 어느 여름날 저녁에 부산 사는 친구가 해운대로 끌고 갔다. 해운대 하나가 우리 인생을 품어 안았다. 바닷가로 향하는 우리 일행은 배낭에 통기타 하나씩을 메고 있었다. 도착하자마자 펼쳐진 풍경은 그야말로 낭만 그 자체였다. 해변가에 앉아 기타 줄을 튕기며 나훈아의 〈해변의 여인〉, 〈여행을 떠나요〉를 목청껏 부르다 보니 주변 사람들이 동그랗게 둘러앉았다. 분위기에 취해 노래를 더 부르고 싶은데 가끔 껌을 팔던 청년이 다가와 소곤소곤 말했다. "형님, 여기선 목 좀 축이고 하셔야 더 감미로워요."
　그 말에 정신을 차려보니 조금 앞에 조촐한 포장마차들이 즐비하게 자리하고 있었다. 포장마차 주인아저씨는 익숙한 손놀림으로 소주를 따르며 손님들에게 소탈하게 '아재 미소'를 날리고 있었다. 친구들과 호기롭게 자리에 앉아 소주를 시켰다. 마치 중요한 미션을 받은 것처럼 엄청난 고등어갈비를 함께 내주셨다. 아저씨는 말했다. "젊은이들, 이게 고등어의 진심인 고갈비라는 거야."
　소주 한 모금, 고등어갈비 한 점 그리고 밤바다를 비추는 야경, 낭만의 해운대는 우리의 지친 마음을 치유하는 구세주 같았다. 가슴이 뻥 뚫리는 기분에 친구들이 말했다. "야, 우리 이 낭만으로 어두운 시대를 한번 밝혀보지 않을래?" 다들 고개를 끄덕이며 소주 한잔을 더했다.

시간이 흘러, 회사 초년 시절 퇴근길에 포장마차에 앉아 고갈비를 안주 삼아 소주를 한잔 들이키는 내 모습이 그려진다. 사택까지 가려면 버스정류장에서 걸어서 노래 다섯 곡은 불러야하니 가까운 거리는 아니었다. 비가 오나 눈이 오나 우리를 기다리던 포장마차 아주머니에게는 매일 저녁 들르는 우리가 우수고객이었다. 우동과 어묵은 기본이었고 특별메뉴가 고갈비였다. 화력이 오를 만큼 오른 연탄불 위에 석쇠는 발갛게 달궈져 잘 손질된 고등어를 올려놓자마자 지지직하고 익어 호호 불며 먹기에 안성맞춤이었다. 소주 한 병에 고등어 한 마리가 딱 알맞았다. "야! 안주 아껴 먹어!" 동료가 먹는 것이 아까운 시절이었으니 말이 나올 만도 했다.

회사일이 고달프거나 상관의 꾸지람이라도 있는 날엔 소비량이 비례했다. 주인아주머니는 우리들 분위기만 보고도 오늘은 몇 마리 먹겠네 하고 알아차렸다. 하루를 견딘 스스로를 위로하기엔 딱이었다. 포장마차가 위로를 풀어주는 휴식처였다. 그마저 발동이라도 걸리는 날에는 로터리에 있는 단골 카페를 찾아 맥주 한두 잔을 더 걸치고 집으로 향했다. 80년대 우리들의 루틴이었다.

여수의 낭만포차는 그야말로 낭만을 팔고, 추억을 담아가는 특별한 장소가 되었다. 한때 전국 각지에서 소문난 해안가 포차들이 시대의 변화에 밀려 하나둘 사라져갈 때, 여수의 낭만포차는 되살아난 고등어처럼 기막히게 살아남아 이제는 관광객들의 필수코스가 되었다. 밤이 되면 바다를 배경으로 줄지어 선 포차들이 환한 불빛을 밝히며 손님을 맞이한다. 여기선 소소한 안주 하나도 특별하다. 남해안 특산물인 삼치구이에 소주 한잔, 게장비빔밥에 막걸리 한 사발, 그리고 낭만적인 바다 풍경까지 더해지니 '여기가 천국인가?' 싶은 기분은 나만이 든 게 아니다.

포차 주인들도 한몫을 거든다. "어디서 오셨소잉? 서울? 먼 데서 와분다고 고생 많았소잉. 여수는 낭만이랑께~!" 하며 술잔을 슬쩍 채워주기도 하고, 기타를 들고 나온 손님들과 함께 흥겹게 노래를 부르기도 한다. 가끔은 술 한 잔이 아니라 인생 한 잔을 나누는 기분이다. 여수 밤바다의 정취와 사람들의 따스한 온기를 가득 담아가는 추억의 항구와 같다. 〈여수 밤바다〉 노래가 낭만포차를 두고 부른 건 아니겠지만, 거기 앉아 바다를 바라보며 한 잔하다 보면 누구라도 자기의 18번지 노래 한 소절쯤 떠올리게 된다.

여수 낭만포차, 이름처럼 잠시라도 어두운 현실을 잊고 낭만의 한 페이지를 써 내려가고 싶다면 꼭 한번 들러보라고 권한다. 해운대의 밤바다가 유명세에도 불구하고 여수의 밤바다에 '밀렸다'고 말하는 건, 아마도 여수 밤바다의 독특한 매력 때문이다. 특히 향일암에서 내려다보는 야경은 유럽의 나폴리다. 깜깜한 밤하늘 아래로 펼쳐진 바다는 마치 별을 담아낸 거울처럼 반짝인다. 항구에 정박한 배들과 육지의 불빛이 바다 위에 길게 퍼지며 그림 같은 장관을 만들어낸다.

단순한 뷰view를 넘어, 마음을 울리는 여운을 남긴다. 멀리서 들려오는 파도 소리와 어쩌다 들리는 뱃고동 소리는 낭만적인 분위기를 더해주고, 내려오는 길목에서 마주하는 포근한 골목 불빛은 마치 따뜻한 이불을 덮는 것처럼 안락한 기분을 준다. 시간이 느리게 흐르는 여유와 삶의 쉼표를 발견하는 순간이라 할 수 있다. 해운대가 세련되고 화려한 도시의 밤바다라면, 향일암에서 본 여수 밤바다는 자연과 인간의 온기를 함께 느낄 수 있는 잔잔하고 깊은 울림이 있다.

그래서일까. 여수 밤바다를 노래한 사람도, 밤바다가 주는 매력에 이끌려 찾아오는 사람들도 한결같이 말한다. "여기서는 바다를 본 게 아니라, 내 마음에 밀려오는 파도를 봤다"라고….

포장마차가 사라져 가는 이유는 시대적 변화와 사회적, 경제적 요인이 얽혀 있는 복합적인 현상이다. 포장마차는 한때 서민의 삶과 낭만을 상징하던 공간이었지만 현대화와 규제가 명맥을 점차 끊게 되어 추억을 그리워하는 사람들의 아쉬움을 더해준다.

최근에는 전통 포장마차의 감성을 현대적으로 재해석한 '낭만포차', '레트로 주점' 같은 공간들이 새롭게 부상하고 있다. 여수 낭만포차나 서울의 일부 지역에서 복고 열풍을 타고 포장마차 문화를 계승하려는 시도들이 이어지고 있다.

포장마차는 단순히 술 한잔을 마시는 곳이 아니라, 사람 간의 소통과 정서를 공유하던 공간이다. 추억의 장소가 사라진 건 안타깝지만, 다른 방식으로 여전히 우리의 삶 속에서 흔적을 이어가고 있어 다행이다.

일본의 후쿠오카에 야타이라는 의미의 노점 거리는 엄격한 허가제와 지역 특색을 살린 메뉴 덕분에 전 세계 관광객에게 사랑받는 명소가 되었다. 대만의 야시장도 다양한 음식과 문화를 체험할 수 있는 지역 경제와 관광의 중심축으로 자리 잡았다. 우리의 포장마차도 낭만을 찾는 이들의 쉼터가 되었으면 한다.

포장마차는 사람과 사람을 연결하는 특별한 소통의 장소일 뿐만 아니라 울분과 고통을 푸는 장소다. 국가 차원에서 체계적으로 지원하고 현대적으로 재해석한다면 부부싸움도 없어지겠지. 단순히 과거의 유산을 보존하는 데 그치지 않고, 새로운 문화와 경제적 가치를 창출할 수 있으면 좋겠다.

"선배님, 저는 도대체 뭘 위해 이렇게 일하는지 모르겠습니다. 매일 반복되는 업무에 지치고, 제 길이 맞는지도 헷갈려요."

"야, 너도 이런 날이 왔구나. 나도 네 나이 땐 그랬다."

"이 길이 맞나. 왜 이렇게 힘들기만 하나 하면서 술잔만 채웠지."

"그런데 선배님은 그때 어떻게 극복하셨어요?"

"극복? 아니, 나도 극복 못 했어. 대신 이걸 깨달았지. 인생은 말이야, 포장마차 어묵 국물 같은 거야. 처음엔 아무 맛도 안 나고 평범해 보여도, 시간이 지나면서 깊은 맛이 배어 나오거든."

"그러면 그 깊은 맛은 언제 나는데요?"

"네가 꾸준히 끓여야지. 중간에 포기하면 그냥 맹물로 끝나는 거고. 중요한 건 네가 계속 불을 지피느냐야."

"그래도 너무 막막한데요. 선배님처럼 잘될 자신도 없고요."

"잘될 필요 없어. 그냥 너만의 국물 맛을 찾으면 돼. 회사든 인생이든 다 남 따라 하기보단, 네 스타일대로 끓이는 거야."

"그러면 선배님은 지금은 맛있는 국물이 되었나요?"

"아직도 끓이는 중이지. 근데 하나는 알아. 오늘 이 자리에서 너랑 마시는 소주도 내 인생 국물에 꽤 괜찮은 맛을 더하고 있다는 거."

"선배님, 그럼 저도 포기하지 않고 계속 끓여보겠습니다."

"좋아, 국물 맛은 천천히 보면 되는 거야. 자, 한 잔 더!"

"내일은 오늘보다 한 걸음 더 나아가는 날이 될 거야. 크든 작든 내 몫의 불을 지피고, 내 길을 만들어가자. 지치더라도 멈추지 않고 넘어지더라도 다시 일어서자. 결국 어제보다 나은 네가 되어 있을 테니까."

이런 대화가 듣고 싶어진다. 따끈한 김이 올라오던 포장마차의 어묵 국물, 찬바람을 맞고 손 호호 불어가며 뜨거운 국물 한입에 들어가는 순간, 세상의 모든 미움은 다 사라져 간다.

소소한 이야기와 진심이 오갔고, 소주잔 사이로 서로의 속마음이 비쳤다. 무심히 스며드는 국물 맛처럼 어느새 내 마음 깊숙이 자리를 잡았다. 시간이 지나도 잊히지 않는 추억이 되었다.

이젠 화려한 카페와 깔끔한 술집이 가득하지만, 낡고 허름한 포차의 국물 맛은 우리 세대의 친구가 되어 오늘 밤에도 찾아온다. 가끔 참 미치도록 그때가 그리워진다. 그래서 오늘도 마음의 어묵 국물을 끓인다.

스시 맛이 보고 싶다

지방에서 근무할 때 자주 갔던 스시집이 있다. 일에 찌들고 힘들 때면 으레 찾던 곳이다. 화려한 불빛 거리에 위치한 곳도 아니고 명망이 있는 사람들이 출입하는 곳도 아니다. 단지 갈 곳 없어 닷찌카운터 좌석집으로 은근히 '히레사께복어 지느러미 정종' 한잔하러 오는 곳이다. 단골 고객들은 그 집 셰프인 '고 실장'을 항상 최고의 스시 맛을 선보인다고 초밥왕이라 불렀다.

고 실장은 어릴 적 부모의 이혼 후 할머니의 보살핌으로 학교를 다녔다. 고교 여름방학 중 일본으로 무전여행을 하는 중에 노잣돈이 떨어져 이름 모를 일본 동경의 긴자거리에 있는 스시집에서 알바를 하다가 스시 맛을 처음 알게 되었다. 고등학교를 졸업하자마자 조기 지원 입대와 전역 후 여행했던 기억을 더듬어 알바했던 일본의 스시집에 취업했다. 3년간의 허드렛일부터 5년 동안 스시 만드는 법을 익히고 돌아와 지방에 있는 한 스시집에 취업하여 지역 고객들의 입맛을 사로잡게 되었다.

어려움 속에서도 끊임없이 자신의 분명한 목표를 향해 나아갔다. 자신의 스시집을 열어 최고의 초밥을 선보이는 것이 고 실장의 소박한 꿈이었다. 일본에서 수년간의 훈련은 고 실장에게 단순한 기술 이상을 가르쳐 주었다. 고 실장은 초밥을 만드는 예술과 그 안에 담긴 정신을 배웠고 삶에 깊은 영향을 끼쳤다.

손님들 앞에서 직접 초밥을 만들고, 스위치를 누르면 불이 나오는 토치로 생선을 익히는 모습은 곧 많은 이의 관심을 끌었다. 캡을 쓴 얼굴에는 항상 미소가 가득했고 긴 캡 속에는 손님들이 넣어준 팁이 얼마가 들어 있는지 모르지만 한번 벗어 보라고 하면 절대 벗지 않는다. 고 실장의 손놀림은 마술이었고, 흔히 요즘 먹방에 나오는 달인 같았다. 손안에 들어있는 밥의 쌀알이 매번 같았고 손에 머무는 시간이 10초를 넘기지 않았다. 손에 생선이 오래 머무르면 체온 때문에 맛이 변한다고 했다.

열정과 헌신의 셰프로 이름이 알려지자 더 많은 손님이 찾기 시작했고, 맛 또한 명품으로 소문이 나자 지역 사회에 이목을 끌었다. 소위 대박이 나기 시작한 것이다. 인생은 호사다마好事多魔라고 했던가, 어린 딸 하나를 두고 있었던 아내에게 큰 병이 들었다. 그들이 꿈꾸던 세상이 한없이 무너져 내려갔다. 든든한 지원자이자 동반자인 아내의 발병으로 큰 충격에 휩싸였다. 그럼에도 불구하고 절망에 빠지지 않았다. 치료 과정은 힘겨웠고 고통은 컸지만, 치료와 회복에 온 힘을 쏟았다. 웃음이 사라진 얼굴이 생기마저 옅어지는 모습에 가슴은 찢어졌다. 고 실장은 항상 아내 곁을 지켰고 그녀의 손을 잡으며 용기를 북돋았다. 병마와 싸우며 삶의 소중함과 감사의 마음이 더해졌으며 고 실장이 만드는 초밥 속에는 땀과 눈물이 고스란히 담겨 있었다.

시간의 흐름에 따라 사랑과 희망, 끈기의 진정한 의미를 보여주었다. 초밥을 만드는 과정은 단순해 보였지만 섬세함과 디테일이 숨어 있었고 그만이 가진 독특한 레시피가 되었다. 노력이 헛되지 않고 결실을 맺는 시간이 왔다. 간절함이 있는 곳에 기회가 찾아왔다. 한순간에 온 것이 아니라 오랜 시간 노력과 헌신의 결과로 왔다. 드디어 자신의 이름을 가진 스시집을 열게 되었다. 주인이 연세가 들어 고 실장한테 물려주었다. 셰프의 성실한 삶과 고객들께 대하는 자세, 믿음과 신용이 자산이 되어 돈 잘 벌고 있는 가게가 넝쿨째 굴러 들어왔다. 산전수전 끝에 이룬 결과는 그동안 꿈꿔왔던 결실의 열매였다. 신뢰의 저축은 사라지지 않고 더 큰 보물 보따리가 되어 주었다.

낡은 한옥의 틀을 그대로 살려 전통 가옥의 미를 살렸고 내부 인테리어는 편리한 현대식으로 개조하여 전통과 현대가 어우러진 아름다움이 깃들었으며 맛 또한 어린아이부터 나이 많은 사람까지 다양한 사람의 입맛을 사로잡았다. 독특하면서도 스시 마니아들을 위해 고객층에 따라 맛을 다르게 냈다. 일상의 모든 순간에서 자신의 열정과 신뢰가 초밥으로 탄생되었다. 우리 시대의 진정한 프로였고 유일한 초밥왕이었다.

모든 손님이 식사를 끝내면 특별히 준비한 음식을 들고 내게

왔다. 작고 예쁜 접시에 복어 뱃살 두어 점을 정성껏 내놓았다. 많은 단골 중에서 나를 존경한다고도 했다. 고 실장의 조심스럽게 하는 말이 "높이 올라간다고 좋은 것이 아니라 자기 직업에 최선을 다하는 것이 아름답습니다"라고 했다. "젊은 친구가 제법 고급스러운 말도 할 줄 아네." 그에게 한 수 배웠다. 소주를 큰 잔으로 한 컵 마셨다. 한 잔 더 권하자 "한 잔까지만 마십니다"라고 하며 사양했다. 안주라도 한 젓가락 입에 넣어 주려고 하니 이마저도 사양하면서 셰프는 자기가 만든 음식을 맛만 보지, 먹지 않는다고 했다. 내가 몰랐던 셰프들만의 관습인 것 같았다.

가슴에 품었던 나이프 하나를 꺼내 보였다. 깜짝 놀랐다. "혹시 내가 뭘 잘못했나요?" 처음 업계에 첫발을 들여놓을 때 사용했던 30cm나 되는 큰 나이프가 지금은 닳고 닳아서 과도 크기가 되어 있었다. "나의 삶에 이 칼이 나를 살렸고, 앞으로도 살려줄 것입니다. 매일 감사한 마음으로 간직하고 다닙니다." 한동안 감동이 가슴을 울렸다. 요즘 젊은 세대가 본받았으면 좋겠다는 생각이 들었다.

성공에도 불구하고, 고 실장은 겸손을 잃지 않았다. 항상 자신이 겪은 어려움을 기억하며, 그것이 자신을 더 강하게 만들었다고 믿었다. 고 실장의 이야기는 끊임없는 노력과 헌신, 그리고 꿈을 향한 열정이 어떻게 한 사람의 삶을 변화시킬 수 있는지를 보여준다. 고 실장의 여정은 많은 사람에게 영감을 주며, 포기하지 않고 꿈을 향해 나아가는 것의 중요함을 일깨워준다.

"고 셰프! 아니 고 사장! 아내는 이제 다 회복되어 건강하지요? 그리고 딸내미도 이제 많이 컸겠네요? 나는 더 많이 올라가지 못하고 거안실업 회장거실과 안방을 왔다 갔다 하는 백수를 가리키는 조어이 되어 나 자신에게 최선을 다하며 영양가 없는 사람으로 살고 있다오. 입맛은 그래도 아직 살아있어서 고 셰프의 스시 맛을 못 잊고 있으니 언젠가 내려가 맛 한번 보고 싶네요. 장인의 칼맛을 보고 싶소!"

복순아 미안하다

인류가 최초로 다른 종을 친구로 삼은 동물, 개에 대한 이야기다. 오늘도 노랑이는 입에 무엇인가를 물고 왔다. 노랑이는 어렸을 적 시골에서 길렀던 개 이름이다. 아침에 집을 나가더니 뒷산에 올라가 주인을 위한 기쁜 일을 생각했나 보다. 집에 들어와서 마당에 내려놓고 꼬리를 흔들며 알아들을 수 없는 울음소리로 "커겅" 하고 짖었다. 자세히 들여다보니 산토끼였다. 매일 한 마리씩 잡아 왔다. 여름철 산토끼는 사실 맛도 없고 살도 찌지 않아서 먹을 것도 없어서 버리곤 했다.

어떤 가을날에는 노루 한 마리를 물고 와서 대견스럽게 봐달라는 듯이 털썩 놓고 또 짖어댔다. 사냥을 전문으로 하는 포수도 쉽게 잡지 못할 일을 노랑이는 쉽게 했다. 마을에 소문이 나서 모르는 사람은 없었다. 모두들 노랑이를 이포수라고 불렀다. 이 씨 성을 가진 사냥개라는 의미였다. 노랑이가 사냥을 해서 토끼나 노루, 고라니 등의 고기가 집에 끊이지 않았다. 냉장고가 없던 시절이라 잡아올 때마다 바로 죽을 쑤거나 탕을 끓여 먹거나 이웃들에게 나눠주기도 했다.

집에서 노랑이를 기르게 된 사연은 큰형님께서 진도에서 교사 생활을 하시다가 고향으로 전근이 나서 강아지 한 마리를 데리고 오면서부터였다. 진돗개는 족보가 있어서 진도 내에서만 사육하도록 되어 있었고 외부 유출은 금지하고 있었다. 암수 한 쌍을 데려와야 했는데 암컷 새끼만 숨겨 오게 되었다.

어머니께서는 처음에 고양이를 키웠다. 쥐도 잡을 겸 인간과 사랑을 주고받기에 안성맞춤이었다. 고양이는 가족과 같이 자고 일어나는 애완동물이었다. 그러나 밖에서 쥐를 잡다가도 안방으로 자주 들어와 지저분해서 들어오지 못하게 했다. 매우 싫어하는 동물이 되었다.

'DOG'를 일본식 발음으로 읽는 '도꾸'라는 이름의 똥개 한 마리를 길렀다. 도꾸는 우리 집의 귀염이나 다름없었다. 끼니때가 되어 먹이를 주는 어머니 뒤만 졸졸 따라 다녔다. 번식력도 좋아서 새끼를 낳으면 대여섯 마리씩 낳아 살림에 조그마한 보탬도 되긴 했다. 세 번째 새끼를 낳고 허기에 졌던지 쥐약을 넣은 밥을 먹고 와서 어린 새끼들에게 젖도 먹이지 못한 채 그만 죽고 말았다.

시골 마을에는 쥐가 많았다. 학교에서는 쥐를 잡아 꼬리를 잘라오라는 과제가 있었다. 일주일에 열 마리씩을 잡아 꼬리를 잘라서 내는 일은 여간 큰 고역이 아니었다. 모든 집에는 쥐를 잡는 쥐덫은 필수품이었고 쥐가 잘 다니는 통로에 약을 탄 쥐밥을 놓아서 쥐를 잡곤 했다. 도꾸는 그렇게 쥐밥을 먹고 말았다. 배가 고파서 어쩔 줄 모르는 불쌍한 모습의 어린 새끼들을 보고 있는 동생은 눈물을 줄줄 흘리며 무척 슬퍼했다. 그냥 굶겨 죽일 수는 없어서 읍내에 가서 유아용 우유를 사 와, 지극정성으로 세 달 이상이나 키워서 모두 시장에 내다 팔았다.

어린 생명을 살려낸 힘은 동물을 향한 인간의 위대한 사랑이었다. 공교롭게도 우리 집은 가축이 튼실하게 컸다. 소나 돼지, 닭 등은 한 가족이나 다름이 없었다. 인연이 되지 않아서 어미 개 도꾸는 우리와 서글픈 이별을 했던 셈이었다. 앞으로 개는 키우지 않겠노라고 다짐했던 부모님이셨다.

그럼에도 불구하고 큰댁 형님의 선물 아닌 선물로 강아지를 다시 키우게 되었다. 사실 큰댁은 가축이 잘 자라지 않았다. 큰어머니께서는 애정을 많이 쏟지 않는 성격이셨기에 궁여지책으로 우리 집에 오게 되었다. 어머니의 가축에 대한 사랑은 남달랐다. 식구들 먹을 끼니도 부족했지만 가축은 꼭 챙기셨기에 우리는 불만이 많았지만, 가축들에게는 최고의 주인이었다.

가족들은 노랑이를 복순이라고 불렀다. 복이 있는 순둥이 암컷이란 뜻이 담겨 있다. 진돗개는 한국의 전통으로 내려오는 대표적인 개로 유명하다. 뛰어난 지능과 주인에 대한 충성심도 대단하다. 끝없는 에너지를 발산시키고 즐거움과 기쁨을 선사한다. 단순한 반려동물이 아니다.

복순이는 가족의 재롱꾼이었고 어렸을 때부터 도꾸와 비교도 되지 않을 만큼 영리했다. 털은 온몸이 노랗고 배 쪽은 흰색이었다. 귀는 쫑긋하고 눈은 반짝 빛났으며 몸은 날렵하여 공놀이 할 때나 소 먹이를 뜯기러 들에 나갈 때마다 따라다니곤 했다. 먹는 것과 못 먹는 것을 잘 가릴 줄 알았고 가족들 눈치 채는 것은 9단쯤 되었다. 아무 것도 보이지 않는 덤불더미 속에서도 쥐를 잡아냈고 꼬마들 손에 든 과자가 땅에 떨어지면 그냥 지나치지도 않았다.

부모님이 들에 나가시면 꼭 앞장서기도 했고 시장에 가면 종일 가게 점포를 지키기도 했다. 집에 손님이 오시면 낯선 분은 컹컹 짖고 난리를 치지만 한 번이라도 마주친 분은 절대 짖지 않고 꼬리를 흔들어대며 반갑다는 인사를 아끼지 않았다. 인간의 지능 수준을 가지지 않았나 의심이 갈 정도였다.

교배가 큰 문제가 되었다. 순종을 군 소재지 내에서는 찾을 수 없었고 진도까지 가기에는 거리가 너무 멀었다. 수소문해서 인근 지역에 진돗개 유사 품종과 교배하여 처음에는 실패했지만 두 번째는 성공하여 새끼도 두 마리나 낳아 잘 길렀다.

이포수 역할을 잘했고 수년간 가족의 단백질 공급을 충분히 시켜 준 고마운 일원이었다. 복순이는 날이 가고 여러 해가 바뀌니 점점 성격이 변하기 시작했다. 거칠어졌고 말도 듣지 않았다. 부모님을 따라 들녘을 나서지도 않았고 손님도 몰라보게 되었다. 이제는 밖에 나가면 토끼 대신에 남의 집 닭을 잡아 왔고 노루 대신에 염소를 잡아 왔다. 비뚤어져도 너무 심하게 비뚤어져 갔다. 걱정 근심을 안겨다 주었고 이웃집의 원망을 독차지하게 되어 손해배상을 해야만 했다.

 대안이 없어서 당장 시장에 나가 팔 수밖에 없었다. 장날이 돌아오자 부모님은 개를 끌고 나가려고 했지만 복순이는 아침도 먹지 않고 눈물을 흘리며 자기 집에서 아예 나오지를 않았다. 눈치 9단은 아직도 살아있었다. 시장에 내다 파는 일은 어렵게 되었다. 이 마을 저 마을 다니면서 장사를 하는 개장수가 있었다. 개를 다룰 줄 아는 전문가였다. 어느 날 시간에 맞춰서 집에 왔는데 살살 달래니 복순이의 매서운 눈초리는 온데간데없이 사라졌고 쫑긋하게 솟은 귀도 수그려져 날씬했던 몸매가 도꾸가 되어 있었다. 한두 번 컹컹 짖더니 자기의 운명을 알아차린 듯이 하염없는 눈물만 흘렸다. 모두들 이별 장면을 마주하기 싫어 뒤 모퉁이로 돌아섰고 개장수는 짐 싣는 자전거에 올라타고 휑하니 페달을 밟고 떠나버렸다. 야속하기도 하고 시원섭섭하기도 했다.

 그때서야 한 가족을 떠나보내야 했던 슬픔에 말없이 침묵으로 몇 날을 보내야만 했다. "복순아! 미안하다! 어디 가든지 잘 살거라! 토끼나 노루는 잡아오지 않아도 되니 닭이나 염소는 절대로 잡아 오지 말거라. 정말 미안하다! 오랜 시간 우리와 함께 해줘서

고맙다. 너의 따뜻한 눈빛과 충성심은 잊지 않을게."

　동물이나 인간이나 이별의 슬픔은 어디다 비할 길이 없다. 치유와 회복하는 데 시간이 걸린다. 복순이와 헤어진 후로 다시는 개를 키우지 않기로 했다. 마음의 상처는 아물지 않고 아픔을 동반한다. 지금은 오랜 추억으로 남아서 고향을 생각할 때 그리움을 더해 주기도 하지만 보내야만 했던 이별의 아픔도 마음 한구석에 그대로 남아 있다. 동족보다 사람을 더 좋아하는, 유례가 없는 동물인 개에 대한 이야기는 사람 친구 이야기만 같다.

5.
사회를 향한 따뜻한 시선

사회 문제에 대한 공동체 의식과 나눔의 실천, 미래를 향한
가치와 사랑으로 더불어 살아가는 세상의 아름다움을 만들어가다.

위대한 사랑의 힘,
시대를 넘어 울리는 사랑의 연가

 설 명절을 맞은 성북동 언덕길은 활기로 넘실거린다. 굽이굽이 이어진 길 위로 형형색색의 차량들이 오르고 내리고, 곱게 차려입은 연인들은 서로의 어깨에 기대어 속삭인다. 아이들의 손을 잡고 재잘거리는 젊은 엄마들의 얼굴에는 설렘과 행복이 가득하다. 언덕 아래로 펼쳐진 숲은 겨울의 앙상함 속에서도 어딘가 모르게 포근한 기운을 드리우고, 잎 떨어진 단풍 나뭇가지 사이로 푸른 소나무들이 굳건히 자리를 지킨다. 졸졸 흐르는 계곡물 소리는 마치 봄의 전주곡처럼 맑고 청아하게 울려 퍼진다. 풍경 속에 고즈넉하게 자리 잡은 길상사는 명절을 맞아 찾아온 이들을 따뜻한 미소로 맞이한다.
 이곳 성북동의 풍경 속에 아련하게 떠오르는 두 이름, 백석과 김영한. 그들의 사랑 이야기는 한국 현대 문학사의 한 페이지를 장식한, 그러나 끝내 현실의 벽을 넘지 못하고 애틋하게 스러져 간 슬픈 연가다. 스무 살의 젊은 시인 백석은 섬세하고 아름다운 언어로 자연의 풍경과 인간의 순수한 감정, 삶의 애환을 노래했다. 백석의 시에 자주 등장하는 '자야'라는 이름, 바로 백석이 깊이 사랑했던 여인, 김영한의 또 다른 이름이다. 격동의 시대, 일제 강점기라는 암울한 현실 속에서도 꽃피웠던 사랑은 너무나 순수하고 뜨거웠지만, 시대의 높은 파고와 개인적인 불운 앞에 결국 비극적인 이별을 맞이해야 했다.

시간이 흘러, 백석이 떠난 후 김영한의 삶에 깊은 그림자를 드리웠던 사랑의 아픔은 한 수행자의 맑고 강직한 가르침을 통해 서서히 치유되기 시작한다. 바로 '무소유'의 철학을 설파한 법정 스님이다. 단순히 물질적인 욕망을 내려놓는 것을 넘어, 존재의 본질을 꿰뚫는 법정의 가르침은 영한의 내면에 깊은 울림을 주었고, 그녀가 진정한 평화를 찾아 나서는 중요한 계기가 되었다. 속세의 모든 것을 내려놓고 길상화 보살로 거듭난 김영한은, 자신이 일생 일궈온 수천억 원에 달하는 재산을 법정 스님에게 쾌척하여 아름다운 사찰, 길상사를 창건했다. 그녀가 법정 스님의 무소유 정신을 삶으로 실천하고자 했던 숭고한 헌신의 표현이었다.

세월이 흘러도 변하지 않는 사랑의 본질은 마치 성북동 언덕길의 사계절처럼 끊임없이 우리 곁을 맴돈다. 사랑은 누구도 아닌 바로 당신의 깊은 내면에서 샘솟는 벅찬 감정이다. 시대를 초월하여 다양한 모습으로 표현되지만, 뜨겁고 숭고한 가치는 시간이 흐를수록 더욱 깊어지고 빛을 발한다. 백석과 영한의 이루지 못한 사랑 이야기는 그래서 더욱 애틋하고 강렬하게 우리 시대의 사람들에게 깊은 울림을 선사하는지도 모른다.

사랑은 놀라운 힘을 지니고 있다. 메마른 가슴에 뜨거운 불꽃을 일으켜 없던 힘도 솟아나게 하고, 절망에 꺾였던 약한 자를 일으켜 세우기도 한다. 깊은 실의에 빠져 축 처진 어깨에도, 고된 삶에 지쳐 쓰러질 듯 힘겨운 발걸음에도, 사랑은 따스한 온기를 불어넣어 다시 앞으로 나아갈 수 있는 생기를 되찾아 준다. 진정한 사랑은 두 사람의 마음과 영혼을 끈끈하게 이어주는 보이지 않는 통로와 같다. 기쁨과 슬픔을 함께 나누고, 서로를 위한 희생과 헌신, 배려를 통해 삶의 숱한 어려움과 두려움을 용감하게 극복해 나가는 아름다운 여정이다.

"사랑을 꿈꾸는 이들이여, 꿈을 꾸는 것은 누구에게도 빼앗길 수 없는 소중한 권리입니다. 사랑할 수 있는 자유 그리고 사랑받을 수 있는 자유 또한 당신에게 온전히 주어져 있습니다. 가슴속 깊이 간직한 뜨거운 사랑을 향해 용기를 내어 한 걸음 한 걸음 나아가십시오. 설령 그 사랑이 현실의 벽에 부딪혀 이루어지지 못했다 하더라도 절망하지 마십시오. 실패는 성공으로 향하는 길 위에 놓인 작은 돌멩이와 같습니다. 사랑을 찾아 나서는 여정에서 마주하는 모든 도전과 시련은, 결국 당신이 진정으로 원하는 사랑을 이루는 데 필요한 값진 경험으로 승화될 것입니다."

백석과 영한의 이야기는 우리에게 깊은 교훈을 남긴다. 사랑의 힘은 때로는 상상할 수 없는 놀라운 방식으로 나타나 가장 힘든 시기에도 굳건하게 지탱해 줄 수 있다는 것을 보여준다. 비록 그들의 사랑은 안타까운 결말을 맞이했지만 서로를 향한 깊은 애정과 존경의 마음은 오랜 시간이 흘러도 변치 않았다. 사랑은 겉으로 보이는 형태가 변할지라도 본질적인 가치는 영원히 빛나는 것이다.

사랑하는 과정에서 겪는 모든 감정들, 기쁨과 슬픔, 설렘과 아픔, 만남과 이별의 순간들은 모두 우리 삶을 풍요롭게 만드는 소중한 조각들이다. 경험을 통해 인간으로서 더욱 깊은 감정 세계를 이해하고, 자신뿐만 아니라 타인에 대한 공감 능력을 키우며 성숙해 나간다. 사랑은 더욱 강인하게 만들고, 삶의 험난한 파도를 헤쳐 나갈 수 있는 용기와 지혜를 선사한다.

백석의 아름다운 시와 길상사의 평화로운 풍경은 바로 이러한 사랑의 힘이 만들어낸 아름다운 결실이다. 사랑이 단순히 두 사람 사이의 감정에 머무는 것이 아니라 더 나아가 사회와 문화에 긍정적인 영향을 미칠 수 있는 강력한 힘을 지니고 있음을 보여준다. 개인의 삶을 넘어, 더 나은 공동체를 만들어 나가는 원동력이 바로 사랑인 것이다.

우리는 다시 한번 사랑의 가치를 되새기고 사랑이 가져오는 놀라운 변화의 힘을 믿어야 한다. 진심으로 사랑하는 것은 자신뿐만 아니라 살아가는 세상을 더욱 아름답게 변화시킬 수 있는 가장 강력한 방법 중 하나다. 사랑은 희망을 불어넣고, 삶의 어둠 속에서도 길을 잃지 않도록 밝은 빛을 비춰준다.

백석과 영한의 애틋한 사랑 이야기를 통해 사랑의 깊은 의미와 위대한 힘을 다시 한번 깨닫게 된다. 그들의 사랑이 시간을 초월하여 오늘을 살아가는 사람들에게 깊은 감동을 전해주는 것처럼 가슴속에 품고 있는 사랑 또한 미래의 누군가에게 긍정적인 영향을 미칠 수 있다. 사랑을 향한 여정은 때로는 험난하고 복잡할 수 있지만 더욱 성숙하고 깊이 있는 존재로 만들어 줄 것이다. 성북동 언덕길을 따라 길상사로 향하는 발걸음에 위대한 사랑의 힘을 다시 한번 느껴본다. 세상에는 꽃이 피고 마음에는 사랑이 핀다. 꽃은 지지만 사랑은 마음 안에서 계절을 잊고 핀다.

충전과 비움의 여정

　구름 낀 하늘의 노을이 아름답다. 맑은 하늘에는 노을이 생기지 않는다. 인생의 고난이 종종 삶을 깨닫게 하고 인생을 의미 있게 했다. 인생은 길다면 길고, 짧다면 짧은 하나의 여정이다. 여정을 두고 누군가는 정상을 향한 등산이라 하고, 또 다른 이는 매일 다른 풍경을 만나는 기차 여행이라고도 한다. 하지만 내게 있어 인생은 받는 삶과 주는 삶으로 나뉜다. 전 단계는 '충전의 과정', 후 단계는 '방전의 과정'인 셈이다.

　인생을 큰 그림으로 보면, 30세까지는 충전을 본격적으로 시작하기 전 준비의 단계다. 태어나 배우고, 사회를 경험하며 삶의 기본기를 다지는 시기다. 아직 불완전하고, 시행착오를 겪으며 삶의 방향을 찾아간다.

태어난 순간부터 우리는 끊임없이 배운다. 가족의 사랑 속에서 먹고, 입고, 말하는 것에서 가족 관계를 배우고, 학교에서는 지식과 규율을 익힌다. 어린 시절부터 청소년기에 이르는 마치 나무가 뿌리를 내리는 시간과 같다. 단단한 뿌리가 있어야 튼튼한 나무로 자랄 수 있듯, 삶의 기초를 다지는 것이 중요하다. 배움이란 단지 공부나 지식만을 말하지는 않는다. 친구와의 갈등 속에서 감정을 다루는 법을 배우고, 실패 속에서 다시 일어서는 용기를 익히며, 입시를 통하여 노력을 익히면서 스스로 삶을 설계하는 법을 터득해 간다.

20대를 넘어 사회에 첫발을 내딛는 순간, 또 다른 세계와 마주한다. 직장에서의 경험은 이전과는 다른 배움의 장을 제공한다. 책임과 의무, 그리고 타인과 협력하는 법을 익히며, 사회적 존재로서 자신의 역할을 발견한다. 실수와 혼란의 연속일 수 있다. 자신이 무엇을 잘하는지, 무엇을 원하는지 모르는 채 우왕좌왕하기도 한다.

하지만 모든 경험은 충전을 위한 기반을 마련하는 과정이다. 고민과 도전은 결국 나를 성장시키는 자양분이 된다. 연습 무대라 생각하면 마음이 한결 가벼워질 수 있다. 무엇이든 시도해 보고, 실패를 두려워하지 않으며, 다양한 선택을 통해 나만의 길을 찾아가는 것이다. 연습 중에는 실수가 있어도 괜찮다. 중요한 것은 나 자신을 더 잘 이해하고, 삶의 방향을 설정하는 데 있다.

60세까지의 삶은 충전의 과정이다. 열심히 배우고, 일하고, 누군가에게 인정받으며, 또 실패하고 넘어지면서 자신만의 에너지를 채워간다. 충전의 여정에는 순탄한 길만 있지 않다. 정전이 일어나듯 삶이 어두워질 때도 있고, 벼랑 끝에서 멈춰 서야 할 때도 있다. 배터리를 충전하듯 우리의 내면을 채우는 필수적인 시간이다. 정전의 순간이 찾아오면 모든 것을 내려놓고 잠시 휴식해야 한다. 충전의 시간이 아무리 바빠도 멈출 줄 아는 지혜가 중요하다. 자신을 갈고닦는 시기다. 니체의 "너 자신이 돼라"라는 말처럼, 자신을 이해하고 사랑하는 법을 배우는 시간이기도 하다.

그 후로부터는 나누고 베푸는 시간이다. 받은 만큼 돌려주는 시간. 자신이 충전해 온 지식, 경험, 사랑 그리고 물질까지 필요한 사람들에게 흘려보내는 것이다. 삶은 흐르는 강과 같다. 강물이 흘러야 강이 맑듯, 나누는 삶은 우리의 영혼을 맑게 한다.

나누고 베푸는 삶은 결코 누군가에게 무언가를 주는 것만을 의미하지 않는다. 더 나아가 자신이 받은 모든 것을 기억하고, 세상에 돌려줄 줄 아는 태도다. 작은 친절, 진심 어린 격려, 때로는 함께 울어주는 따뜻함까지도 베푸는 행위이다. 베풂은 크기나 양보다 마음이 깃들어 있느냐가 중요하다.

60세까지의 삶을 '충전의 과정'이라고 말했지만, 단순히 배터리를 꽂아놓고 가만히 기다리는 시간은 아니었다. 때로는 전류가 불안정해 충전이 멈추기도 하고, 예상치 못한 환경 변화로 힘이 빠져버리는 순간도 있었다. 그런 순간들이 있었기에 더 단단한 내가 될 수 있었다.

어느 한 시절, 나는 직장이라는 풍랑 속에서 전력을 끌어올리기 위해 분투하던 때가 있었다. 회사가 한창 어려움을 겪고 있던 시기, 업무의 무게는 끝을 알 수 없는 바윗덩이처럼 느껴졌다. 날마다 새벽부터 밤늦게까지 반복되는 과중한 업무, 때로는 원하지 않는 좌천, 그리고 끊임없는 변화에 맞서야 했다. 마치 한여름의 폭우를 견뎌야 하는 낡은 배터리 같았다. 과부하에 걸릴 것 같은 느낌이었지만, 곁에는 작은 도움의 손길들이 있었다. 함께 일하던 동료의 격려, 가족의 따뜻한 위로, 그리고 스스로의 다짐. '이 과정을 통해 더 단단해질 수 있을 거야.'

또 한 번의 어려움은 심리적으로 나를 추운 겨울에 가둔 일이었다. 일에서의 스트레스와 반복되는 실패는 내가 스스로를 믿지 못하게 만들었다. 어려움 속에서도 희망은 있었다. 내가 찾은 것은 바로 '작은 성공의 불씨'였다. 거대한 목표를 달성하려는 대신, 아주 작은 일이라도 해냈을 때 스스로를 칭찬하기 시작했다. 아침에 조금 일찍 일어나 산책을 다녀온 날, 업무에서 작은 해결책을 찾아낸 날, 동료들에게 진심으로 감사의 말을 전한 날. 그렇게 나는 매일 작은 불씨를 모아 내 안에 온기를 되찾았다.

충전의 과정이 환경 변화로 인해 중단될 때마다, 나는 처음으로 돌아가야 했다. 마치 어린아이가 걷는 법을 배우듯이 말이다. 새로운 업무가 주어졌을 때는 '나는 아직도 배우는 중이야'라는 마음으로 모든 것을 받아들였다. 마치 아이가 넘어져도 금세 일어나듯, 실패를 당연하게 여겼다. 배운 것은 유연함이었다. 주변 환경이 바뀌는 것은 나로서는 어쩔 수 없는 일이지만, 내가 바뀌는 것은 선택의 문제였다. 유연한 마음으로 나의 방식과 태도를 조금씩 바꿔가며, 변화에 적응하는 법을 배웠다.

인생의 계절은 바뀌었다. 때로는 폭우가 몰아쳤고, 때로는 차디찬 겨울바람이 불었다. 모든 시간을 견딘 끝에 나는 나만의 꽃을 피울 수 있었다. 이제 돌이켜보면, 충전의 여정 속에서 환경 변화는 나를 성장하게 만든 귀한 기회였다.

지금은 베푸는 삶을 살고 있지만, 과거의 충전 과정에서 만들어진 것이다. 나는 내가 겪은 어려움과 극복의 이야기를 나누며 누군가에게 작은 희망이 되고자 한다. 꽃이 피는 데에는 시간도, 계절도 필요하다는 것을 깨달았기에 한 번뿐인 인생, 나는 오늘도 누군가에게 작은 씨앗을 심는다. 언젠가 그들에게도 꽃이 피어나길 기대한다.

베푸는 삶의 출발점은 충전의 여정에서 시작되지만, 그 끝은 편안한 노후로 이어진다. 나이가 들수록 삶의 속도는 자연히 느려지고, 주변 풍경에 눈길이 더 오래 머무르게 된다. 그렇다면 어떤 마음가짐과 준비로 노후의 시간을 편안하게 맞이할 수 있을까?

편안한 노후를 위한 가장 기본적인 것은 물질적 안정이다. 젊은 날 열심히 달려온 이유 중 하나는 바로 이 순간을 준비하기 위함이었을 것이다. 그러나 지나치게 많은 것을 소유하려고 애쓰는 것은 오히려 짐이 될 수 있다. '소유는 줄이고, 마음은 채우자'는 다짐으로, 노후의 삶은 단순함 속에서도 풍요로울 수 있다. 물건을 정리하고, 필요한 만큼만 채워 넣는 삶의 방식은 더 큰 여유를 준다. 결국 진정한 부유함은 마음의 가벼움에 있다.

"건강은 젊었을 때 얻어야 노년에 누릴 수 있다"라고 말한다. 사실 건강은 노후의 삶을 편안하게 만드는 가장 큰 축이다. 하루하루 규칙적인 운동과 균형 잡힌 식사, 그리고 충분한 휴식은 젊을 때부터 다져야 할 기초다. 건강을 지키는 것은 단순히 몸을 돌보는 것만을 의미하지 않는다. 마음의 건강 역시 중요하다. 스트레스를 흘려보내는 법을 배우고, 작고 소소한 즐거움을 발견하는 마음가짐이 필요하다. 예를 들어 따스한 차 한잔, 산책 중 불어오는 바람의 향기, 오래된 친구와 대화, 이런 소소함을 받아들여 즐길 줄 아는 것이 노년의 삶을 더 편안하게 만들어준다.

편안한 노후는 관계 속에서 더욱 빛난다. 가족, 친구, 이웃과의 연결은 삶의 외로움을 덜어줄 뿐 아니라 마음을 풍요롭게 한다. 젊었을 때는 바쁜 일정 때문에 소홀했던 인연을 다시금 돌아보며, 가벼운 안부 전화나 함께 걷는 산책 같은 작은 교류를 소중히 여기자. 특히 자녀들과의 관계는 섬세한 균형이 필요하다. 지나친 간섭도, 무관심도 아닌 적당한 거리감이 필요하다. 자녀와 함께하는 시간은 나에게도, 그들에게도 서로의 삶을 이해하고 응원하는 중요한 순간이 될 것이다.

편안한 삶을 만드는 가장 중요한 요소는 감사의 마음이다. 비록 가진 것이 많지 않더라도, 지나온 삶에서 내가 받은 사랑과 경험을 떠올리며 감사함을 가지면 마음은 한없이 가벼워진다. 하루를 마무리하며 '오늘도 참 좋았다'고 되뇌어 본다. 감사의 마음은 작은 일상 속에서 삶의 의미를 찾게 해준다. 감사의 마음이야말로 노후를 따뜻하게 살아갈 수 있는 가장 큰 자산이다.

노후의 삶은 마치 종착역을 향해 가는 여행과 같다. 급하지 않아도 된다. 멀리 내다보며 천천히 걸어가는 여정 속에서 지나온 길을 돌아보고, 앞에 펼쳐진 풍경을 음미할 수 있다. 여정이 끝날 때쯤, 내 삶의 뒷모습이 따뜻한 향기로 남기를 바란다. 받은 것을 돌려주고, 감사하며, 여유로운 마음으로. 이것이 바로 노후의 진정한 편안함이 아닐까?

인생은 여행처럼 한 번뿐이다. 여행에서 중요한 것은 최종 목적지가 아니라 여정에서 만나는 사람들과 풍경이다. 나의 여행은 그동안 수많은 만남과 헤어짐으로 이루어졌다. 때로는 만남 속에서 아픔도 있었지만, 결국 그것들이 내 삶을 더욱 풍요롭게 했다. 이제 남은 삶을 나는 이렇게 완성하고 싶다. 뒷모습이 아름다운 삶, 누군가가 내가 떠난 뒤에도, 내가 남긴 따뜻함을 기억할 수 있는 사람으로 말이다. 떠난 자리에도 잔잔한 향기가 남는 사람이 되고 싶다.

'준비된 삶은 실패해도 쉽게 흔들리지 않는다.' 이 말을 떠올리며, 60세까지의 모든 시간이 충전의 시간이었고 지금의 시간은 베풀고 나눔의 시간이며 삶을 빛나게 하는 회복의 시간이 되기를 바란다. 충전된 것을 그대로 두면 사용하지 못하고 자연 방전된다. 인생도 사용한 만큼이 내 인생인 이유다. 자연 방전되도록 두지 말자.

선한 향기를 품는 삶

냄새와 향기는 우리 삶에 특별한 의미를 가지고 있다. 냄새가 중립적이고 넓은 개념이라면, 향기는 긍정적이고 감미로운 경험을 의미한다. 특히, 선한 향기는 말과 행동을 통해 사람들에게 깊이 새겨지며 오래도록 남는 아름다움이다. 냄새는 후각으로 느끼지만 향기는 오감五感으로 느낀다.

어린 시절의 땀 냄새는 순수한 즐거움과 호기심의 상징이다. 해질녘 먼지와 땀으로 얼룩진 아이들의 모습은 활기차고 생동감 넘치는 추억을 떠올리게 한다. 자녀들의 땀 냄새는 부모로서 느끼는 가장 생생한 삶의 흔적이다. 아이들의 성장과 순수한 에너지를 담고 있는 특별한 향기다. 놀이터에서 뛰어놀며 흘린 땀 냄새는 생동감 넘치는 성장의 증거다.

햇빛 아래에서 숨이 차도록 달리고, 넘어지고, 다시 일어나면서 얻은 땀방울은 아이들의 훈장이고 옷에 배어든 땀과 흙, 풀잎 냄새는 하루 종일 세상을 탐험한 작은 모험가의 흔적이다. 축구

연습 후의 운동복이나, 학교에서 열심히 뛰어논 뒤 집에 온 아이의 머리카락에 배인 땀 냄새는 부모의 마음에 미소를 불러일으킨다. 냄새 속에는 아이가 얼마나 열심히 하루를 보냈는지, 얼마나 행복했는지 담겨 있다. 더운 여름날 땀에 젖은 채 "엄마, 아빠!" 하고 달려오는 아이의 모습은 어떤 향수보다 강렬하고 아름다운 감동을 준다.

작고 가는 손발이 점점 커지고, 운동 후 흘린 땀에서 아이들이 더 강해지고 있다는 것을 느낄 수 있다. 부모와 자녀 간의 사랑과 추억을 담은 특별한 향기다. 향기는 아이들과 함께 웃고 울며 보낸 순간들의 기록이자, 무엇과도 바꿀 수 없는 삶의 아름다움이다.

가족을 위해 헌신하는 아버지의 냄새에는 책임감과 사랑이 담겨 있다. 냄새는 노동과 희생을 통해 이루어진 삶의 가치를 상기시킨다. 삶의 무게와 이야기가 담긴 특별한 향기다. 생계를 책임지며 가족을 위해 헌신해 온 시간과 노력을 상징한다. 아침부터 저녁까지 쉼 없이 이어지는 하루의 흔적은 저녁에 집에 오는 아버지의 얼굴에서부터 옷에서도 배어나오며 책임감, 인내 그리고 사랑의 집합이다. 아침에 집을 나서는 아버지의 옷에는 이슬의 상쾌함이 묻어 있다. 하루 종일 일하며 흘린 땀에서는 노동의 흔적과 함께 성취감이 배어난다. 거칠어진 손은 오랜 시간의 노력을 대변하며, 가족을 위한 그의 희생과 헌신을 고스란히 담고 있다.

아버지의 땀 냄새는 피로를 넘어서는 에너지를 품고 있다. 육체의 결과물이 아니라, 꿈을 향한 열정과 미래를 향한 깊은 통찰력에서 비롯된 것이다. 삶의 무게를 느끼게 하면서도 희망과 성취의 의미를 가족에게 심어 준다. 때로는 세월의 흔적처럼, 또 때로는 삶의 여정을 증명하는 훈장이다. 가족에게는 익숙하고 따뜻한 안정감의 향기로, 다른 누군가에게는 인생의 본질을 깨닫게 하는 메시지가 담겨있다.

어머니의 냄새는 따뜻한 안식처와도 같다. 품에 안기면 느껴지는 냄새는 향기가 아니라 온 세상을 품고도 남을 것 같은 사랑과 위안이다. 아침이면 부엌에서 풍기는 김치찌개 냄새, 깨끗한 빨래에서 배어 나오던 비누 향 그리고 어린 나를 품에 안을 때면 느껴지던 살짝 땀 섞인 온기. 모든 냄새가 어머니를 말해준다. 어머니의 냄새는 늘 안전하고 평화로움을 선물한다.

비 오는 날이면 어머니의 손끝에서 느껴지던 흙냄새와 풀잎 냄새가 기억난다. 농사일이나 시장일로 바쁘게 움직이다가도 집으로 돌아와 내 손을 꼭 잡아주던 어머니의 손에서 느껴지던 고된 노동의 흔적과 따뜻한 체온이 나를 안심시킨다.

때로는 머리에 기름을 바르고 곱게 빗어 넘기던 어머니의 모습에서 풍기던 담백한 향 그리고 이불 속에서 내 이마에 입맞춤하며 전해지던 포근한 숨결…, 모든 냄새는 어린 시절의 나를 지켜주던 어머니만의 향기다. 시간이 흘러도 잊히지 않는다. 자녀들을 키우기 위해 쏟은 무한한 정성과 사랑 그리고 가족을 위해 묵묵히 살아온 헌신의 흔적이다. 이제는 어머니의 품에서 느꼈던 냄새를 떠올리며, 그리움과 함께 커다란 감사로 돌아온다.

아름다운 여성의 냄새와 향기는 흔히 깨끗함, 자연스러움, 부드러움을 연상케 한다. 갓 세탁된 옷에서 풍기는 비누 냄새, 햇볕에 말린 린넨의 부드러운 향, 장미나 라일락 같은 은은한 꽃향기가 여성만의 아름다움을 더해 준다. 린넨Linen은 아마줄기로부터 얻어지는 천연섬유로, 유럽에서 초고품질의 직물로 여겨져 왔다. 열매인 플랙스 씨Flax-seed, 아마인는 생것으로 또는 기름을 내서 음식을 만들고 또 약용으로 써왔다. 의복용 섬유로서는 가장 오래된 종류 중 하나이다. 강인하고 광택이 있으며, 청량감이 있어 여름 의류와 침구에 자주 사용된다.

사람마다 선호하는 향이 다르겠지만 진정한 아름다움은 향이 아니라 자연스러운 자신감과 따뜻한 마음에서 나오는 아우라로 완성된다. 중후한 지성인의 냄새와 향기는 단순히 외모나 물리적 향수에서 비롯되는 것이 아니다. 삶의 경험과 깊이 있는 사고 그리고 세련된 품격에서 우러나온다. 향기는 행동이나 말투, 그리고 존재만으로도 주변을 감싸며, 사람들에게 잔잔한 감동과 진한 인상을 남긴다. 그의 향기 속에는 오래된 서재의 묵은 책에서 느껴지는 은은한 활자의 냄새가 담겨 있다. 날카롭지만 따뜻한 통찰력이 그의 말에 스며 있으며, 마치 차분하게 내린 커피의 향기처럼 진하고 깊다. 그가 풍기는 냄새는 단순히 선택한 향수의 종류가 아니라, 지성과 인품에서 자연스럽게 발현

되는 고상함이다.

그가 풍기는 향기는 소박하면서도 세련된 삶을 동반한다. 깨끗하고 단정한 옷차림에서도, 정갈하게 손질된 필기구와 노트에서 느껴지는 잉크의 잔향, 그리고 그가 걸어온 시간의 흔적을 고스란히 품고 있다. 과장되지 않은 태도, 상대방을 존중하며 경청하는 자세, 그리고 솔직하면서도 품격 있는 언어 선택은 향기를 만들어낸다. 마치 숙성된 와인처럼 시간이 지날수록 깊이가 더해지며 주변 사람들에게도 묵직한 감동을 남긴다.

이런 지성인의 향기는 단순히 외적인 매력이 아니라 내적인 성숙함과 연륜에서 비롯된다. 그는 타인의 시선을 끌기 위해 노력하지 않지만, 자연스럽게 주변을 환히 밝힌다. 그의 냄새와 향기는 곁에 머무는 이들에게 여운을 남기며, 그가 가진 삶의 철학과 인품을 오래도록 기억하게 한다.

세상은 크고 작은 영향으로 움직인다. 그중에서도 선한 영향력을 가진 사람들은 자신만의 빛으로 세상을 조금 더 밝게 만든다. 그들은 보이지 않는 곳에서 세심한 배려로 타인의 삶을 풍요롭게 하고, 역경 속에서도 희망의 씨앗을 뿌리는 사람이다. 선한 영향력은 사람에서 나오는 향기가 선하게 나오는 것을 의미한다.

선한 향기를 품는 삶은 긍정적이고 아름다운 의미를 풍긴다. 선한 마음과 행동이 주변에 좋은 영향을 미친다는 의미가 있다. 선한 성품을 가진 사람이 그 삶 자체로 주변 사람들에게 좋은 영향을 미칠 때 사람들과의 관계가 아름답고 화기애애한 상태로 유지된다. 선한 향기는 사랑과 배려, 나눔, 진실 등의 미덕을 지닌 사람들에게서 풍긴다. 이런 향기는 타인에게도 깊은 영감을 줄 뿐만 아니라 나에게도 행복을 안겨 준다.

'나는 어떤 향기를 품고 싶은가?' 아버지로서, 남편으로서 모든 사람에게 깊은 성찰을 요구하는 물음이다. 나는 고유한 나만의 캐릭터 내면에서 나오는 향기를 간직하고 싶다.

힘든 상황에 있는 사람에게 가까이 다가가 그들의 마음을 어루만져줄 수 있으며, 따뜻함과 안락함이 있는 위로의 향기. 향기는 누군가에게 조용한 안식처가 되고, 삶의 어려움 속에서도 희망을 전해주는 미묘한 힘을 지닐 것이다.

사향노루의 향기처럼 은은하고도 오래 남는 향기를 품고 싶다. "오동나무는 천 년이 지나도 가락을 지니고 매화는 혹한에도 향기를 잃지 않는다"라는 옛 선현들의 말이 있다. 선한 영향력을 통해 다른 사람들의 삶에 긍정적인 변화를 일으키고, 내가 없는 자리에서도 좋은 기억으로 오랫동안 남을 수 있는 향기를 간직하고 싶다. 향기는 코끝에서 느끼기 전에 마음이 느낀다.

아름다운 사람의 향기

　냄새는 지상의 선물이고, 향기는 천상의 선물이다. 향기의 미학은 우리 일상에서 풍겨 나오는 다양한 향기가 지니고 있는 아름다움과 의미를 탐구하는 일이다. 향기는 감정과 기억을 자극하며 시간과 공간, 사람과 경험이 녹아 있다. 향기 나는 사람이 있는가 하면 냄새 나는 사람이 있듯, 말이나 글에서도 향기가 나는 경우가 있다.
　인간은 오감五感을 통해 세상을 경험한다. 눈으로 빛을 인식하고 물체를 분별하는 시각, 귀로 진동을 듣고 소리를 이해하는 청각, 코로 냄새를 맡아 물질의 존재를 지각하는 후각, 혀로 맛을 느끼는 미각, 피부로 압력이나 온도를 감지하며 부드럽거나 단단함, 차가움 등을 인식하는 촉각이 있다.
　처음 회장님을 뵈었을 때 나는 이분이 향기 나는 사람이라고 생각했다. 감청색 정장에 빨간 꽃무늬 넥타이를 맨 모습은 세련되었고, 칠순 정도의 연령에도 불구하고 건강하고 기품이 느껴졌다. 머리는 희끗희끗했지만 만면에 미소가 가득했고, 시대의 어른다운 품격을 보여주었다. 상쾌함의 향기는 신뢰감을, 은은함의 향기는 따뜻함과 친근감을 주었으며, 시각과 후각만으로도 향기 나는 분임을 알 수 있었다.
　회장님은 우아한 품격과 부드러운 카리스마를 가진 분이셨다. 연륜과 덕은 만나본 사람들에게 잊을 수 없는 인상을 남겼다. 그분의 존재 자체가 나에게는 인생의 행운처럼 다가왔다. 회장님은 평생을 자동차 부품 산업에 헌신해 오셨다. 세월의 풍파를 이겨낸 나무와도 같은 깊은 향기가 배어 있었다. 그의 향기는 함께 일해 온 직원들, 그의 인생 여정을 지켜본 이들에게도 깊게 남아 있다.

IMF 위기 속에서도 새로운 길을 개척한 리더였다. 수도권의 혼잡한 환경을 벗어나기 위해 공장을 지방으로 과감히 이전했고, 기존 부지를 활용해 새로운 아파트형 공장을 세웠다. 모두가 반대할 만한 결단이었지만, 선구안과 추진력 덕분에 기업의 터닝 포인트가 되었다. 중국 시장을 개척하며 글로벌기업과 합작해 현지 공장을 설립했고, 공장은 10주년을 맞이하며 성공적으로 자리 잡았다.

회장님이 "인향만리人香萬里"라는 건배사를 외치며 나누었던 희망과 비전은 오랜 시간 회장님의 철학과 신념을 지켜온 직원들에게 큰 울림을 주었다. 회장님의 삶은 늘 근면과 검소로 대표되었다. 팔순을 맞이한 잔치에서도 가족, 친구, 직원들에게 감사의 마음을 전하며 자신의 삶을 담담히 돌아보셨다. 여전히 매일같이 회사에 출근하며 이사회 의장직을 수행하는 모습은 참된 리더의 본보기였다.

한번은 중국 공장 출장 때 이코노미석을 이용하시는 모습을 보고 이유를 여쭌 적이 있었다. "저는 평생을 근면과 검소의 정신으로 살아왔습니다"라고 답하셨다. 작은 선택에서도 드러나는 검소함과 절제는 진정한 리더의 풍모를 보여주었다. 회장님의 경영철학은 '51%만 만족하더라도 함께 간다', '제조업은 이익 5%만 남겨야 한다', '돈보다 가치가 우선이다'라는 신념을 기반으로 크지 않지만 알뜰하게 경영하셨다.

창립 40주년 기념식에서는 고객과 주주들을 초대해 기쁨을 나누며 품격 있는 리더십을 보여주셨다. "경영은 기업을 살리고 오래 지켜내는 것"이라며 회사와 직원들에 대한 자부심을 심어 주셨다. 용기와 지식, 덕을 겸비한 리더십의 상징이었다. 또한 변화와 혁신을 통해 건강한 경쟁력을 갖춘 기업으로 회사를 성장시키셨다. 직원과 함께 화합하며 덕을 실천한 모습은 많은 사람에게 존경과 귀감이 되었다.

한국 자동차 산업에서 탁월한 공로로 영예의 대상을 수상하셨던 회장님은 개인의 업적을 넘어 회사와 직원 모두의 자부심이 되기도 했다. 삶의 원칙과 철학을 끝까지 지키며, 성공과 권위에 기대지 않고 겸손함을 유지했다.

그의 리더십은 팔로워십followership에서 시작해 서번트 리더십Servant Leadership을 보여 주신 선구자적인 행보였다. 늘 직원, 가족, 사회에 대한 책임을 잊지 않고 자신의 삶을 통해 후배들에게 긍정적인 영향을 미쳤다.

아름다운 사람은 외적인 아름다움에 국한되지 않는다. 내면에서 우러나오는 덕목과 태도를 통해 주변 사람들에게 긍정적인 영향을 미치는 사람이다. 시간이 지나도 변하지 않는 아름다움은 우리 모두에게 영감과 감동을 주고 있다.

나는 회장님을 통해 참된 인간의 아름다움과 향기를 배웠다. 앞으로도 더 오래도록 그분을 뵐 수 있기를 기대하며, 회장님께서 남기신 "사람의 향기는 만 리를 간다"라는 말처럼 나도 삶에서 좋은 영향을 끼치는 사람이 되고자 한다. 천국의 향기를 가져야겠다.

선한 행동이 가져다 준 행운

물 흐르듯이 살면 인생도 물 흐르듯이 부드러워진다. 정말 그렇다. 추석이 막 지나고 가을의 문턱에 와 있을 무렵이었다. 대기업 공채시험이 시작되었다. 운명이 장난을 친 것 같았던 날이었다. 중요한 입사 시험을 보러 가는 길, 서울행 고속버스를 타려고 시내버스 줄을 서 있는데 비는 얄미울 정도로 세차게 쏟아지고 있었다. 내 앞에 서 있던 초등학생의 작은 우산이 휘청이며 내 안경을 툭 건드렸고, 순간 안경은 보도블록에 떨어져 깨져 버렸다. 안경이 없으면 세상이 온통 흐릿하게 보이는 내게는, 순간 '내일 시험인데 어쩌지?' 하는 절망과 함께 한숨이 절로 나왔다.

안경을 맞출 시간도 없고, 내일 아침부터 전공시험과 영어시험이 있으니 마음이 급해졌다. 하지만 별다른 선택지가 없었다. 깨진 안경 대신 마음을 붙들고, 흐릿하게 보이는 시험지와 감독관 앞에서 시험을 치러야 했다. 다행히도 내가 가장 자신 있던 문제가 출제되었다. "고정자산의 경제성 평가방법을 논하시오." 이 문제는 내가 오랫동안 준비한 것이었다. 흐릿한 시야 속에서, 나는 내 기억 속에 있던 모든 내용을 끌어올리며 자신 있게 A3 답안지를 채워 나갔다.

안경이 없던 그날, 오히려 나는 다른 어느 때보다도 더 집중할 수 있었다. 세상이 선명하게 보이지 않았기에 오로지 내가 써내려가는 글에만 온 신경을 집중하게 되었다. 외우고 공부했던 내용이 머릿속에서 선명하게 떠올랐다. 준비했던 대로 완벽하게 써 내려갔고, 결과는 예상했던 것보다도 좋았다.

만약 그날 안경이 깨지지 않았다면 어땠을까? 세상이 너무 또렷하게 보였더라면 나는 오히려 긴장했을지도 모른다. 시야가 흐릿해 내 머릿속에는 오로지 시험 문제와 답안 작성에만 집중할 수 있었고, 최선의 결과를 낼 수 있었다. 우연이 더 나은 결과로 이끌었다. 오랜 시간이 지난 지금도 그날의 일은 무언가에 몰두하고 최선을 다했던 순간으로 남아 있다.

그때 초등학생에게 화를 내고, 학생의 부모님께 안경값을 청구했더라면 어땠을까? 나는 심각한 얼굴로 아이에게 "너 때문에 내 인생 망쳤다!"라고 소리쳤을지도 모른다. 학생의 부모님은 손을 내저으며 "죄송합니다. 안경값을 변상해 드리겠습니다" 했을지도 모른다. 그랬다면 시험지에 내가 예상했던 문제가 안 나왔을지도 모른다.

오랜 시간이 지난 지금, 가끔 그날을 떠올린다. 그때 초등학생이 내게 화를 불러일으킨 게 아니라 오히려 행운을 가져다준 건 아닐까 생각한다. 만약 그때 아이에게 화를 내고 안경값을 청구했다면, 그날의 행운은 온데간데없이 사라졌을지도 모른다. 지금에야 생각해 보면, 어린 학생은 전혀 잘못이 없었다. 깨진 건 안경뿐이었고, 내가 아이에게 화를 내지 않은 덕분에 깨진 것은 내 기회가 아니었다.

MZ세대는 빠른 변화와 극단적인 선택을 통해 문제를 해결하려는 경향이 있다. SNS와 같은 즉각적인 피드백 시스템 속에서 눈앞의 결과를 빠르게 얻고 싶어 하고 더 자극적이고 급진적인 방식으로 문제를 해결하려는 모습을 보이곤 한다. 속도감 있는 삶으로 당장 눈에 보이는 장애물들이 마치 해결해야 할 위기처럼 느껴질 수 있다. 하지만 때로는 장애물 속에서 배울 수 있는 지혜가 더 크다는 사실을 깨닫는 것이 중요하다.

빠른 해결책을 찾기 위해 극단적인 행동을 취하기보다 문제 속에서 진정으로 해야 할 일을 발견하는 것이 더 중요하다. 때로는 흐릿하고 답답한 상황이 오히려 우리에게 더 큰 집중력을 요구하고, 집중을 통해 더 나은 결과를 얻을 수 있게 해준다.

현실은 속도와 변화에 너무 익숙해져 있다. 하지만 진정한 성장은 속도를 잠시 늦추고, 내면의 힘을 다듬어가는 과정에서 이루어진다. 깨진 안경을 불편하게 여기지 않고 오히려 그것이 준 집중력을 기회로 삼았듯이, 젊은 세대들에게도 이러한 마음가짐이 필요하지 않을까?

삶이 가끔 흐릿하게 보이더라도 더 좋은 결과를 줄 때도 있는 법이다. '인과응보', 즉 원인과 결과의 법칙은 삶 속에서 흔히 찾아볼 수 있다. 누군가에게 상처를 주면 상처가 언젠가 나에게 돌아오는 것처럼, 선한 행동도 그에 걸맞은 결과를 가져온다. 흔히 "선행은 결국 선으로 돌아온다"라는 말이 있다. 선한 마음과 행동은 단순히 순간의 선택으로 끝나지 않고, 우리 삶에 긍정적인 영향을 미치는 커다란 파동이 된다.

인과응보의 법칙은 단순히 '받는 만큼 주는' 계산적인 공식만을 의미하지 않는다. 오히려 보이지 않는 희생과 양보 그리고 사랑이 숨어 있다. 우리가 살아가는 세상은 사실 수많은 사람의 작은 선행과 희생 덕분에 돌아가고 있다.

아름다운 세상이란 그저 물리적으로 깨끗하고 잘 정돈된 곳만을 의미하지 않는다. 진정한 아름다움은 보이지 않는 양보와 희생 속에서 피어난다. 누군가는 자신의 이익을 뒤로 하고, 다른 사람을 위해 기꺼이 양보하며, 또 누군가는 자신의 시간을 희생하면서 이웃을 돕는다. 선한 행동이 쌓이고, 행동들은 점차 세상을 밝히는 따뜻한 빛이 된다.

옛 속담에 '콩 심은 데 콩 나고 팥 심은 데 팥 난다'라는 말이 있다. 우리가 하는 행동과 그에 따른 결과가 정확히 맞물린다는 의미를 담고 있다. 즉, 원인과 결과는 불가분의 관계라는 뜻이다.

일상의 중요한 순간에서도 속담이 적용된다. 성실하게 노력하면 결과는 반드시 돌아오고, 반대로 부정한 방법을 쓰면 그에 맞는 대가를 치르게 되는 법이다. 어떤 씨앗을 심느냐에 따라 열매가 결정된다는 이치를 보여주는 말이다. 이 속담은 요즘 세대에게도 큰 깨우침을 준다. 순간의 빠른 성취를 위해 올바르지 않은 방법을 선택한다면, 그에 따른 결과도 왜곡될 수밖에 없다. 결국 심는 행동이 곧 미래를 결정짓는 씨앗이 된다는 점을 잊지 말아야 한다.

시내 주행을 하다 보면 짜증이 많이 생기며 분노조절이 필요할 때가 많다. 차 한 대를 먼저 보내 주는 작은 양보는 따뜻한 기운을 전해줄 수 있다. 그 사람이 또 다른 사람에게 선행을 베풀 때 선함은 점차 세상에 퍼지기 시작한다. 선행들이 모여서 우리 사회는 조금 더 따뜻하고 아름다워진다. 양보와 희생이 가득한 세상에서 진정한 평화와 기쁨을 경험하게 된다.

세상은 결코 혼자만의 힘으로 살아가는 곳이 아니다. 우리의 작은 행동이 더 큰 선한 결과를 가져오고 다시 우리에게 돌아오는 순환이 이루어질 때, 비로소 세상은 더 아름답고 따뜻해진다. 이렇듯 선한 행동은 반드시 선함으로 돌아온다. 언제나 마음속에 선함을 품고, 세상을 조금 더 아름답게 만드는 주인공이 되기를 소원한다. 중요한 것은 나부터다. 내가 먼저다!

와인 한 방울의 향기

 2000년대 초, 프랑크푸르트 모터쇼를 관람한 후 파리에서 와인을 처음 만났던 순간을 잊지 못한다. 낯익은 막걸리나 소주와는 확연히 다른 깊고 그윽한 향과 몸에 스며들듯 부드러운 목 넘김이 마치 오래된 친구처럼 다가왔다. 국민소득 2만 불이 넘으면 와인을 마신다는 이야기가 있지만, 유럽에서 와인은 이미 삶 깊숙이 뿌리내린 토속주와 같았다. 그날 꽤 많은 양을 마셨지만, 그 향기는 시간이 흘러도 잔향처럼 마음에 오래도록 머물렀다.
 때마침 한국에도 와인 열풍이 불기 시작했다. 와인 펀드에 가입할 정도로 열정적이었고 기아차 슬로바키아 공장 출장자들이 가져오는 와인 덕분에 자연스레 와인을 자주 접하게 되었다. 어느덧 와인은 우리 식탁에서도 낯설지 않은 토속주처럼 자리 잡아가고 있었다.
 그러던 어느 날 지인이 선물해 준 만화 『신의 물방울』 시리즈는 나를 와인의 세계로 더욱 깊이 이끌었다. 한 장 한 장 넘길수록 와인의 매력은 나를 휘감았고 어느새 와인은 나의 소중한 친구가 되어 헤어 나올 수 없는 달콤한 덫에 빠진 듯했다.
 체코 프라하 출장을 갔을 때의 일이다. 프라하성과 카를교를 감싸안은 고즈넉한 밤거리, 작은 와인바에 홀린 듯 들어섰다. 익숙지 않은 이름의 레드 와인과 치즈를 주문했다. 입안 가득 퍼지는 달콤새큼하면서도 묵직한 하우스 와인의 풍미는 낯선 여행자의 밤을 감미롭게 채웠다. 두 잔을 마시자 기분 좋은 취기가 올라왔고 그 순간 와인은 내 삶의 영원한 친구가 되었음을 직감했다.

와인은 단순히 혀끝에서 느껴지는 맛을 넘어 오감을 깨우는 마법 같은 존재다. 코르크 마개를 열 때 터져 나오는 향기는 후각을 자극하고 글라스에 담긴 영롱한 색깔은 시각을 매혹한다. 사랑하는 이와 와인 잔을 부딪칠 때 나는 맑은 소리는 청각을 즐겁게 하고 입안 가득 퍼지는 복합적인 풍미는 미각을, 마신 후 마음에 여운을 남긴다. 이처럼 와인은 오감으로 경험하는 하나의 예술이다.

와인과 음식의 궁합 역시 중요한 미학이다. 화이트 와인은 바다 내음을 품은 해산물과 산뜻한 과일에 잘 어울리고, 레드 와인은 묵직한 육류나 파스타, 깊은 풍미의 치즈와 환상의 조화를 이룬다. 나는 주로 레드 와인을 선호하지만 때론 특별한 모임에서 화이트 와인으로 시작해 레드 와인으로 이어지는 흐름을 즐기기도 한다.

지난 고희연 때 가족들과 함께했던 샤토 마고 와인의 기억은 아직도 생생하다. 프랑스 보르도 5대 샤토 중 하나인 마고는 『노인과 바다』의 작가 헤밍웨이가 사랑했던 와인으로도 유명하다. 곁에는 2005년 빈티지가 분위기를 돋아주었다.

완벽하게 균형 잡힌 맛과 은은한 체리와 아로마, 그리고 초콜릿 풍미가 어우러져 비단처럼 부드러운 질감을 나에게 선사했다. 스테이크나 피자와 곁들이니 맛은 더욱 깊어졌다. 가격은 만

만치 않지만, 그 향기와 분위기는 값을 매길 수 없는 추억이 되었다. 직장 생활을 마무리하고 제2의 인생을 시작하는 시점에서 마고와 함께한 그 순간은 더욱 특별한 의미로 다가왔다.

와인에 얽힌 나의 추억은 셀 수 없이 많다. 여의도 63빌딩 스카이라운지 'Touch the Sky'에서 한강의 야경을 내려다보며 마셨던 '샤토 무통 로칠드'는 단연 최고의 하이라이트였다. 분위기에 취하고 서울의 밤 풍경에 취하고 로칠드 특유의 향기에 취했던 그 밤은 오래도록 나의 기억 속에 찬란하게 빛나고 있다.

홍콩 출장 중 해외 고객과 와인 이야기를 나누던 때도 잊히지 않는다. 내가 5대 샤토와 로마네 콩티프랑스 최고급 와인 이야기를 꺼내자, 고객은 조용히 자신의 이야기를 시작했다. 선친 때부터 와인을 즐겨 마시던 집안에서 자랐고, 물려받은 와인 셀러에는 2천 병이 넘는 와인이 있다고 했다. 특별한 날이면 기념으로 몇 병씩 더 구입하여 좋은 날 오픈한다고 했다. 내가 출장에서 돌아온 지 얼마 되지 않아 회사에 와인 두 병과 함께 정성 어린 편지가 도착했다. 히스토리가 요약이 되어 와인의 이력을 잘 알 수 있었다. 15년이 지난 지금도 한 병은 고이 간직하고 있다. 연락은 닿지 않지만 언젠가 그 친구를 다시 만나면 지난 추억을 떠올리며 함께 그 와인을 열어보고 싶다.

와인을 마실 때는 매너가 필요하다. 커피나 막걸리처럼 편하게 마시는 것이 아니라, 테이블 매너를 갖출 때 와인의 품격과 분위기는 한층 더 살아난다. 와인에 맞는 글라스를 선택하고 음식과의 조화를 고려하며 와인에 담긴 역사와 미래의 희망을 이야기 나누다 보면 격조 높은 시간이 펼쳐진다. 생일이나 결혼기념일, 혹은 그저 평범한 날일지라도 와인을 오픈하는 순간 그날은 좋은 날이 되고 흐린 날도 맑은 날이 되기를 기대하며 마시는 것이다.

프랑스 사람들이 육류와 지방 섭취가 많은데도 심혈관 질환 발병률이 낮은 현상을 '프렌치 패러독스'라 부른다. 많은 전문가는 그 비밀 중 하나로 와인, 특히 레드 와인 섭취를 꼽는다. 레드 와인에는 레스베라트롤을 비롯한 다양한 폴리페놀이 풍부하게 들어 있다. 이 성분은 강력한 항산화 작용을 하여 혈관 건강을 지키고, 심장병 예방에 긍정적인 영향을 준다고 알려져 있다. 물론 와인은 약이 아니므로 적당량을 즐기는 것이 중요하며 과도한 음주는 오히려 건강을 해칠 수 있다. 하지만 와인이 건강한 식생활과 삶의 일부로 자연스레 녹아든 프랑스의 문화를 보면 와인이 주는 즐거움과 함께 건강까지 챙길 수 있다는 유쾌한 기대를 품게 된다.

그렇다면 와인은 내게 어떤 의미일까? 힘들고 지칠 때, 상처의 회복이 필요할 때, 스트레스가 쌓여갈 때면 조용히 내 곁에 찾아와 나를 위로하고 회복시켜 주는 둘도 없는 벗이다. 여기에 잔잔한 음악이 흐른다면 금상첨화다. 사랑하는 가족이나 친한 친구와 함께라면 그 기쁨은 더욱 커진다. 와인은 스트레스를 사라지게 하는 신의 물방울이다.

어린 시절 시골의 향기, 엄마의 숨결, 첫사랑의 포옹, 어린 손자와의 뽀뽀처럼 인생의 짜릿한 순간들이 있다. 그 순간처럼, 짙은 향기로 온몸을 자극하는 한 방울의 와인이 혀끝에 닿는 순간 무엇과도 바꿀 수 없는 짜릿함이 찾아온다. 한 잔의 와인 속에는 수많은 이야기가 숨어 있다. 그것을 찾아 즐길 때 비로소 피로는 사라지고 기쁨은 두 배로, 행복은 세 배로 늘어난다.

'매일 만 보를 걷고 와인 두 잔을 마시면 무병장수한다'라는 말이 있다. 사랑하는 사람과 와인 잔을 부딪칠 때 나는 소리는 다정한 속삭임 같고, 와인 한 방울이 목으로 넘어가는 짜릿함은 세상의 모든 근심을 잊게 해준다. 아늑한 공간에서 이처럼 평화롭고 아름다운 일상을 누릴 수 있기를 상상한다. 그날은 내가 가장 아껴둔 와인의 코르크를 열어야겠다.

벽안碧眼 천사의 검은 가방

지상에서 가장 조용하게 살았던 사람이 있었다. 지상에서 가장 아름다운 삶을 살았던 사람의 이야기다. 두 분의 할머니가 캐리어 가방을 끌고 소리 없이 오랜 시간 봉사했던 소록도를 나왔다. 파도 소리마저 멈춘 조용한 침묵의 시간이 흘렀다. 바닷가 갈매기도 아직 잠에서 깨어나지 않은 이른 시간이었다. 가족처럼 아끼고 헌신했던 환자들의 배웅도 받지 않고 일생을 바쳤던 제2의 고향을 나왔다. 뱃고동 소리도 잠든 이른 아침이었다.

전남 고흥군 도양읍 소록도. 섬의 이름은 작은 사슴과 같다고 하여 붙여졌다. 고흥 반도 끝 녹동항에서 배로 5분 거리에 있다. 구한말 조선총독부 시절, 외국인 선교사들이 광주·부산·대구 등지에 사설 한센병, 다른 이름으로 나병환자 요양소를 세우고 1916년 소록도에 한센병 전문 자혜의원을 설립하면서 시작됐다.

오스트리아의 한 수녀가 조용한 섬을 찾아온 것은 세간의 주목을 끌기 위한 것도, 스스로를 드러내기 위한 것도 아니었다. 그녀는 벽안의 두 천사 중 하나였다. 한센병 환자들이 고통 속에 살아가고 있는 지구촌 머나먼 작은 나라 남쪽 끝, 세상으로부터 가장 기피한 섬에 찾아온 은빛 눈의 20대 천사였다.

그녀의 회색 머리카락은 시간이 지나면서 더 짙은 은빛으로 물들어갔다. 수녀복 너머로 보이는 온화한 얼굴에는 늘 고요한 미소가 있었다. 그녀는 간호학을 공부한 경험을 바탕으로 환자들을 직접 만지고, 상처를 돌보았다. 의료 기술만이 아니라 따뜻한 말과 손길로 마음까지 치유했다.

소록도 사람들은 처음엔 그녀를 의심했다. 한국인도 꺼려하는 자신들에게 가까이 다가오는 이방인을 경계하는 눈빛도 있었다. 그녀는 벽을 허물기 위해 말을 최대한 아꼈다. 그 대신 그들 곁에서 함께 숙식을 같이 하며 주일 예배를 드렸다. 아픈 몸을 부축하고 고름이 질질 흐르는 부위에 상처를 소독하며 때로는 손을 잡고 기도했다. 기도 소리는 조용하고 나직한 떨림이었다.
"사랑의 하나님, 이들에게 하늘의 위로와 평안을 주소서."
또한 환자들의 두려움을 덜어주는 봉사의 손길이었고 사랑을 심어주는 천사의 미소였다.
어느 날 한센인 중 한 명이 수녀에게 물었다. "왜 우리를 위해 이렇게까지 하시나요? 아무도 우리를 돕지 않는데도…." 그녀는 잠시 미소를 머금었다. 그녀의 봉사는 의무가 아니었다. 사랑이었다. 그녀는 모든 편견과 고통을 품고 아름다움으로 승화시켰다. 그녀가 들고 온 검은 가방 안에는 약과 연고뿐 아니라 섬에 남고자 하는 진심이 담겨있었다. 그렇게 수십 년의 시간이 흘렀다.
한센병은 단순한 질병 이상이었다. 그것은 세상 사람들의 모습은 아니었다. 눈이 찌그러지고 코가 문드러지고 귀가 없어져 흉한 모습으로 보였다. 거기에 편견과 차별, 고립의 상징이었다. 소록도는 그런 이들의 피난처였다. 두 수녀는 이곳에서 빛이 되기로 결심했다. 말없이도 그들의 손길은 위로가 되었고, 그들의 미소는 희망이 되었다.
그들이 소록도에 머문 시간은 봉사가 아닌 삶 자체였다. 마리안 수녀가 1959년, 그리고 마가레트 수녀가 1962년 섬에 발을 디뎠을 때, 여정은 이미 시작된 것이었다. 검은 가방을 든 그녀들은 섬의 외딴 병실로 들어가 환자들의 친구와 가족이 되었다. 환자들의 상처와 고통을 씻어주며, 말할 수 없는 외로움까지 함께 달래 주었다.

수녀들은 수도원 3평 남짓한 방 한 칸에서 살며, 작은 공간을 온통 한국의 장식품으로 꾸몄다. 두 분의 방은 한국의 자개장, 소박한 공예품 그리고 소록도에서 찍은 사진으로 채워져 있었다. 이 섬은 여전히 두 분에게 고향이 되었다. 방에 들어서면 흙냄새와 생선 냄새, 파도 소리 그리고 환자들의 따뜻한 미소가 떠오르는 듯했다.

내가 감수성이 예민했던 고등학교 시절, 신학대학에 다니고 있던 사촌형과 형의 친구까지 셋이 소록도를 다녀왔다. 환자가 거주하는 구역은 금지구역으로, 철조망이 쳐져 있었다. 형의 친구 형님이 한센인 교회에 재직하고 계셔서 쉽게 금지구역을 통과하고 환자들의 거주시설과 병원, 교회 예배당을 보았다. 세상 눈으로 보기엔 혐오스러운 공간이었지만 위선과 도둑, 멸시 천대가 없는 따스하고 아늑한 낙원이었다.

43년 동안 한센병 환자들을 보살피던 두 외국인 수녀, '마리안과 마가레트'가 떠났다. 그들이 남긴 것은 고작 편지 한 장뿐이었다. 한 장의 편지에는 두 분의 모든 마음이 담겨 있었다. "올 때도 소리 없이 왔으니, 갈 때도 말없이 갑니다." 그들이 떠난 이유는 여전히 소박했다. "나이가 들어 더는 우리가 여러분을 충분히 도와드리지 못하게 되었습니다. 섬과 환자들에게 부담이 되고 싶지 않습니다."

두 분이 떠난 후 섬 주민들은 이별의 슬픔을 감추지 못한 채 일

손을 놓고 예배당에 모였다. 열흘이 넘도록 이어진 기도는 단순한 의식이 아니라, 감사와 그리움의 기도였다. "그분들이 없었다면, 우리가 이렇게 살아갈 수 있었을까요?" 두 분의 주선으로 코가 문드러진 남자와 귀가 없어진 여자가 결혼하여 가정을 이룬 부부는 눈물을 흘리며 말했다.

그들의 이야기는 떠난 후에도 계속되었다. 소록도의 사람들은 여전히 그들의 이름을 부르며 기도한다. 비바람이 몹시 불던 날에도 눈보라가 휙휙 불어오는 날에도 성당과 교회에서는 두 수녀님을 기원하는 기도소리가 끊이지 않았다. 남겨준 헌신과 사랑은 이 땅에 깊게 새겨졌다. 세상은 그들을 '벽안의 천사'라 불렀고, 소록도는 그분들을 하늘에서 내려 주신 축복으로 기억했다.

누군가 물었다. "가방에 무엇이 들어 있나요?" 두 수녀가 오스트리아에서 가져온 가방은 화려하거나 값비싼 물건으로 채워져 있지 않았다. 가방 안에는 환자들의 상처를 보듬을 약품, 간호 도구, 그리고 그보다 더 무거운 사명감과 사랑이 담겨 있었다. 떠날 때도 가방의 무게는 달라지지 않았다. 늘어난 소지품도 없었고, 특별한 기념품도 담지 않았다. "올 때 가져온 물건은 그대로 두고 갑니다." 그들의 발걸음처럼, 가방도 소리 없이 떠났.

가방은 명품도, 값비싼 것도 아니었지만 세상에서 가장 고귀하고 아름다운 가방이었다. 그 속에는 사랑과 헌신, 거룩함으로 가득 채워져 있었다. 가방은 소외받는 자들과 세상 사이를 잇는 천사의 다리가 되었다.

  가방은 세상의 기준으로는 작고 초라했을지 모른다. 가방은 긴 세월 동안 소록도를 돌본 두 천사의 날개였다. 두 천사는 가방에 모든 것을 담아갔다고 생각할 수 있지만, 사실은 모든 것을 남겨두고 간 것이었다. 그들이 떠난 자리에는 가방의 무게만큼 깊은 사랑이 남아 있었다.

  다시 돌아간 오스트리아는 이제 낯설었다. 떠나올 때처럼 고향은 여전히 아름다웠지만, 그곳에 더는 그들의 삶이 녹아 있지 않았다. 그 대신 그들의 마음속에는 소록도의 하늘과 바람 그리고 환자들과 나눈 추억만 가득했다.

  "선하고 겸손한 자가 되어라." 그들의 방 앞에는 이런 한국말이 적혀 있다. 그들은 평생 가슴에 담고 살았다. 소록도에서 보여준 헌신과 사랑은 바로 이 문장에서 비롯되었는지도 모른다. 선하고 겸손한 마음으로 손을 내밀었기에, 편견과 차별을 넘어 진정한 사람의 마음을 만질 수 있었다.

  지금도 두 수녀는 '소록도의 꿈'을 꾼다고 했다. 꿈속에서 그들은 환자들의 손을 잡고, 고운 미소를 나누며, 다시금 섬의 골목을 걷는다. 소록도는 그들의 삶에서 떠날 수 없는 곳이며, 그들이 영원히 머물기를 바랐던 마음의 집이다.

  그들이 떠나고도 소록도는 여전히 그들이 남긴 사랑으로 빛나고 있다. 그리고 오스트리아의 작은 방에서도 두 수녀의 마음은 여전히 소록도의 하늘 아래 있다. '선하고 겸손한 자'가 되길 바라는 그들의 바람처럼, 그들의 삶은 우리에게 아름다운 본보기가 되어준다.

이별은 남겨진 이들에게 상처가 될 것을 알았다. 그들은 사랑했던 만큼 헤어짐의 무게가 클 것을 누구보다 잘 알고 있었다. 그래서 그들의 이별은 어떤 미련도 남기지 않기 위함이었다. 남긴 것은 단 한 장의 편지였다. "올 때도 소리 없이 왔으니, 갈 때도 말없이 갑니다." 짧막한 문장은 그들의 모든 마음을 담고 있었다. 환자들에게 짐이 되고 싶지 않다는 마지막 배려였다. 자신들의 떠남이 섬 주민들에게 헤어지는 아픔보다 감사와 사랑으로 남겨지기를 바라는 마음 뿐이었다.

"따뜻하게 대해준 여러분께 감사했습니다. 소록도에 있는 동안 너무 행복했습니다"라며 웃고 있는 마리안과 마가레트. 오스트리아로 돌아가서 보내온 짧은 편지는 두 분의 마음이 지금도 소록도의 하늘 아래 잔잔히 흐르고 있었다.

'마리안과 마가레트', 한국 이름으로는 고지선, 백수선, 두 분은 떠난 것이 아니다. 그들의 삶은 소록도의 한센인과 함께 숨 쉬고 있다. 두 수녀가 보여준 것은 인간의 숭고한 사랑이었다. 각자도생의 현실 속에서도 자신의 안위보다 다른 이를 먼저 생각하며 봉사의 손길을 내민 두 천사, 그들이 남긴 삶의 자취는 소록도뿐 아니라 인간 모두의 마음속에 선명히 새겨져 있다. 더 나

---

* 마가레트 수녀는 오스트리아 고향에서 88세의 나이로 2023년 선종했다. 정부는 국민훈장 모란장을 수여했다.

은 세상을 꿈꾼다면, 수녀 두 분처럼 조용히 그리고 낮은 자세로 사랑의 씨앗을 심어야 한다. 그분들이 뿌린 씨앗은 세상에 뜨거운 울림을 준다. 아름다운 이별은 떠나면서 누군가의 가슴에 사랑의 흔적이 남기는 것이다.

동생의 삶에서 배운다

강남의 한 교회에서 선교단체 대표 취임예배가 열렸다. 앞으로 4년간 단체를 이끌어갈 대표를 선출하는 과정은 교단 소속 선교사 전원의 온·오프라인 직접선거를 통해 이루어졌다. 교단 총회장은 "섬김의 삶을 몸소 실천하신 예수님"이라는 주제로 설교하였고, 대표로 선임된 동생은 감사와 각오를 담아 인사말을 전했다. 25년간 선교사로 헌신해 온 사역이 맺은 큰 열매였다.

외로움을 스스로 선택하는 사람들이 있다. 스스로 고난을 지는 사람이다. 대학원 졸업 후 동생은 진로를 결정하기 위해 일주일간 금식기도에 들어갔다. 시골집 뒷골방은 기도하기에 더없이 좋은 장소였다. 찾아오는 사람도, 말을 붙이는 이도 없었고 오직 어머니만이 애타는 마음으로 지켜보았다. 밤낮으로 기도에만 몰두했다. 어머니는 아들이 꼼짝도 하지 않자 아들 죽는다고 난리를 쳤지만, 동생은 흔들리지 않았다. 기도를 마친 후, 가족 앞에서 단호하게 선언했다.

"취업하지 않고, 선교사의 길을 걷기로 했습니다." 가족들이 아무리 말려도 어렸을 때부터 고집이 센 동생의 결정을 바꿀 수 없었다. 선교지 파송 예배는 대학 시절 섬겼던 교회에서 열렸다. 성도들은 뜨거운 마음으로 '사명' 찬송을 부르며 축복했다. 그러나 중국 내륙 소수민족 선교의 길은 녹록지 않았다. 초기에는 언어와 문화의 장벽이 거대하게 가로막았다. 하지만 동생은 진정한 의사소통은 말이 아니라 마음으로 하는 것을 깨달았다. 그들의 삶 속으로 들어가 고통과 기쁨을 함께하며 동화되어 갔다.

선교지 탐방은 눈물과 고난의 연속이었다. 하루도 사명감 없이는 견딜 수 없는 날들이었다. 산악 오지 마을을 향한 길은 열 시간 이상 차량을 타고 이동해야 했고, 3,000~4,000m 고지대에 도착하면 또다시 몇 km를 걸어야 했다. 안내판이나 안전장치도 없는 산악도로에서 수천 m 낭떠러지를 옆에 끼고 갈 때면 가족이 떠올랐고, 간절한 기도가 절로 나왔다. "오늘은 제발 교행하는 차가 한 대도 없게 해주세요."

중국의 소수민족은 티베트와 접경한 내륙 산간지역에 흩어져 있었다. 주된 생계수단은 옥수수와 귀리 농사, 양과 염소 방목이었다. 조상신을 철저히 섬겼고, 가옥 구조도 특이했다. 1층에는 가축이 살고, 2층에 사람이 거주하며, 3층에는 조상신을 모시는 사당이 있었다. 한 가족이 사람, 가축, 신과 함께 공존하는 삶이었다. 현대문명의 흔적은 찾아보기 어려웠다. 이 척박한 마음밭에도 복음의 씨앗은 뿌려졌고, 시간이 지나며 싹을 틔우고 꽃을 피웠다.

동생의 가족은 시내에 거주하며 자녀들은 국제학교에서 공부했다. 한 달에 한 번씩 집으로 돌아올 때, 가족의 품에서 얻는 위로와 회복은 작은 천국과 같았다. 그러나 다시 선교지로 떠날 때는 마음이 서려왔다. 자녀들이 "아빠, 가지 마세요!" 하며 매달릴 때, 흐르는 눈물을 보이지 않기 위해 뒤도 돌아보지 못하고 떠나야 했다.

현지인들과 마음을 나누고, 친구이자 이웃이 되며, 함께 동고동락하는 시간이 쌓였다. 정기적인 예배 인도를 통해 복음이 전파되었고, 공동체는 더욱 단단해졌다. 양과 염소를 분양하는 사업이 성공하면서 주민들의 경제가 나아졌고, 장학사업도 활성화되어 학생들의 참여도 늘어나기 시작했다. 커뮤니티에 활동하는 이들이 많아질수록 선교의 문은 더 활짝 열렸다.

시간이 흐르면서 의심의 눈초리도 늘었다. 공안의 감시가 심해졌고, 조사를 받을 때마다 추방 위기가 닥쳐왔다. 하지만 어렵게 지핀 선교의 불은 꺼지지 않았다. 오히려 더욱 활활 타올랐다. 동생의 아내는 의료 봉사를 하면서 현지인들의 친구이자 형제자매가 되어 아플 때나 다쳤을 때 치료해 주며 사랑을 실천했다. 동생의 딸 역시 선교사의 자녀와 결혼하여 같은 길을 걷고 있다. 온 가족이 섬김의 삶을 실천하며, 전 세계를 향한 사랑과 봉사의 메시지를 전하고 있다.

선교 지역에 강력한 지진이 발생하여 많은 주민이 희생되었다. 선교지에서 돌아온 지 이틀 후에 일어난 대형지진이었다. 여진이 가라앉자 다시 선교지에 들어가 사후 수습도 마다하지 않았다. 생명을 맡기고 사명을 수행하는 일은 숭고하고 거룩한 일이었다. 아직 동생의 사명이 끝나지 않았음을 보여주신 것이 하나님의 계획이었음을 확신한다.

회사 퇴직 후 아내와 나는 시골에서 목회사역을 하고 있는 동생 가족과 함께 현지 사역지를 방문했다. 생활환경의 차이에서 오는 스트레스뿐만 아니라, 고산병 증상은 머리가 어지러웠다. 호흡마저 쉽지 않았다. 약도 먹어 보고 생수도 계속 마셔 보았지만 허사였다. 언제 빨리 이 지역을 벗어날까 하는 생각만 하며 4일간의 선교 현장을 다녀왔다. 오직 사명의 위대함이 주는 능력이 얼마나 위대하고 큰지 체험하고 돌아온 선교지 여행이었다.

현재 동생은 선교단체 대표로서 세계 각국에 파송된 선교사들을 지원하고, 선교 정책과 방향을 결정하는 역할을 맡고 있다. 동생은 선교 현장에서 일어나는 수많은 어려움을 해결하며, 선교사들을 격려하고 있다. 동생의 사역은 단순히 물질적인 도움을 넘어 사랑과 희망의 메시지를 전하는 것이다.

코로나 팬데믹이나 국가 간 분쟁 속에서도 선교현장은 멈추지 않는다. 끊임없는 위험과 긴장 속에서도 사명자의 땀은 식을 줄 모른다. 우리나라도 선교사들의 헌신 속에서 세워진 나라다. '그랜트 언더우드Grant Underwood' 선교사는 "왜 너는 조선으로 가지 않느냐?" 하는 하나님의 음성을 듣고 한국에 들어와 교회와 학교, 병원을 설립했다. 그의 가족은 4대에 걸쳐 한국을 위해 헌신했고, 시대의 사명을 감당한 한국 선교 역사의 거목이었다.

선교사의 삶은 희생과 어려움을 넘어선 사랑과 헌신, 그리고 인내의 길이다. 그것은 곧 예수님처럼 '선한 영향력'을 전하는 삶이다. 가족 모두는 선교사가 겪어야 하는 모든 외로움과 고통을 이겨내는 믿음의 힘을 가져야 한다.

나는 동생을 볼 때마다 새로운 힘을 얻는다. 어렸을 때는 더 많은 것을 취하라고 가르쳤지만, 이제 그는 더 내려놓고 어려운 자들에게 베풀며 도둑이 없는 하늘의 창고에 저축하라고 한다. 나이가 들며 깨닫는다. 참된 진리가 동생의 삶을 통해 나에게 전해지고 있다. 아름다운 삶은 쌓는 것이 아니라 나누는 것이다.

누가 조상의 고택을 지킬까?

현대 속에 역사가 고스란히 내려앉은 마을이 있다. 경북 경주시에 위치한 양동마을이다. 300여 가구의 작은 마을은 손씨, 이씨 집성촌으로 국가 민족 문화재와 유네스코 세계문화유산에 등재되어 있다. 무려 116명의 과거급제를 한 사람, 충절의 명장, 독립 영웅들이 이어졌고 조선 중기 영남학파의 선구자 이언적이 배출된 600여 년의 역사를 가진 씨족 마을이다.

양동마을에 조상 대대로 제사를 모시는 장손이 있었다. 9대째 장손이 이어지며 조상의 제사를 철저히 모시는 것으로 명성을 떨쳤다. 가문의 장손은 혼기가 차도 장가를 못 가고 있었다. 이유는 가히 황당하고 애타는 사연 때문이었다.

장손은 서울에서 유명 대학도 나오고 잘생기고 성격도 좋았지만, 문제는 집안 전통에 있었다. 장손의 아버지와 할아버지, 그리고 종가의 어른들은 장손에게 매일같이 이렇게 말했다. "아들아, 너는 우리의 9대 장손이다. 조상님들의 제사를 모시는 것은 네 책임이야!" 장손은 평생 부담을 느끼고 살아왔다. 장손은 여러 여자를 사귀고 결혼하기 위해 갖은 애를 써 보았으나 매번 허사로 끝나고 말았다. 모든 여자는 조상들의 제사 얘기만 나오면 다들 고개를 절레절레 흔들며 떠나버렸다.

장손은 우여곡절 끝에 마음에 맞는 여자를 만나게 되었다. 그녀도 명문대학을 나온 여자였고 가문도 좋았다. 장손은 그녀에게 첫눈에 반했다. 용기를 내어 데이트를 신청한 그는 그녀와의 만남을 거듭하며 사랑을 키워나갔다. 드디어 결혼을 결심한 후 그녀를 부모님께 인사드리러 고향집으로 초대했다.

양동마을에 내려가 집에 도착하자마자 대문 앞에 걸린 커다란 현판을 보고 깜짝 놀랐다. "제사 모시는 9대 장손가"라는 문구가 금박으로 새겨져 있었다. 장손은 그녀에게 조심스럽게 말했다. "사실 우리 집안에는 전통이 하나 있어. 조상님들의 제사를 아주 중요하게 생각해."

그녀는 고개를 끄덕이며 이해하려 노력했지만, 장손의 아버지가 등장하며 상황은 더욱 복잡해졌다. 장손의 아버지는 그녀를 보자마자 말했다. "어서 오게, 자네가 우리 아들의 여친인가? 우리 집안의 전통을 이어갈 각오가 되어 있는가?" 그녀는 당황하며 물었다. "전통이라면 구체적으로 무엇을 해야 하나요?"

장손의 아버지는 진지하게 말했다. "1년에 12번, 매달 한 번씩 제사를 지내야 하네. 그리고 명절마다 특별 제사를 모시고, 각종 음식을 준비해서 집에 오시는 손님을 대접해야 하지. 이 집안에 시집오면 제사 준비는 자네의 몫일세."

그녀는 잠시 생각에 잠겼다. 장손은 그녀의 반응이 걱정되어 안절부절못했다. 그녀는 웃으며 말했다. "오빠, 저도 제사를 지내는 건 중요하다고 생각해요. 하지만 1년에 12번은 좀 많지 않나요? 그리고 제사를 지내는 건 오빠와 같이 해야 하지 않겠어요?"

장손의 아버지는 그녀의 대답에 조금 놀랐지만, 고개를 끄덕이며 인정했다. "그렇네, 함께 하는 것이 중요하지. 아들, 네가 제사를 도울 수 있다면야."

그렇게 아들은 그녀와 함께 조상의 제사를 지내는 방법을 배우기 시작했다. 제사 준비를 하면서도 두 사람은 서로를 더욱 깊이 이해하고 사랑을 키웠다. 장손의 집안 전통은 여전히 이어졌지만, 이제는 부드러운 타협과 함께 현대적인 감각이 더해졌다.

결국 아들은 그녀와 결혼하게 되었고, 두 사람은 함께 조상의 제사를 모시며 행복한 가정을 꾸렸다. 부모님은 아들과 며

느리가 서울에 직장을 그만두고 고향에 내려와 농사짓고 조상의 고택을 관리하며 고조, 증조할아버지가 사셨던 것처럼 사는 것이 꿈이었지만, 아들 내외에게는 언감생심 입 밖에도 꺼내지 못했다.

　아들은 한 달에 한 번 조상의 제사를 모시기 위해 고향에 내려왔다. 그의 아내는 이틀 전에 시댁에 내려와 시어머니와 제사 음식을 만들기 위해 눈코 뜰 새가 없었다. 어린애가 태어난 후부터 문제가 심각해졌다. 힘도 들었고 육아도 어려워, 한계에 봉착하고 말았다. 남편에게 매달리며 말했다. "이제 더는 제사 못 지내겠어요." 그렇다고 장손인 아들이 자주 직장에서 휴가를 사용하기도 쉽지 않았다. 아들은 심각한 고민에 빠지고 말았다. 어떻게 부모님께 말씀드려야 할까? 긴 시간이 흘렀고 묘안은 떠오르지 않았다. 그렇다고 시간만 보낼 수는 없었다. 아직 애는 어려서 엄마의 도움 없이는 꼼짝도 할 수 없었다. 아버지는 눈치를 채셨는지 "아들아, 이번 추석에는 하루이틀 더 빨리 내려올 수 없겠니?"

　아내는 마지못해 내려갔다. 추석 명절에는 제사상에 차릴 음식이 더 많았다. 햇과일, 햇벼로 찧은 쌀 등은 물론이고 몸은 녹초가 되었고, 어린애는 옆에서 찡찡거렸다. 시어머니도 이제 연세가 들어 거동도 불편해하셨다. 그래도 추석 명절 제사와 친척들, 손님들을 맞이하고 귀경하려던 차에 "아버님, 드릴 말씀이 있습니다. 매월 드리는 제사를 명절에만 드리면 안 될까요?" 시

아버지 얼굴에는 노기가 나타났다.

"애야, 그것은 절대로 안 되는 일이다. 조상들 볼 면목이 없다. 다시는 그런 말은 입 밖에 꺼내지도 말거라." 아들 내외는 가슴에 무거운 돌짐을 진 상태로 귀경했다. 젊은 부부는 한동안 말이 없어졌다. 시골에 계시는 부모님도 찜찜한 상태의 시간이 흘렀다. 어느 날 며느리에게서 한 통의 편지가 왔다. "아버님, 3년간만 며느리 사표 쓰겠습니다." 드디어 올 것이 왔구나. 부모님과 아들의 대화는 이제 며느리 눈치만 보는 시간이 되고 말았다.

양동마을에는 국가문화재와 보물, 사적이 많다. 관가정觀稼亭은 조선 중종 때 청백리로 널리 알려진 우재 손중돈1463~1529의 옛집이다. 국가보물로 지정되어 있고, 옥산서원玉山書院은 회재晦齋 이언적李彦迪 선생의 학덕을 기리기 위해 건립된 서원이다. 또한 초가집과 기와집이 조상 대대로 이어져 내려오고 있다. 조상의 찬란한 유물을 보호하고 업적을 기리기 위해 후손의 노력이 필요하다. 대를 이어갈 젊은 후손의 손길을 애타게 기다리고 있다.

장손의 애타는 사연은 웃음과 눈물이 섞인 이야기로 마무리되었지만, 전통과 현대의 조화가 담겨있고 문화 차이로 인한 갈등이 담겨있다. 장손의 아들과 신세대 며느리의 이야기는 전통을 지키느냐, 그렇다고 현대의 감각으로 살아가는 젊은 세대들의 당돌함과 할 말은 하고 사는 며느리의 생각을 무시하느냐의 문제가 아니라, 모든 세대가 함께 극복해야 하는 문제다. 한편으로 유교 문화로 이어지는 조상의 제례문화를 앞으로의 세대가 어떻게 소화해 나갈 것인지 심히 걱정된다. 전통도 아름답고 현대도 아름답다. 문제는 선택이 아름다워야 한다. 그래서 소통과 합의가 필요하다.

# 6
자연과 함께하는 삶의 여유

자연과의 깊은 교감, 지친 몸과 마음의 온전한 휴식과 치유,
자연 속에서 문득 얻는 삶의 깨달음, 시간에 쫓기지 않는 여유로운 삶의 방식.

걷기 명상을 하다

호젓한 호수길을 걷거나 해변을 따라 천천히 걸을 때, 몸을 따라 걷는 발걸음이 마음을 움직이는 경험을 한다. 일상의 번잡함에서 벗어나 내면의 평안을 찾게 도와주는 걷기 명상을 좋아한다. 사색을 더욱 깊이 해야 할 때나 한가한 시간이 날 때마다 즐겨하는 명상법이다.

걷기 명상은 전통적인 좌선 명상과 다르다. 좌선 명상은 고요한 장소에 앉아 호흡에 집중하는 것이 일반적이지만 걷기 명상은 자연 속에서 천천히 걷는 동안 이루어진다. 중요한 것은 목적지에 도착하는 것이 아니라 걷는 과정에 집중하는 일이다. 발걸음을 내디딜 때마다 땅의 접촉을 느끼고 바람이 피부에 닿는 느낌을 느끼며, 주변의 소리와 냄새를 있는 그대로 받아들이는 것이다.

처음 걷기 명상을 시도할 때는 걸음걸이를 의식하는 것이 어색할 수 있다. 몇 번의 시도를 하다보면 점점 더 자연스럽게 현재의 순간에 몰입하게 된다. 발바닥이 땅에 닿는 감각, 근육이 움직이는 느낌, 호흡과 함께 리듬을 맞추는 걸음걸이. 특히 스마트폰이나 자전거 등 혼란을 주는 것은 피하는 것이 좋다. 명상에 집중할수록 정신이 명료해지며 몸과 마음이 가벼워진다.

며칠간의 폭염과 폭우가 힘들게 하더니 장마에 지친 사람들을 위로하려나, 약간의 구름기둥에 서늘한 호수 바람이 더위를 식혀 준다. 장마철의 끝을 알리듯 비가 갠 오후, 백운호수 데크길은 몇 사람의 휴식처가 된다. 한가한 틈을 내어 걷는 이들이 걷기에 안성맞춤이다. 맨발로 걷는 것이 유행처럼 되다시피 하니 나도 맨발족이 된다. 극성스러운 민낯을 보고 속으로 웃음 지어 본다. 호수를 따라 걷는 발걸음마다 노을이 비치는 물결에 실려 오는 바람이 가슴을 시원하게 한다.

호수 데크길로 걷는 데는 40여 분이 소요된다. 나는 깊게 숨을 깊게 들이마시고 천천히 걸으며 자연의 소리와 호수의 평온한 풍경에 몰입했다. 걸으며 평온함을 느끼던 중 갑자기 낯익은 얼굴을 발견했다. 바로 직장에서 같이 근무했던 후배였다. 은퇴하고 재택으로 오퍼 업무를 하고 있었다. 해외 구매 업무를 한 경력이 이모작이 되었다.

둘 다 서로를 알아보고 놀라움을 금치 못했다. 후배가 먼저 "여기서 선배님을 만날 줄은 몰랐습니다"라고 말하며 다가왔다. 우리는 잠시 반가운 인사를 나누었고, 한동안 과거 에피소드를 늘어놓았다. "여전히 명상하면서 직장 생각을 떨쳐내려고 하나

보군"이라며 농담을 던지자 후배는 웃음을 터뜨리며 "네, 덕분에 명상의 중요성을 깨닫고 더 열심히 하고 있습니다!"라고 답했다. 우리는 함께 걸으며 지난 직장 생활의 에피소드와 서로의 근황을 이야기했다.

대화 도중, 내가 "기억나? 회의 중에 커피를 쏟았던 그날!"이라며 웃음을 터뜨렸고, 후배도 그 순간을 떠올리며 "그렇죠, 덕분에 모두가 커피 냄새에 정신이 번쩍 들었죠!"라고 웃으며 응수했다. 뜻밖의 만남 덕분에 하루가 더 특별해졌다.

고요하고 평화로운 호수를 바라보며 사색에 잠기기에 이보다 더 좋은 장소가 있을까 싶다. 호수의 물결이 잔잔하게 퍼져나가는 것처럼 마음도 점점 편안해진다. 명상의 시간을 가져보니 마음 한편에 숨어있던 무게감이 조금씩 사라지는 것을 느낀다. 노을이 지면서 호수는 금빛으로 물들고 물결에 비치는 카페의 불빛은 아름다운 풍경화를 그린다. 잔잔한 음악을 듣는 듯 호수의 풍경과 함께하는 소중함을 깨닫는다.

카페 안으로 들어서자마자 느껴지는 커피의 진한 향은 갓 볶은 원두에서 시작된다. 커피 애호가들에게는 그 자체로 초대장 같은 것이다. 에스프레소 머신에서 뿜어져 나오는 스팀과 커피가 추출되는 소리는 향기와 함께 카페 공간을 가득 메우며 사람들의 기대감을 증폭시킨다. 각각의 커피는 나름의 이야기를 가지고 있으며, 한 잔의 커피에서 여러 나라의 풍미를 경험할 수 있다.

커피의 향기만큼이나 매력적인 것이 오븐에서 갓 나온 빵의 향이다. 크루아상, 브리오슈, 또는 신선한 마늘빵 같은 빵들이 바삭하게 구워져 나오면서 달콤하고 부드러운 냄새가 공간을 채운다. 향기는 커피와 함께하면 더욱 풍부한 맛의 조화를 이루며, 맛과 향의 완벽한 결합을 선사한다.

번잡함을 내려놓고 커피와 빵이 주는 작은 행복에 몸과 마음을 맡긴다. 창밖으로 흐르는 일상의 풍경을 바라보며 사색에 잠기거나 친구와 대화를 나누는 사람도 있다. 이런 특별한 시간이 일상에 활력을 불어넣어 주며, 다시 시작할 수 있는 에너지를 충전해 준다. 카페에서의 소소한 순간은 삶의 작은 즐거움과 평화를 발견하며 각자의 길을 다시 조용히 걸어간다.

백운호수의 데크길을 따라 걷는 저녁은 한 편의 시 같다. 부드러운 노을이 호수의 표면을 금빛으로 물들이면서 일상의 번잡함에서 벗어나 평화로운 순간에 젖게 한다. 하루의 끝을 알리는 시간, 발걸음은 자연스레 느려지고 마음은 호수와 함께 고요해진다. 홀로 있어도 내면의 소리에 귀 기울일 수 있는 소중한 시간이 된다. 언제나 그렇듯, 잠시 멈추고 깊게 숨을 쉴 수 있는 휴식처가 되어준다.

사색은 종종 걷기, 자연 관찰 또는 창밖을 바라보며 이루어질 수 있다. 자신의 생각을 자유롭게 흘러가게 하면서, 떠오르는 아이디어나 느낌에 주의를 기울인다. 중요한 것은 판단을 내리려 하지 않고 관찰자의 입장에서 생각과 감정을 바라보는 것이다.

걷기 명상의 가장 큰 장점은 언제 어디서든 실천할 수 있다. 바쁜 일상 속에서도 점심시간에 짧은 산책을 하며 마음을 정리할 수 있고, 주말에 자연 속에서 긴 산책을 하며 깊은 명상의 상태에 이를 수도 있다. 중요한 것은 장소나 시간에 구애받지 않고, 자신의 걸음걸이와 마음에 집중하는 것이다.

걷기 명상은 자연과의 교감을 가능하게 한다. 걷는 동안 자연의 아름다움과 경이로움을 발견할 수 있다. 새소리, 바람에 흔들리는 나뭇잎, 햇살이 비추는 모습 등 자연의 소소한 순간들이 나의 마음을 치유하고, 삶의 소중함을 다시금 일깨워 준다.

OB동호회에서 영화 관람이 있는 날 COEX에 갔다. 젊은이들 천국이었다. 사람들이 걷기 쉽도록 색깔로 통로를 만들어 놓은 '별마당' 길을 걸었다. 몸과 마음에 힘을 빼고 한 걸음 한 걸음 진심을 담아 서두르지 않고 걸었다. 걷는다는 것이 휴식이 되었고 마음의 안정과 명상의 시간이 되었다. 많은 사람들 틈에서도 명상할 수 있어 좋았다.

'순수이성비판'으로 유명한 독일의 철학자 '임마누엘 칸트'의 철학적 사유는 걷기 명상에서 깊은 영향을 받았다. 규칙적인 일상생활을 중요하게 여겼으며, 특히 매일 정해진 시간에 산책하면서 명상을 즐겼던 것으로 유명하다. 매일 같은 시간에 일어나고 같은 시간에 식사하며 같은 시간에 일과를 마쳤다. 매일 오후 3시쯤 산책을 나갔는데, 매우 정확하여 주민들이 칸트를 보고 시간을 맞출 정도였다. 걷는 동안 주로 명상과 사색을 통해 철학적 아이디어를 발전시켰다. 칸트는 자연 속에서 걷는 규칙적인 걷기는 신체적 건강뿐만 아니라 정신적 명료함을 제공했다. 칸트의 철학적 범위를 유지하는 데 중요한 역할을 했다.

 걷기 명상은 운동이 아니라 내면을 살찌우는 수양의 한 방법이다. 마음의 한 조각, 한 단면에 힘을 불어넣는 활동이다. 마음은 복잡하고 미묘해서 시시각각으로 변한다. 들여다보면 볼수록 해석이 어렵다. 단순해지기를 원한다면 마음의 명상과 사색이 필요하다.

 한 걸음 한 걸음에 마음을 두며 걷는 동안 나는 내면에 더 깊숙이 빠져들고 삶의 진정한 의미를 발견하게 된다. 다시 발걸음을 내딛어 내일을 생각한다. 걷기 명상이 나에게 준 선물은 급한 성격을 고쳐 주었고 오래 참음을 가져다주었다. 그리고 앞으로 어떤 변화를 가져다줄지 기대해 본다. 명상은 인위를 무위로 돌려 자연 상태를 맛보는 것이다. 내가 자연이 되는 순간이 곧 명상이다.

안식과 회복, 제주의 오름

제주에 가면 오르고 싶은 욕망을 살짝 감춰 놓은 곳, 오름이 있다. 제주의 대지는 오래 전부터 자연의 힘과 이야기를 품어왔다. 제주 사람들은 땅 위에 봉긋 솟은 언덕들을 '오름'이라 불렀다. 오름은 화산 활동으로 만들어진 소화산체로, 한라산의 품에서 흘러나온 용암이 땅 위에 작은 봉우리를 남긴 흔적이다. 제주의 360여 개 오름은 그렇게 만들어졌고 각각의 이름에는 마을 사람들의 삶과 자연의 이야기가 담겨 있다.

곶자왈이 제주의 허파라면, 오름은 심장이다. 곶자왈이 맑은 산소를 내뿜었다면 오름은 제주의 물을 책임졌다. 혈액이 심장에서 나가 온몸을 돌 듯 오름 속으로 스며든 빗물은 지하를 순환하며 제주의 곳곳에 생명을 틔우는 지하수가 되었다. 제주인의 삶은 오름의 물길과 함께 흘렀다. 오름은 단순한 언덕이 아니라 제주의 땅과 사람을 지탱한 생명의 원천이었다.

오름과 제주인의 인연은 깊고도 끈질겼다. 과거에 오름은 목축과 땔감, 농업용 물을 제공하며 생계와 생활의 터전이 되었다. 오름의 초지는 가축들이 풀을 뜯는 초원이었고 오름 숲은 땔감을 제공하는 생명줄이었다. 또한 마을마다 신령이 깃든 오름을 정해 제를 올리며 공동체의 안녕과 풍요를 기원했다. 오름은 제주의 자연이자 신앙, 삶의 중심이었다.

그러나 지금, 오름은 과거와 다른 모습으로 우리 곁에 있다.

생계와 생활을 위해 쓰였던 오름은 이제 건강과 취미, 여행과 관광의 공간으로 탈바꿈했다. 많은 사람이 오름을 찾아 고요함 속에서 쉼과 영감을 얻는다. 사람들은 오름을 오르며 자연의 순리를 배우고, 자신을 돌아보는 시간을 갖는다. 하지만 무분별한 개발과 이용으로 오름의 본래 모습이 훼손될 위기에도 처해 있다.

나는 이번에 한 오름을 찾았다. 김종철 작가, 일명 『오름나그네』의 사상을 떠올리며, 오름을 단순히 자연경관으로 바라보지 않고 깊은 의미를 되새기려 했다. 그는 "오름은 제주의 역사와 자연의 기록입니다. 그 속에서 삶의 지혜와 평화를 찾을 수 있습니다"라고 말했다. 그가 사랑한 오름은 인간과 자연이 공존해야 할 이유를 일깨우는 철학의 공간이었다.

길이 없는 듯한 오름의 오솔길을 따라 천천히 걸었다. 오르막길의 숨 가쁨은 어느새 마음의 고요함으로 바뀌었다. 꼭대기에 올라 내려다본 풍경은 오름의 존재가 얼마나 깊이 제주인의 삶과 연결되어 있는지를 일깨워줬다. 빗물이 오름 속으로 스며들어 지하수가 되고, 물이 제주의 농경지와 마을을 적신다는 사실을 떠올리니 오름은 단순한 언덕이 아니라 제주의 심장임이 분명했다.

오름의 정상에서 바라본 풍경은 제주의 과거와 현재 그리고 미래를 한눈에 담게 했다. 김종철 작가가 말했던 것처럼, 오름은 인간이 자연에 겸손해야 할 이유를 가르친다. 제주의 오름은 생명의 순환을 품고 있고, 우리는 삶의 진리를 발견한다. 돌아오는 길, 다시 오름을 돌아보며 나는 생각했다. 오름은 여전히 그 자리에 서서 제주의 삶을 품고 있었다. 제주인의 삶을 지탱했던 것처럼 우리도 오름과 자연을 지키며 공존해야 한다.

오름은 그 자체로 고요함과 자연스러움을 품고 있다. 현대인의 삶은 끊임없이 흘러가는 시계의 초침처럼 빠르고 도시의 소음과 복잡함 속에 갇혀 있다. 오름은 완전히 다른 차원의 공간으로 다가온다. 오름에 서면 시간은 멈춘 듯 느껴지고 자연의 리듬이 몸과 마음을 감싸안는다. 바람 소리와 새들의 지저귐, 숲 내음과 오름 꼭대기에서 마주하는 탁 트인 풍경은 사람들에게 잃어버렸던 자연 본연의 감각을 되살려준다.

또한 오름은 걷는 행위를 통해 몸과 마음을 치유하는 장소이기도 하다. 현대인은 신체적으로나 정신적으로 정적인 생활에 익숙해져 있지만 오름을 오르는 동안 자연스럽게 숨이 차오르고 땀이 흐르며 몸의 활기를 되찾는다. 산 정상에 오르기까지의 과정은 작은 도전이자 성취감으로 이어지고 정상에서 바라보는 넓은 풍경은 모든 고민과 피로를 한순간에 내려놓게 한다. 오름은 인간을 작은 존재로 느끼게 하지만 동시에 자연 속에서 다시 살아있음을 실감하게 한다.

현대인은 정보의 과잉과 끊임없는 자극 속에서 살고 있다. 스마트폰과 인터넷, 업무와 인간관계는 사람들에게 쉴 틈을 주지 않는다. 하루하루 쫓기듯 살아가는 삶은 심신에 피로를 쌓고, 스트레스와 불안, 번아웃으로 이어진다. 기술과 도시화가 인간의 편의를 높였지만, 아이러니하게도 자연과 멀어진 현대인은 본능적으로 잃어버린 균형을 갈구하게 되었다.

피로에 찌든 현대인에게 안식은 선택이 아니라 필수다. 인간은 자연의 일부다. 자연에서 떨어져 살면 내면의 안정감을 잃는다. 자연 속에서 느끼는 고요함은 우리의 본성을 회복시키고, 단절되었던 자연과의 연결을 되찾아 준다. 오름은 그런 자연과의 연결을 재건하는 데 완벽한 장소다. 오름은 현대인의 쉼터로, 자연의 리듬과 인간의 내면을 다시 조율하게 만든다. 오름의 오솔길을 따라 걷다 보면, 바쁘게 돌아가는 일상과 달리 한 발 한 발의 걸음마다 현재에 집중하게 된다. 그러면서 자연스레 마음의 여유를 되찾게 되고, 신체적으로도 새로운 활기를 얻는다.

결국 오름은 현대인이 잃어버린 자연과의 조화를 되찾고, 삶의 속도를 재조정하며, 내면의 평화를 얻을 수 있는 공간이다. 지금의 시대에 오름이 현대인의 안식처가 된 것은 단순한 트렌드가 아니라 본질적인 치유와 회복의 과정이라 할 수 있다.

오름을 찾는 이들에게 휴식과 영감을 주는 동시에, 자연과 인간의 관계를 비추는 거울이다. 제주의 사람들이 오름을 통해 삶의 터전과 신앙을 지켰듯, 우리도 오름에서 자연의 이치를 배우고, 삶의 속도를 잠시 멈추는 법을 배워야 한다. 오름은 오늘도 말없이 서 있지만 그 침묵이 주는 메시지는 너무도 명확하다. '자연과 삶은 하나로 연결되어 있다.' 오름은 올라야 맛이다. 제주의 오름은 인간의 상승 본능을 살짝 깨워준다.

몽골에서 별을 구경하며

몽골은 세계에서 가장 아름다운 밤하늘을 자랑하는 곳 중 하나다. 광활한 초원과 사막이 펼쳐진 곳이다. 빛 공해가 거의 없어 수많은 별이 반짝이는 장관을 쉽게 감상할 수 있다. 테를지 국립공원Terelj National Park은 울란바토르에서 비교적 가까운 위치로 해발 1,500고지에 있어서 도시의 빛 공해를 피할 수 있는 좋은 장소다. 산과 바위가 어우러진 경관이 낮에도 아름답지만 밤하늘의 별구경하기에 최적이다.

몽골의 밤하늘을 가장 잘 즐기기 위해서는 맑은 날씨가 많은 여름철, 6~9월이 좋다. 겨울철에는 기온이 매우 낮아 별구경이 힘들 수 있다. 몽골의 넓은 초원이나 사막이 이상적인 장소다. 그리고 따뜻한 옷과 텐트, 침낭, 개인 망원경을 지참하는 것이 좋다. 몽골의 밤은 여름에도 추울 수 있다. 따뜻한 옷을 입고 별을 보아야 한다. 망원경을 이용해 더 가까이에서 보고 감상하면 좋다.

칭기즈칸의 후예들이 살던 땅에서 몽골인이 바라보던 하늘 아래 나는 과거와 현재가 만나는 특별한 순간을 느낄 수 있었다. 몽골의 대지 위에서 밤하늘을 바라보며 수많은 별 속에서 나의 작은 존재를 깨닫고, 동시에 자연의 위대함을 느껴보는 경험은 평생 기억에 남을 소중한 추억이었다.

비너스가 금성이다. 하늘에서 가장 밝게 빛나는 천체 중 하나로, 아침과 저녁에 볼 수 있어서 '새벽별' 또는 '저녁별'로도 불리기도 하고, 우리는 '샛별'이라고 한다. 금성을 바라보며 아름다움과 신비로움에 빠졌다. 금성은 고대부터 많은 전설과 신화의 주제가 되었다. 로마 신화에서 사랑과 미의 여신 비너스의 이름을 딴 금성은 수많은 이야기를 주며 사랑하는 사람과 소중한 추억을 떠올리는 사랑의 별이 되었다.

 금성은 가장 먼저 떠서 가장 늦게 사라지는 별로, 희망과 꿈을 상징한다. 빛은 어두운 밤하늘에서 희망의 빛을 비추며 꿈을 꾸게 한다. 어떤 어려운 상황에서도 희망을 잃지 않고 앞으로 나아가게 하는 힘을 준다. 금성을 보며 나는 깊은 명상에 잠겨본다. 일상의 번잡함에서 벗어나 내 안의 평안을 찾는다. 지상의 꽃들이 지면 다시 올라가 빛나는 것이 별은 아닌가 상상해 본다. 천상과 지상이 하나가 되는 거대한 풍광을 만나 행복하다.

 북극성과 북두칠성을 보라. 광활한 초원에서 밤하늘을 바라보니 북극성과 북두칠성을 쉽게 찾을 수 있었다. 두 별자리는 수천 년 동안 항해자들과 여행자들의 길잡이가 되어왔으며, 아름다움과 신비로움이 나의 마음을 사로잡았다. 북극성은 하늘의 북극에 가장 가까운 별로, 항상 북쪽을 가리키고 있어 '북극의 별'로 불린다. 밤하늘에서 북극성을 찾으면 방향을 쉽게 파악할 수 있다. 북극성은 늘 같은 자리에 있어 안정감과 변치 않는 가치를 상징한다.

 북극성을 바라보면서 나는 인생에서 변하지 않는 중요한 가치들인 가족과 사랑, 우정 등을 생각해 보았다. 길을 잃었을 때 방향을 알려주는 인도자 역할을 하는 별은 어떤 어려운 상황에서도 길을 찾을 수 있는 지혜와 용기를 준다.

북두칠성은 큰곰자리의 일부분이다. 일곱 개의 밝은 별이 국자 모양으로 배열되어 있다. 일곱 개의 별은 서로 연결되어 하나의 아름다운 모양으로 다가온다. 아메리카 원주민에게는 '효성스러운 일곱 아들이 죽어서 별이 되었다'라는 전설이 있다. 별은 신화와 전설의 창고. 창고의 문이 열리면 숨어 있던 수많은 이야기가 쏟아져 나온다.

몽골의 드넓은 초원에서 별똥별이 하늘을 가로지르는 순간 나는 자연스럽게 마음속 깊은 곳에서 소원을 빌었다. 하늘을 가로지르는 찰나의 빛은 나의 소원을 담아 하늘로 날아갔다. 그 순간 나는 마음속 가장 간절한 소원이 이루어지기를 기원했다.

별똥별이 쏟아지는 몽골의 밤하늘을 바라보며 나는 우주의 광활함 속에서 나의 존재를 다시 생각하게 된다. 경이로운 경험은 일상에서 벗어나 우주의 무한한 크기와 시간 속에서 나는 누구이며 어떤 의미를 지니고 있는지 깊이 숙고하게 만든다.

우주는 무한한 가능성의 공간이다. 상상력과 꿈도 무한하게 펼쳐질 수 있다. 우리가 가지고 있는 창의력과 호기심은 새로운 발견과 혁신을 가능하게 하며, 우주를 탐험하고 이해하는 데 큰 역할을 한다. 나의 길을 찾고, 새로운 도전을 하면서 새로움을 향해 간다.

별을 바라보며, 어릴 적 시골 밤하늘에서 별을 보았던 추억을 떠올린다. 이 별은 엄마 별, 저별은 내 별, 밤이 깊도록 별을 세었지만 잠들어 버리고 말았던 추억 속으로 빠져 들어간다. 은하수를 건너서 어디로 갈까? 견우와 직녀의 사랑 이야기를 들려준 어머니와 추억이 몽골의 밤을 수놓는다. 은하수는 하늘을 가로지르는 신비로운 강이다. '별의 강'을 건너는 용감한 여우에 대한 전설을 들으며 잠이 들었다. 밤하늘과 별, 달은 우리네 영원한 추억의 동반자다.

애국 청년 '윤동주' 시인은 밤하늘의 별을 보며 자신의 삶과 고향, 그리고 꿈을 되돌아보았다. 내면세계와 깊이 연결하여 외로움과 고독 그리고 꿈과 희망을 향한 의지를 「별 헤는 밤」에 표현하고 있다. 윤동주의 별이 나의 별이기를 몽골의 밤하늘을 한없이 올려다본다. 별구경은 나에게 겸손과 감사, 무한한 가능성과 자아 발견의 기회를 준다. 우주라는 거대한 무대 위에서 '나'의 존재는 미약하지만, 의미 있게 살고 싶다. 우주의 한 조각으로 고유한 나의 빛깔을 내며 아름답게 비춰지기를 기대한다. 가장 소중한 별, 가장 중심인 별은 자연스럽게 '나'였다. 생각이 일어나고 멈추는 곳이 나 자신이기 때문이다. 세상의 중심은 '나'라는 별이었다.

동천홍이 나를 깨우다

 아직 어둠이 채 가시지 않은 새벽, 미지근한 물 한 잔으로 몸을 달래고 고요한 거리를 걸어 작은 공원으로 향한다. 작은 산속의 공원 둘레길은 오르내림이 있어 산책하기에 안성맞춤이다. 아침 산책은 어느새 내 삶에서 중요한 루틴이 되었다. 처음엔 건강을 위해 시작했지만, 이제는 하루의 시작이 된다. 동쪽 하늘이 천천히 붉게 물드는 시간은 하루를 열어준다.
 새벽 산책 중 자주 마주하는 특별한 순간이 있다. 동이 트기 전 하늘이 붉게 물드는 찰나의 시간, 짧지만 깊고 밀도 높은 순간은 마치 하루의 '심장'과 같다. 여명 속에서 삶의 시작과 존재의 경건함을 느낀다.
 저녁노을이 하루의 끝을 알리는 장엄한 퇴장이라면 아침노을은 새로운 시작을 알리는 희망의 서곡이다. 밤의 정적을 뚫고 솟아오르는 생명의 빛이다. 여명이 터오며 밀집된 아파트 너머로 번져가는 연분홍빛, 주황빛은 어떤 화가도 흉내 낼 수 없는 자연의 걸작이다. 고요했던 세상이 서서히 잠에서 깨어나며 새들이 지저귀고 풀잎에는 이슬이 영롱하게 맺히는 순간에 아침노을은 색채의 향연을 열어가며 탄생의 경이로움을 선물한다.
 어둠 속에서 비로소 드러나는 세상의 윤곽이 차가운 공기를 가르는 따뜻한 햇살을 반겨준다. 모든 것을 감싸안는 아침노을의 부드러움은 새로운 가능성과 충만한 에너지를 불어넣는다.

순수하고 싱그러운 노을은 다가올 시간에 대한 기대를 품게 하며 마음속에 긍정적인 활력을 불어넣는 진정한 아름다움이다.

동천홍東天紅, 붉은 하늘을 뜻하는 말이다. 흔히 중국 요리 전문점으로도 알려져 있다. 어릴 적 시골집에는 가축을 많이 사육했는데 해가 뜰 때까지 우렁차게 울어대는 관상용 꼬리 긴 닭을 바로 동천홍이라고 불렀다. 새벽녘 "꼬끼오!" 하는 울음소리는 나를 깨우는 알람이었고 농촌 사람들의 하루를 여는 신호였다. 닭 울음소리는 계절과 날씨의 기운이 실려 있어서 여름의 울음은 짧으며 경쾌했고 겨울엔 길고 낮았다.

새벽이 되면 몸이 먼저 시간을 인지하고 조용히 하루의 시작을 알려준다. 나이 듦의 자연스러운 습관이다. 어린 시절 자연에서 배운 호흡을 다시 찾은 듯하다. 몸속의 시계가 여전히 작동하고 있다는 뚜렷한 증거다.

새벽 공기는 하루 중 가장 맑고 상쾌하다. 도시의 먼지와 소음이 가라앉은 시간, 숨을 들이쉴 때마다 폐 깊숙이 시원함이 가득 찬다. 맑은 공기는 마음을 정화시키고 생각을 맑게 해준다. 어제의 번잡함도, 내일의 걱정도 사라지니 내 안에서 오직 현재에 집중할 수 있다.

산책길에서 마주치는 사람들도 있다. 처음엔 가볍게 눈인사만 나누던 사이가 이제는 눈빛으로 서로를 알아본다. 이름은 몰라도 얼굴을 익히니 어느새 친구가 된다. 말이 없어도 같은 시간, 같은 길을 걷는다는 것만으로도 정이 든다. 정겨운 사람들의 숨결은 귀하게 느껴진다.

　나에게 산책은 짐을 내려놓는 연습이다. 과거에 대한 후회와 미래에 대한 불안, 소유에 대한 욕심을 조금씩 내려놓으니 한결 홀가분하다. 어제는 흘러간 강물이었고 내일은 어떤 일이 일어날지 모르는 일이니 지금의 호흡만이 살아있는 시간이다.

　마음이 새의 깃털처럼 가볍다. 머릿속의 걱정이 사라지고 쉽게 짜증 내던 마음이 평온해진다. 발걸음도 경쾌하다. 억지로 걷던 예전과 달리 지금은 걸음이 나를 이끈다. 땅과 내가 하나 되는 듯한 리듬이 생기고 주변의 풍경이 더 선명하게 다가온다. 천천히 걷는 여유가 세상의 아름다움을 온전히 느끼게 한다. 이 순간이야말로 내면을 비우는 시간이다. 복잡한 생각이나 이루지 못한 욕망을 하나씩 내려놓는다. 외부의 소음에서 벗어나 내면의 소리에 귀 기울인다. 내가 진정으로 원하는 것이 무엇인지, 행복하게 하는 기재가 무엇인지를 생각한다.

　비워진 마음은 세상을 꾸밈없이 보게 한다. 작은 풀 한 포기나 스치는 바람 소리, 나뭇잎 사이 햇살도 새롭게 다가온다. 사소한 것에서 큰 의미를 발견하고 일상 속에서 감사함을 느끼며 진정한 만족감이 이어진다. 이제는 외부의 조건이 아니라 내면의 평화 속에서 충만함을 느낀다.

　똑같은 길을 걷지만 매일 다른 생각을 한다. 길 위에서 어제를 놓아주고 오늘을 살아갈 힘을 얻는다. 누구에게 보여주기 위한 삶이 아니라 자신과 진솔하게 마주하는 시간이다. 예전에는 늘 미래가 중요했지만, 지금은 '지금'이 전부다.

　어느 날 아침, 산책길에서 자주 마주치던 이가 정자 난간에 기대어 무언가를 적고 있었다. 조용히 지나치려 했지만 수줍게 손짓했다. "오늘 아침엔 붉게 물든 하늘이 너무 아름다워요." 이렇게 적힌 수첩을 나에게 보여줬다. 순간 가슴이 뭉클했다. 매일 똑같은 길이지만, 매일 다르게 느끼는 감동이 있다는 걸 다시 깨달았다. 말 한마디 없이도 통했던 사이에 짧은 글로 마음을 나누니 사람 사이의 정이 더욱 깊어졌다. 붉은 노을이 피던 아침, 노을처럼 따뜻한 마음으로 산책을 마쳤다. 삶은 비어가는 일이지만 때로는 이렇게 예기치 않은 작은 나눔이 더 큰 평안함을 안겨준다는 걸 배운 하루였다.

　어둠을 뚫고 새벽을 울음으로 알리는 동천홍처럼 아침노을은 세상을 깨우고 내면을 밝히는 빛이다. 오늘도 하늘은 고요하게 노을을 피워낸다. 붉은 고요 속을 걸으며 지금 여기에 온전히 몰입해 있다. 자명종처럼 깨어나고 동천홍처럼 타오르며 고요한 걸음으로 하루를 시작하니 마음의 평안이 찾아든다. 매일 새벽에 산책하는 기쁨이 바로 이 맛이다.

우듬지를 사랑하라

생명력이 퐁퐁 솟고, 꽃이 방긋방긋 핀다. 인생이 파릇파릇해지는 느낌이다. 만물이 새파란 신록의 세상이다. 철새는 고향으로 돌아가고 제비는 돌아와 시골집 처마 밑에 한철 지낼 흙벽집을 짓는다. 앞마당 텃밭에는 상추, 쑥갓을 비롯한 봄 채소가 앞다투어 움을 틔우고 고추와 오이, 토마토는 모종을 기다린다. 뒷마당의 복숭아나무도 꽃을 피우고 우물가를 지키는 감나무는 새순이 돋는다. 나무줄기 맨 꼭대기 첫 가지에 새순이 움트는 것을 '우듬지'라고 한다.

우듬지는 겨울을 지내고 따스한 봄 햇살을 만나 처음으로 땅속에서 솟아오르는 새싹이다. 오랜 시간 동안 준비한 영양분을 저장한 토양에서 비바람과 한겨울의 추운 눈보라를 나목으로 견뎌내고 땅의 기운을 받아 순을 틔운다.

나무의 새싹은 자녀가 탄생하는 일이다. 어머니의 자식사랑은 아름다운 인간의 본능이다. 어머니는 자녀가 겪게 되는 모든 순간 걸음마, 처음 말, 입학식 등 자라는 동안 겪는 고난과 성취를 가장 가까이서 응원한다. 나무는 새싹을 보호하고 필요한 영양분을 공급하며 외부의 위험으로부터 보호한다. 어미 나무는 새싹이 건강하게 성장하여 튼튼한 가지와 풍성한 잎을 가진 나무로 자라게 한다.

고향의 어머니는 어린 자녀들에게 무럭무럭 자라는 감나무 우듬지를 바라보며 "우리 강아지들, 움사리들이 잘 자라서 큰 사람이 되어야 한다"라고 말씀하시곤 했다. 움사리는 남쪽 지방에서 사용하는 우듬지의 사투리이다. 간혹 어린 자녀들을 데리고 시골에 내려가서 어머니를 뵐 때면 "우리 움사리들, 아주 많이 컸구나. 눈에 넣어도 아프지 않겠다" 하시며 자녀들을 움사리로 말씀하셨다.

새 생명이 마치 인간의 삶에서 새로운 시작을 알리는 것처럼 새싹은 희망의 메시지를 전한다. 새싹은 자연의 소중한 선물이다. 새로운 세상을 향해 나아가는 희망의 메시다. 새싹은 겨울의 추위를 이겨내며 강인한 생명력을 보여준다. 계절의 시작에서 새싹을 틔우는 것은 자연의 회복력과 재생을 상징한다. 인간 세상 역시 새 생명은 축복의 선물이며 대를 잇는 통로가 된다.

자녀와 손주의 성장을 지켜보는 일은 부모에게 큰 축복이다. 인간의 삶에서 일어나는 수많은 변화와 성취는 가족이라는 나무가 얼마나 튼튼하고 건강하게 자라는지 보여준다. 마치 숲속의 나무들이 서로 지탱하고 생태계의 균형을 이루듯 가족 구성원 모두가 서로 의지하고 도와줌으로 가족이라는 커다란 생명체가 건강하고 활기차게 유지될 수 있다. 인간의 삶은 자연의 사계절이다. 계절은 나무의 성장과정을 나타내는 생명의 순환이다. 봄은 시작을 알리는 일이며 새로운 탄생이다. 자녀가 태어나는 순간 마치 숲속에서 새싹이 트는 것과 같다. 새싹은 풍부한 생명력과 무한한 잠재력을 가진다.

이맘때 고향 시골집 감나무에는 감꽃이 핀다. 감꽃은 '감또가리'라고 하며 샛노란 감꽃을 실에 꿰어 목에 달고 다니기도 하고 출출할 때 따먹기도 한다. 어머니는 감나무에 피어 있는 감꽃을 따서 자녀들의 허기를 달래준다. 달콤한 맛과 향이 잠시나마 기쁨을 준다. 배고픔과 절망 속에서도 감꽃 하나에 담긴 어머니의 사랑이 전해진다.

시골에서 자란 나의 어린 시절은 봄의 새싹처럼 파릇파릇했고, 생동감이 넘치는 순간이었다. 모든 일이 성장을 위한 디딤돌이었다. 자녀들도 봄철에 미래를 위해 성격이 형성되며 지혜가 축적되어 여름맞이를 하게 된다. 여름은 성장의 계절이다. 청소년기와 성년을 거치며 자녀는 자신만의 개성과 능력을 발휘하기 시작한다. 나무가 빠르게 자라며, 햇빛을 가득 흡수해 더욱 견고하고 풍성한 나뭇잎을 키우는 계절이다.

어머니의 생신을 맞이하여 자녀들을 데리고 고향에 갔다. 어느 해처럼 감나무가 반겨주었다. 우물가 감나무 밑 평상에는 무성한 잎이 그늘이 되어 가족의 휴식처를 만들어 주었다. 손수 가꾼 감자와 옥수수를 내놓고 "우리 움사리들, 도시에서 먹기 힘든 것 많이 먹고 가거라" 하셨다. 한여름 밤의 추억을 남긴 여행이 되었다.

꿈꾸고 성장하는 과정에서 마주하는 고난과 슬픔을 이겨내며 우리는 진정한 어른이 되어간다. 여름에는 모든 노력을 집중해야 노년의 피곤한 삶을 면할 수 있다. 감나무는 태풍과 번개를 맞아야 튼튼하고 맛있는 감으로 자라 우리 곁에 온다.

가을은 성숙과 결실의 시간이다. 중년에 접어들며 자녀는 이제 자신의 경험과 지혜를 바탕으로 가정에서나 사회에서 든든한 역할을 수행한다. 감나무는 무더위를 이기며 자기의 결실을 빨갛게 익어 맛있는 선물로 보답한다. 그리고 부모는 손주를 맞이하며 가족의 다음 세대가 자라나도록 지원한다.

겨울은 지나온 삶의 휴식과 반성의 시간이다. 인간은 노년에 접어들어 자신의 삶을 되돌아보며, 성취와 미련에 대해 되돌아본다. 어머니는 감나무에 열린 감을 다 따지 않고 까치밥으로 몇 개를 남겨 놓는다. 먹을 게 귀하던 시절이지만 작은 생명에게도 나눔을 베푸신다. 그렇게 나뭇가지에 달려 있는 감은 연시가 되어 까치의 영양을 공급해 준다.

감나무는 잎을 떨구고 겨울잠에 들어가 새봄을 맞을 준비를 한다. 모진 눈보라를 맨몸으로 맞으며 꿋꿋이 제자리를 지키면서 새봄의 우듬지를 틔우려는 힘을 비축한다. 인간도 이처럼 자신의 지혜를 후세에 전하고 인생의 여정을 마무리한다. 인간의 삶은 사계절을 거치면서 끊임없이 변화하고 성장하며 삶을 마친다. 가족이라는 나무는 모든 단계를 통해 더욱 깊고 넓은 뿌리를 내리며, 각 세대는 자신만의 시간과 장소에서 가장 아름답게 꽃을 피우고 열매를 맺는다.

어머니의 자식사랑은 나무가 우듬지를 키우는 일과 같다. 세상은 세대를 거치며 이어지는 생명의 넓이와 깊이를 보여준다.

어머니의 사랑이 자녀에게 전달되고 자식 또한 사랑을 다음 세대로 흘려보냄으로 더 아름다운 세상이 된다. 끊임없는 순환에서 우듬지와 같은 새로운 생명이 계속해서 피어나며, 자연과 인간 세상에서 생명의 아름다움이 펼쳐진다.

모처럼 자녀들과 시골에 다녀왔다. 감나무가 웃자라서 가지를 많이 쳐 주어 모습이 많이 변해 있었다. 무성하게 자라고 있는 우듬지는 힘이 솟았다. '어머니는 안 계시지만 올해도 무성하게 자라서 가을에 맛있는 감을 주렁주렁 열어다오. 새끼 움사리들이 먹을 수 있도록 너의 결실을 자랑해 보렴.'

감나무 우듬지를 보니 오래 전에 어머니가 하신 말씀이 생각난다. "우리 움사리들 잘 커서 큰 사람이 되어야 한다." 나이가 들어서 이제야 답한다. "어머니, 움사리들이 잘 자라서 어른이 되고 또 새끼 움사리들이 자라고 있습니다."

우듬지를 사랑하는 일은 어린 생명을 보호하는 것이다. 단순히 아름다움을 감상하는 신비로움을 떠나 인간 세상의 순리와 이치를 지켜 나가는 일이다. 나무의 우듬지도 커서 큰 나무 숲을 이루며 자연 세상을 만든다. 그래서 새 생명을 사랑하며 우듬지를 잘 자라게 하는 일은 아름다운 세상을 만드는 일이다. 나는 아버지와 어머니의 우듬지였고, 나의 우듬지는 아이들이다. 그리고 아이들이 커 벌써 손주 우듬지를 만들었다. 우듬지 세상, 만세!

겨자씨 한 알을 심다

어릴 적 어머니는 내 손을 잡고 마당 한편에 작은 씨앗을 심으며 말씀하셨다. "이건 겨자씨란다. 아주 작지만 잘 자라면 큰 나무가 되고 많은 새가 그늘 아래 쉬게 된단다." 겨자씨는 성경에서도 비유로 자주 등장하는 씨앗이다. 크기는 매우 작지만 성장하면 큰 나무가 되어 수많은 생명에게 쉼터를 제공한다. 겨자씨는 작은 시작이더라도 끊임없는 노력과 신뢰 속에서 크게 자랄 수 있음을 상징한다. 조그마한 노력과 인내가 시간이 지나면 놀라운 변화를 가져올 수 있음을 알려준다.

신앙이라곤 토속신앙이었던 우리 집안의 신앙은 한 알의 겨자씨처럼 시작되었다. 큰어머니께서는 결혼 전 어떤 목사님의 집에서 보모로 지내며 신앙을 접하셨고, 믿음을 가지고 아버지의 집안에 시집을 오셨다. 큰댁을 비롯한 우리 가정은 목사와 장로를 배출하며 기독교 신앙을 중심으로 한 가정이 되었다. 신앙의 겨자씨 한 알이 심겨져 집안 전체가 하나님의 뜻 안에서 성장한 것이다.

어머니의 말씀처럼 내 인생에도 작은 씨앗들이 뿌려졌다. 신입사원 시절 아무런 힘도 없는 작은 존재였다. 나와 함께한 동료들, 선배들의 가르침 그리고 끊임없는 노력은 내 안의 씨앗을 조금씩 자라게 했다. 회사에서 내가 맡은 업무는 그리 화려하지 않았다. 생산 제품의 공정을 분석하여 표준시간을 측정했고 표준

량을 부여하는 파트에서 미미한 일을 감당했다. 사전원가를 산정하여 예산 통제 업무와 자재 결품을 막기 위해 밤늦도록 협력업체와 협의도 하고, 노사 문제를 해결하며 최적의 생산 환경을 만들기 위해 고군분투했다. 쉽지는 않았지만 내 안의 씨앗이 뿌리를 내리고 성장하는 과정이었다.

특히 직장 생활에서 인상 깊은 경험 중 하나는 단산된 디젤 엔진 계열사의 이관이었다. 그 당시 사업은 더 지속할 수 없다고 판단되었지만 나는 새로운 가능성을 찾기 위해 힘을 모았다. 결국 사업은 승용차 엔진 전문 회사로 탈바꿈하였고, 현재는 국내뿐만 아니라 중국과 멕시코까지 진출하여 완성차 공장에 공급하는 글로벌 기업으로 성장했다. 작은 가능성이 거대한 성공으로 이어지는 과정은 마치 겨자씨가 큰 나무로 성장하는 것과 같았다.

삶의 전환점은 생각보다 일찍 찾아왔다. 부장 시절에 교육 명령을 받았을 때 한없이 작아진 기분이었다. 하지만 기회로 삼아 다시 배우고, 더 단단한 뿌리를 내릴 수 있었다. 결국 재보직을 받아 더욱 크게 성장할 수 있었고, 회사의 중요한 행사에서 고객들을 초청해 성과를 공유할 수 있는 자리에까지 오르게 되었다.

은퇴 후에도 나는 새로운 씨앗을 심고 있다. 중소기업에서 경영자로 일했고 때로는 컨설턴트로 후배들에게 나의 경험을 나누었으며, 현재는 여러 가지 취미 생활로 삶의 또 다른 의미를 찾아가고 있다. 자녀들에게도 언젠가 작은 겨자씨 하나를 손에 쥐어주고 싶다. 씨앗을 심고 가꾸는 것이야말로 진정한 삶의 의미가 아닐까.

척박한 환경 속에서도 한 알의 겨자씨를 심는 일은 작은 시작이 가져올 거대한 변화를 믿는 행위다. 겨자씨는 가장 작은 씨앗 중 하나지만, 땅에 뿌려지고 시간이 지나면 커다란 나무로 자라 새들이 깃드는 공간이 된다. 어떠한 상황에서도 희망을 잃지 않고, 작은 실천을 통해 미래를 만들어 나가야 함을 시사한다.

어떤 땅이든 씨앗을 심는 순간부터 변화는 시작된다. 비록 지금은 척박하고 아무것도 자랄 것 같지 않더라도 꾸준한 노력과 인내가 더해지면 반드시 성장의 기회를 맞이한다. 한 사람의 도전, 기업의 창업 그리고 새로운 관계의 시작에도 적용된다. 처음에는 보잘것없고 힘겨워 보이지만 포기하지 않고 가꾸어 나갈 때 점차 깊은 뿌리를 내리고 강한 줄기를 세우게 된다.

결국 '시작은 미미하나 나중은 창대하리라'라는 진리는 씨앗을 심는 모든 과정에서 증명된다. 눈에 보이지 않는 작은 변화들이 쌓여 나중에는 누구도 예상치 못한 큰 결실을 맺게 된다. 주어진 환경이 어떠하든, 희망을 품고 오늘도 한 알의 씨앗을 심어야 한다.

바람 한 점 없는 날에도 사향노루의 향기가 사방 십 리에 퍼지듯, 내가 심은 작은 겨자씨 한 알이 누군가의 삶에 깊은 뿌리를 내리길 바란다. 오늘도 나는 또 하나의 씨앗을 심으며 내일의 꿈을 키워간다. 인간의 위대함은 씨앗을 뿌리고 기다리는 능력을 가진 것이다. 작은 겨자씨가 웅변처럼 대변해 주고 있다.

사자의 지혜로 살라

세렝게티 초원은 광활한 대지와 다양한 생태계가 어우러진 대자연의 무대가 펼쳐진다. 중심에 자리한 사자는 단순히 '동물의 왕'이라는 칭호에 머물지 않는다. 사자의 삶은 생존 경쟁의 치열함 속에서도 협력과 책임감, 균형이라는 깊은 지혜로 이루어져 있으며, 인간 사회에도 중요한 교훈을 남긴다.

동물의 세계는 강자가 살아남고 약자는 도태되는 약육강식의 법칙이 지배하지만 사자는 단순히 힘에 의존하지 않고 '무리'라는 공동체를 중심으로 협력과 조화를 통해 생태계 속에서 자신의 자리를 지키고 있다. 암사자는 주로 사냥과 새끼 양육을 맡고 수사자는 무리의 방어를 책임지며 역할 분담과 협력은 강자와 약자가 함께 조화를 이루며 더불어 살 수 있도록 한다.

현대 사회에서도 경쟁은 치열하며 능력과 자원이 풍부한 이들이 더 많은 기회를 누린다. 단순히 강자가 약자를 지배하는 구조는 지속 가능하지 않으며, 인간은 협력과 공존이라는 지혜를 통하여 모두가 번영하는 세상을 만들 수 있다. 사자의 사냥 성공률은 약 20~30%로 높지 않지만 실패에 굴복하지 않고 매번 전략을 바꾸며 다음 사냥을 준비한다. 이 과정은 힘을 쓸 뿐 아니라 인내와 판단력, 협력을 요구하는 고도의 기술이며, 도전과 실패가 성장의 필수 조건임을 가르쳐 준다.

인간 사회에서도 실패는 끝이 아닌 배움의 과정이며, 도전을 두려워하지 않고 매 순간 최선을 다하는 자세가 진정한 생존과 성공의 열쇠다. 어미 사자는 새끼에게 생존 기술을 가르치되 스스로 경험하고 배우도록 기회를 주며, 새끼가 실패하더라도 개의치 않고 인내심을 가지고 지켜본다. 새끼가 독립적이고 강인한 성체로 성장할 수 있도록 돕는다. 마찬가지로 부모는 자녀가 실패를 경험하고 문제를 해결할 기회를 제공해야 하며, 지나친 간섭은 자녀의 자립심을 약화시킨다. 캥거루족 현상이 증가하는 현대 사회에서 사자처럼 자녀를 독립적으로 키우는 교육 방식이 더욱 중요하다.

수사자는 무리의 방패로써 외부의 위협으로부터 가족을 보호하며, 단순히 힘으로 지배하는 것이 아니라 위협을 감지하고 필요할 때 결단을 내리는 책임감 있는 리더십을 보여준다. 강자는 약자를 지배하는 존재가 아니라 보호하고 이끄는 존재임을 상징하며, 현대 사회에서도 강자는 자신의 책임을 다하고 약자를 이끌며 공존의 길을 모색해야 하는 길을 보여 준다.

리더십은 단순한 힘이 아니라 희생과 책임에서 비롯된다. 사자는 초원의 최상위 포식자로써 생태계를 유지하는 중요한 역할을 한다. 사냥 후 남은 먹이는 하이에나, 자칼이나 독수리 등 다른 동물의 먹이가 되며, 자연의 순환을 돕는 생태계의 원리다. 인간 사회에서도 강자와 약자가 각자의 역할을 존중하며 균형과 조화를 이루는 방식이다.

사자의 삶은 약육강식의 세계를 보여주는 동시에, 협력과 공존, 책임감과 끈기의 중요성을 일깨워준다. 인간은 사자의 생존 방식을 통해 자연의 이치를 깨닫고 더 나은 사회를 만들기 위한 생존 지혜를 배울 수 있다. 도전과 실패를 두려워하지 않고, 강자는 책임을 다하며 약자는 스스로를 단련하는 사회를 만들어야 한다. 자녀를 독립적이고 강인하게 키우고, 협력과 공존의 가치를 배우며, 생존은 혼자가 아닌 공동체와의 협력을 통해 가능하다는 것을 인식해야 한다.

강자는 선천적인 조건이나 일시적인 힘의 우위에서 나오는 것이 아니다. 지속적인 노력과 전략적인 관리, 그리고 환경과의 균형 속에서 유지된다. 사자는 무리 속에서 자신의 지위를 유지하기 위해 체력을 단련하고, 경쟁자를 경계하며, 무리의 보호자로서 책임을 다한다.

인간 사회에서도 강자의 지위를 유지하려면 지속적인 자기계발, 조직과의 협력, 책임과 희생, 도전에 대한 준비 그리고 균형 감각에서 비롯된다. 강자는 끊임없이 변화하며 자신의 위치를 지키기 위해 노력해야 한다.

기득권자들이 사자처럼 행동한다면 사회는 더욱 건강하게 발전할 것이다. 사자가 무리를 위해 헌신하고 협력과 균형을 중시하듯이 인간 사회에서도 기득권자는 자신만의 이익을 탐하는 것이 아니라 공동체의 발전에 기여해야 한다. 현실에서 많은 기득권자는 오만과 독선을 보이며 자신들이 영원히 권력을 유지할 것이라 믿는다. 결국 내부의 반발을 초래하고 무리를 잃은 수사자가 초원에서 도태되듯이, 사회적 변화 속에서 몰락을 불러온다.

가진 자가 자신의 위치를 영원할 것이라 착각하고, 주변과의 조화를 무시한 채 독점과 배제를 반복하면 결국 반발과 균열이 생기기 마련이다. 동물의 세계가 가르쳐주는 진리를 놓치는 실수를 범하지 않아야 한다.

초원의 사자는 단순히 강인함이 자랑이 아니다. 그들의 생존방식은 자연의 이치와 생명의 균형을 담고 있다. 강자가 약자를 보호하고, 무리 전체가 협력할 때 생태계의 균형이 유지된다. 인간 사회에서도 기득권층이 공동체와 조화를 이루며 공생하는 길을 선택해야 한다. 우리는 기득권자가 사자의 지혜를 닮아야 한다는 사실을 기억해야 한다.

강자가 약자를 보호하고, 무리 전체가 협력할 때 생태계의 균형이 유지된다. 인간 사회에서도 기득권층이 공동체와 조화를 이루며 공생하는 길을 선택해야 하며 약자의 보호를 위해 살아야 함을 기억해야 한다. 현대 사회는 여전히 약육강식의 법칙이 지배하고 있다. 사자의 지혜를 본받아 협력과 공존을 이루는 새로운 질서를 만들어야 한다. 강자는 책임을 다하고 약자는 스스로를 단련하며 모두가 함께 성장하는 세상, 그것이 사자의 생존방식이 인간에게 충고하는 궁극적인 메시지다.

강자의 힘은 약자의 인정에서 나온다. 약자가 수적으로 많다는 점은 강자의 생존전략이 어디에 있는가를 보여준다. 강자일 때 베풀지 않으면 약자가 뭉친다. 혁명이 기다리고 있음을 알아야 한다.

펭귄의 지혜로 얻는 공동체의 삶

멀리서 보면 영국신사, 가까이서 보면 다리 짧은 펭귄. 무언가 비완성으로 생긴 것과 달리 천상의 헌신과 지상 최고의 사랑을 실천하는 동물이다. 남극의 겨울, 혹독한 바람이 영하 50도를 넘나드는 대지를 휩쓴다. 극한의 땅에서 살아가는 펭귄은 인간의 삶을 비추는 하나의 거울처럼 보인다. 그들의 삶의 방식은 인간이 살아가며 마주하는 도전, 헌신 그리고 사랑의 형태를 닮아 있다.

펭귄의 겨울은 새로운 생명의 시작을 알리는 시간이다. 알을 품기 위해 수컷은 군락지로 모여들고, 암컷은 먹이를 찾아 먼 바다로 떠난다. 인간의 삶에서도 새로운 시작은 언제나 도전과 기다림으로 가득 차 있다. 아이를 키우기 위해 부모가 헌신하듯, 펭귄 수컷도 얼음 위에서 알을 품으며 몇 달 동안 눈만 먹으면서 견딘다. 사랑하는 사람을 위해 기꺼이 희생하고 헌신하는 모습과 닮아 있다.

펭귄의 허들링Huddling은 생존 전략 중 하나다. 극한의 추위 속에서 서로의 체온을 나누며 살아가는 중요한 행동이다. 극한의 추위와 강한 바람 속에서 펭귄들은 서로를 밀착시켜 원을 형성하고 체온을 공유한다. 허들링은 펭귄들이 생명 유지에 필수적인 역할을 하며, 무리의 생존을 위해 서로 협력하는 공동체 정신이다.

눈보라가 서식지를 덮치기 직전, 펭귄들은 본능적으로 서식지 중앙으로 모이기 시작한다. 모인 펭귄은 자신보다 바깥에 있는 펭귄들이 눈 폭풍을 막아줘 상대적으로 따뜻하다. 하지만 바깥쪽 펭귄들은 눈 폭풍을 맨몸으로 견뎌야 한다. 펭귄들은 무리 전체가 달팽이처럼 돌면서 바깥쪽과 안쪽에 있는 펭귄들이 자리를 교대한다. 서로 바람을 막아주고 체온을 나누면서 쉬지 않고 움직이며 추위를 이겨낸다.

펭귄 암컷은 주변 환경이 열악해 자신의 발등 위에 조심스럽게 알을 낳는다. 그리고 2개월 후에 알이 부화한다. 알에서 부화한 어린 새끼를 키우는 과정도 험난하다. 천적인 도둑갈매기나 가마우지가 어린 새끼를 공격하면 이웃의 어른 펭귄들이 공동으로 대응해 접근을 차단하고 쫓아낸다. 열악하고 힘든 생존 환경에서 부부가 힘을 합해 새끼를 부화하고, 이웃 간에 힘을 합해 함께 새끼를 키운다. 추위 속에서도 자신의 몸이 데워지면 추운 이웃에게 따뜻한 자리를 양보하면서 더불어 살아가는 펭귄에게서 우리는 많은 것을 배울 수 있다.

허들링을 통해 펭귄들은 외부의 극한 날씨로부터 보호받을 수 있고, 서로의 몸을 밀착시켜 따뜻함을 유지하며 체력 소모를 최

소화한다. 한 마리 펭귄이 너무 오랫동안 외부로 노출되면 체온이 급격히 떨어져 생명에 위협을 받을 수 있어 펭귄들은 지속적으로 위치를 바꾸며 중심에서 주변으로, 그리고 외부로부터 보호되는 위치로 이동한다. 순환하는 움직임 덕분에 모든 펭귄이 일정 시간 동안 따뜻함을 유지할 수 있다.

인간 사회에서 연대와 협력의 중요성을 상기시킨다. 어려운 상황에서 서로를 도와가며 힘을 합칠 때, 더 큰 어려움을 극복할 수 있다. 마치 펭귄들이 허들링을 통해 생존하는 것처럼 인간 사회에서도 서로 협력하고 의지하는 힘이 필요하다. 각자의 위치에서 서로를 돕고, 함께 어려움을 극복해 나가는 모습은 인류의 연대와 사랑을 보여주는 중요한 본보기라 할 수 있다.

첫해에 알을 놓치고 실패하는 펭귄들이 있듯이 인간도 삶에서 많은 실패를 경험한다. 그러나 실패는 더 강하고 지혜롭게 만든다. 몇 해가 지나 이력이 붙은 펭귄이 더욱 능숙하게 알을 품는 것처럼 실패를 통해 배움을 얻고 더 나은 미래를 준비한다.

혹한기에 알을 낳아 천적의 위협을 피하는 펭귄의 선택은 우리에게 자연의 지혜를 가르친다. 때로는 어려움 속에서도 기회를 발견하고, 삶의 여정을 더욱 풍요롭게 만드는 길을 찾는다. 인간의 삶도 마찬가지다. 극한 상황에서도 희망을 놓지 않고, 새로운 길을 개척하며 더 나은 내일을 만들어간다. 새로운 생명을 탄생시키고, 사랑을 나누는 그들의 모습은 삶의 본질을 다시 생각하게 만든다. 인생은 도전과 고난의 연속이지만 사랑을 배우고, 희망을 찾으며 살아간다.

펭귄이 새끼를 지극정성으로 키우며 양육에 집착하는 모습은 부모의 사랑과 헌신을 떠올리게 한다. 자신의 모든 것을 희생하며 자식을 지키고자 하는 그들의 모습은, 가족과 사랑하는 사람들을 위해 기꺼이 모든 것을 바치는 마음과도 닮아 있다. 부모 펭귄이 마지막 먹이를 주고 떠나는 모습을 보면 울컥하게 된다.

남극의 겨울 펭귄들은 먹을 것을 찾기 위해 바다로 나간다. 얼어붙은 대지 위에서 먹이를 구하지 못한 수컷들은 무리 속에서 버텨내야 한다. 오직 눈을 먹으며 긴 겨울을 견딘다. 인생에서도 종종 먹을 것, 즉 삶의 의미와 목표를 찾아 헤매게 된다. 모든 것이 막막하게 느껴지는 순간 혼자서 길을 잃은 듯한 느낌을 받는다. 마치 펭귄이 끝없는 설원 위를 헤매며 먹이를 찾는 것처럼 생존의 방식을 찾기 위해 노력한다.

펭귄이 바다로 나가 먹이를 찾는 것은 인간이 꿈을 향해 도전하는 모습과도 같다. 길을 잃고 헤매는 시간이 길어질수록 더욱 지치지만, 배움을 얻고 강해진다. 삶의 혹한 속에서 자주 길을 잃지만 결국에는 스스로의 힘으로 먹이를 찾고 새로운 길을 발견하게 된다.

내 삶에도 펭귄의 허들링과 같은 순간들이 있었다. 어려움 속에서도 동료와 가족이 함께 힘을 합쳐 극복해 나가던 경험, 그리고 사랑과 헌신으로 새로운 시작을 준비하며 미래를 개척해 나가는 과정은 펭귄들의 삶과 다르지 않았다. 우리는 서로를 의지하며 더 나은 내일을 만들어가고 인간다운 삶의 의미를 발견한다. 공동체의 힘과 연대, 그리고 사랑의 가치는 더욱 빛난다. 사람의 어깨를 살펴본다. 어깨는 짐을 질 때도 필요하고 어깨끼리 연대를 하는 어깨동무를 위해서 필요하다. 어깨는 삶의 방법을 이야기해 주고 있다.

아낌없이 주는 마누카나무처럼

 숲속에 자생하는 나무가 있다. 나무의 고향은 지구의 남반부 외딴 섬나라다. 나무는 주변의 생명들에게 쉼터와 자신의 몸을 아낌없이 내어준다. 바람이 불면 울타리가 되어 주고 햇볕이 비치면 그늘을 만들어주고, 나뭇가지는 새들과 곤충들의 안식처가 된다. 열매는 사람들의 배고픔을 달래주고, 꽃은 벌들에게 잔치를 베풀며 꿀을 나눠준다. 나뭇가지는 따뜻한 불을 피우는 데 쓰이고 줄기는 집 짓는 목재로 쓰인다. 나무는 언제나 그 자리에 조용히 서서, 자신을 내어주는 것에 그저 감사할 뿐이다.

 은퇴 후 아내와 함께 떠난 호주와 뉴질랜드 여행에서 마누카나무를 처음 만났다. 원주민인 마오리족과 오랜 세월을 함께하며 그들의 삶에 깊이 뿌리내린 존재였다. 마오리족은 마누카나무를 단순한 식물이 아닌, 하늘이 준 소중한 선물로 여겼다. 그들은 조상 대대로 마누카나무와 더불어 살아가고 있다.

마누카나무는 척박한 환경 속에서도 굳건히 서서 꽃을 피우고 열매를 맺는다. 바람이 불어도, 폭풍이 내리치더라도 그 자리에서 다른 생명들과 함께 살아간다. 혹독한 자연 속에서 살아남기 위해 강력한 생명력을 키워왔다. 혼자만의 생존을 위해 존재하는 것이 아니라, 주변의 다른 식물과 생명체들과 조화를 이루며 살아간다. 그들은 함께 살아가며 서로에게 필요한 것을 제공하고, 그렇게 공생의 세계를 만들어간다.

마치 인생이 마누카나무와 같다. 삶은 때로는 험난하고 고된 길이지만, 희망을 잃지 않고 나아간다. 마누카나무의 강인함은 삶의 어려움을 이겨내고 꿈을 향해 나아갈 수 있는 용기를 준다. 마누카 꿀은 강력한 항균 작용으로 상처를 치유하는 데 탁월한 효과를 발휘한다. 그뿐만 아니라 마누카나무의 향은 스트레스를 완화하고 심신을 안정시키는 효과가 있다. 마치 마누카나무가 상처 입은 마음을 어루만져 주는 듯하다. 현대 사회를 살아가는 우리는 많은 스트레스에 시달린다. 이럴 때 마누카나무가 지닌 치유의 힘은 위로와 평안을 가져다준다.

마누카나무는 자연과 조화롭게 살아가는 대표적인 식물이다. 자연과의 공존이 얼마나 중요한지를 일깨워 준다. 지속 가능한 미래를 위해서는 자연과 인간이 함께 살아갈 수 있는 방법을 모색해야 한다. 마누카나무는 해답을 찾는 데 중요한 실마리를 제공해 준다. 이렇게 나무는 한 생명에게 자신의 모든 것을 내어주었다.

나무를 보며, 내 삶을 돌아보게 되었다. 회사에 처음 들어가 신입사원으로 시작했을 때 나는 조직에 도움이 되는 사람이 되고 싶었다. 그래서 동료들을 위해 기꺼이 시간과 노력을 쏟았다. 주어진 일은 물론이고 가끔은 내 일 외에도 도움을 필요로 하는 동료들의 손을 잡아주곤 했다.

업무로 상처를 받았을 때 좌절보다는 더 큰 성장을 위해 무엇을 해야 할지 고민했다. 주어진 교육 기회를 통해 배움의 시간을 가졌고, 결국 재보직을 받으며 더 큰 도약을 할 수 있었다. 그때마다 내가 가진 것을 아낌없이 나누고 최선을 다했기에 지금의 내가 있을 수 있었다.

내가 근무했던 자재본부에서의 경험도 떠올랐다. 수백 명의 인원을 이끌며 노사관리와 자재 문제로 어려움을 겪었지만 내가 할 수 있는 최선을 다해 모두가 함께 일할 수 있는 환경을 만들기 위해 노력했다. 때로는 내가 가진 시간과 에너지를 다 쏟아부어야 했지만, 얻은 보람은 이루 말할 수 없었다.

가족과의 삶도 마찬가지였다. 주말에는 꼭 주일성수를 하고 가족과 함께 나누는 대화와 식사는 작은 일상이지만 모든 순간이 내게는 소중했다. 나를 아낌없이 내어주면서도 얻는 기쁨과 행복은 무엇과도 바꿀 수 없었다.

마누카나무처럼 나도 내 인생에서 아낌없이 주는 사람이 되고자 했다. 회사에서, 가족 안에서 그리고 삶의 모든 순간 속에서 내가 가진 것을 나누며 살아왔다. 그렇게 살아온 시간이 나에게도 큰 가르침을 주었다. 나무가 자신을 내어주며 얻는 행복처럼, 나도 나눔과 헌신을 통해 진정한 행복을 느낄 수 있었다.

새로운 세대에게도 내가 살아온 삶의 교훈을 전하고 싶다. 마누카나무처럼, 내가 가진 것을 아낌없이 나누며 살아가는 삶의 가치를 전할 수 있기를 바란다. 그렇게 더불어 사는 세상을 만들어가는 것이야말로 진정한 삶의 의미가 아닐까 생각해 본다.

아낌없이 주는 나무는 삶 속에서 진정한 사랑과 희생이 무엇인지를 일깨워 준다. 나도 누군가에게 아낌없이 주는 나무가 될 수 있다면, 세상은 더 따뜻하고 아름다운 곳이 될 것이다. 마누카나무처럼 주는 기쁨을 알고 살아가는 삶이야말로 진정한 행복이 아닐까.

마누카나무의 강인한 생명력, 치유의 힘, 자연과의 공존이라는 가치를 통해 나에게 삶의 의미를 되새기게 한다. 나도 힘든 역경 속에서도 희망을 잃지 않고 살아가려 한다. 그리고 자연과 더불어 살아가는 지혜를 배우고 실천해야 할 것이다. 마누카나무가 나에게 선물하는 자연의 지혜를 통해 더 나은 미래를 만들어 나가고 싶다.

마누카나무는 삶의 모든 순간에 나눔과 헌신의 가치를 일깨워 준다. 아낌없이 주는 마누카나무를 간직하고 싶어 기념품과 마누카 꿀도 사왔다. 모두가 즐거워한다. 최근 '호주 매화'가 수입되어 키우는 가정이 늘어나고 있다. 분홍꽃을 피워 집 안을 화사하게 장식하며 아름다움을 더해 준다. 가능하면 수입하여 정원수나 관광용으로 재배해 보고 싶어진다.

　나도 내 삶 속에서 아낌없이 주는 사람이 되고자 한다. 마누카 나무에서 배운 교훈은 더불어 살아가는 세상 속에서 서로를 위해 기꺼이 자신을 내어줄 때 진정한 행복과 평화가 찾아온다는 것이다. 자연 속의 나무를 통하여 삶의 지혜를 배운다. 나무는 생애 전체를 성장하는 존재로 산다.

7.
인생의 깊이를 담은 철학적 시간

우리는 왜 태어났고, 어떻게 살아야 할까.
세상은 어떻게 돌아가는 걸까. 인간은 어떤 존재일까.
모든 것에 관해 깊이 생각하고 이해하려는 철학적인 고민들 사이.

인생의 전환기 혁명에서

 발전은 변화에서 온다. 또 다른 변화, 전환의 세계로 들어간다. 인류의 발전은 거대한 전환의 연속이었다. 농업 혁명에서 시작된 변화는 산업 혁명과 정보 혁명을 거쳐 오늘날 AI 혁명에 이르렀다. 각 혁명은 시대를 바꾸는 전환기였고 인간의 삶을 근본적으로 변화시켰다. 거대한 흐름 속에서 나의 인생 또한 작은 혁명의 연속이었다. 인류의 전환기와 마찬가지로 나의 성장과 도약의 순간은 언제나 고통과 도전의 과정 속에서 찾아왔다.

 농업 혁명은 인간이 자연을 이해하고 정복하기 시작한 시점이었다. 사냥과 채집을 뒤로하고, 정착하여 작물을 경작하고 가축을 길들이며 잉여 생산물을 만들었다. 인간은 삶의 방식을 완전히 바꿔야 했다. 내 인생에서도 첫 번째 전환기는 농업 혁명과 닮아 있었다. 정착하고 안정된 삶을 이루기 위해 나는 낯선 환경과 새로운 책임에 적응해야 했다. 첫 직장에 들어갔을 때 처음에는 모든 것이 두려웠다. 내가 선택한 길이 옳은지 이곳에서 성장할 수 있을지 의문투성이였다. 시간이 지나면서 환경을 이해하고 스스로를 변화시켰다. 마치 인간이 자연의 순리를 배우며 농업을 발전시켰듯 나는 직장에서 새로운 기술을 배우고 관계를 쌓으며 작은 성취를 이루었다.

산업 혁명은 인간의 노동을 대신할 기계의 도입으로 생산성을 폭발적으로 높인 시기였다. 모든 것이 빠르게 변화했으며 속도에 적응하지 못하면 도태될 수밖에 없었다. 내 인생의 두 번째 전환기를 맞이했다. 회사의 단조로운 제품 관리에서 복잡한 자동차 생산관리와 자재관리, 원가관리 업무로 전환되었다. 조직의 구조가 바뀌고 새로운 환경이 바뀔 때 이전의 방식을 버리고 새로운 역할에 적응해야 했다. 처음에는 혼란스러웠다. '내가 잘할 수 있을까. 실수를 하면 어떡하지.' 내가 한 선택은 변화를 두려워하지 않고 도전하는 것이었다. 마치 증기기관이 세상을 바꾸었듯 나의 열정과 노력이 나의 경력을 다시 쓰기 시작했다. 전환기는 단지 나의 능력을 시험하는 시기가 아니라 나 자신을 새롭게 정의하는 시간이 되었다.

정보 혁명은 지식과 정보가 새로운 자산으로 떠오른 시기였다. 인터넷과 디지털 기술은 세상을 연결하며 완전히 새로운 가능성을 열었다. 내 인생의 세 번째 전환기 역시 연결과 확장과 닮아 있었다. 이전의 틀 안에서 안주하던 나는 더 넓은 세상으로 나아가기로 결심했다. 지방에서 서울로 이주했고 본사의 핵심요직에서 많은 사람과 교류했다. 새로운 문화와 사고방식을 배우며 성장했다. 정보 혁명처럼 나의 변화 역시 더 큰 가능성을 향한 도전이었다.

이제 AI 혁명의 시대에 살고 있다. AI는 인간의 사고를 확장하며 한계를 뛰어넘는 가능성을 보여주고 있다. 나의 최근 전환기도 그러했다. 새로운 도전을 받아들여야 했다. 가진 지식과 경험을 완전히 새로운 방식으로 재구성해야 했다. AI가 빅데이터를 학습하듯 새로운 상황과 요구에 맞춰 스스로를 재설계했다. 쉽지 않았지만 결과적으로 나 자신의 깊이와 넓이를 더했고 또 다른 가능성도 발견할 수 있었다.

인류의 농업 혁명, 산업 혁명, 정보 혁명 그리고 AI 혁명은 모두 생존과 성장 그리고 도전의 과정이었다. 마찬가지로 인생 전환기 역시 도전과 혁신의 연속이었다. 변화는 언제나 두려움을 동반하지만 스스로를 발견하고 성장하게 한다.

인생의 전환은 끝이 없다. 변화와 성장이 끝없이 이어지는 과정이다. 중요한 것은 두려움에 멈춰 서지 않는 것이다. 농업 혁명에서 AI 혁명까지 이어진 인류의 여정처럼 나도 계속해서 나를 혁신하며 살아갈 것이다. 변화 속에서 나는 더 단단해지고 더 넓은 세상을 향해 나아갈 것이다.

나의 인생철학은 끊임없는 변화와 도전 속에서 나를 발견하고 성장하는 것이다. 인생은 한 번의 정체된 순간이 아니라 매일이 새로운 전환기의 연속이라는 것을 믿는다. 모든 것은 항상 예상치 못한 순간에 찾아오며 그때마다 두려움보다 배움과 성장의 기회가 먼저 찾아왔다.

　내게 있어 중요한 것은 '변화를 두려워하지 않는 것'이다. 변화를 거부하면 성장도 없다. 세상이 빠르게 변하는 만큼 나 역시 변하지 않으면 도태된다. 변화를 받아들이고 변화 속에서 나 자신을 새롭게 만들어가는 과정이 진정한 성장을 이룬다고 믿는다. 농업 혁명에서 산업 혁명으로, 정보 혁명에서 AI 혁명으로 이어지는 시대의 흐름처럼 나의 삶도 여러 전환을 겪으며 계속해서 나아갈 것이다. '모든 경험은 나를 위한 것이다.' 실패든 성공이든, 기쁨이든 슬픔이든 경험을 통해 무엇을 배울 수 있을지 항상 고민한다. 인생에서 겪는 고통이나 어려움도 결국 나를 더 강하게 만들기 위한 과정이라고 생각한다. 내가 겪은 모든 전환은 결국 나를 더 나은 사람으로 만들어가며, 그 길을 주저 없이 걸어간다.

　마지막으로 나는 '타인과 함께 성장하는 것'을 가장 중요한 가치로 여긴다. 혼자서 모든 것을 이루기보다 주변 사람들과 협력하고 그들과 함께 성장하는 것이 진정한 의미 있는 삶이라고 믿는다. 농업 혁명에서의 협력, 산업 혁명에서의 공동체, 정보 혁명에서의 글로벌 연결처럼 인간은 혼자가 아닌 서로를 통해 발전한다. 나의 인생에서도 협력과 나눔의 가치를 중요하게 생각하며 살아가고 있다.

　변화 속에서 나를 찾고, 그 과정에서 성장하며, 타인과 함께 가는 삶이 내가 걸어온 길이다. 언제나 새로운 전환을 맞이하며 자신을 깊이 이해하고 나아가 더 나은 사람이 되어가기를 원한다. 변화는 두려운 것이 아니라, 나를 진정으로 성장하게 할 기회라는 믿음을 가지고, 오늘도 또 다른 전환기를 맞이할 준비를 하고 있다. 변화는 그대로 성장이다. 다른 세상을 만나게 하기 때문이다.

첫눈처럼, 첫사랑처럼, 첫걸음처럼

첫사랑처럼 첫눈은 이루어지지 않고, 영원하지 않아서 아름답다. 깨져서 영원한 사랑으로 남는 것이 첫사랑이고 첫눈의 추억이다. 첫눈은 늘 혼탁한 세상을 깨끗이 덮고 싶어 한다. 도시의 회색빛 거리도, 갈라진 시골길도 첫눈이 내리면 새하얀 도화지가 된다. 첫눈이 녹지 않고 단단히 쌓여 세상을 끝까지 흰 눈으로 감쌀 수 있다면 어떨까? 마치 첫사랑이 끝나지 않고 결혼으로 이어지고, 신입사원이 정년까지 회사에 남아 서로의 꿈을 이루는 이야기처럼 말이다.

첫눈이 녹지 않는 세상을 상상해 보자. 신발이 더는 진흙으로 더러워질 일이 없고, 먼지도 사라지겠지. 모든 것이 순백으로 덮인 세상은 아마도 모두에게 기적처럼 느껴질 것이다. 하지만 눈이 쌓이기만 한다면? 누군가는 길을 치워야 하고, 누군가는 눈 속에서도 앞을 내다볼 지혜를 찾아야 한다. 흰 눈도 오래

되면 얼어붙고, 발자국과 타이어 자국이 남아 혼란스러워질지도 모른다. 그러나 혼란 속에서도 길은 만들어지고, 사람들은 그 위를 걸어간다.

첫사랑도 마찬가지다. 만약 첫사랑이 이별하지 않고 결혼으로 이어졌다면, 처음 만났을 때의 설렘만으로 모든 것이 유지될 수 있을까? 첫사랑의 연인들은 아마도 싸우고, 화해하고, 그러면서 서로의 부족한 점을 채우며 더 깊은 사랑을 만들어갔을 것이다. 첫눈이 쌓여 아름다운 세상이 된다 하여도 사랑에 갈등은 찾아오기 마련이다. 그러나 함께 눈을 치우며 서로의 길을 만들어간다면 검은 머리가 희끗희끗해질 때까지 동행할 수 있지 않을까?

그리고 신입사원이 있다. 첫 회사에 입사했을 때는 모든 것이 새롭고 설렜을 것이다. 시간이 흐르고 회사와의 갈등이나 개인적인 고민이 생길 때, 신입사원이 포기하지 않고 끝까지 남는다면, 회사라는 설원의 한가운데에서 자신만의 길을 만들 것이다. 회사도 신입사원을 키우고, 함께 성장하며 더 큰 꿈을 이룰 것이다. 결국 그가 정년을 맞이하는 날, 회사는 그의 발자취를 통해 더 단단한 토대를 갖게 되고 그는 회사라는 설원 위에 하나의 산맥처럼 우뚝 서게 될 것이다.

첫눈, 첫사랑 그리고 신입사원의 첫걸음에는 공통점이 있다. 처음에는 모두가 그것이 영원히 지속되길 바란다. 하지만 그것이 진짜 아름다운 이유는 단순히 오래가는 데 있지 않다. 첫눈이 쌓여야 세상이 바뀌고, 첫사랑이 깊어져야 진짜 사랑이 되고, 신입사원이 성장해야 회사도 함께 커진다.

그렇기에 나는 첫눈이 끝까지 쌓일 수 있기를 바란다. 첫사랑이 검은 머리가 하얀 머리가 될 때까지 이어지길 바란다. 신입사원이 정년퇴직까지 다니며 자신의 이름을 회사의 역사에 새기길 바란다. 하지만 동시에 안다. 눈이 녹아 물이 되어야 땅이 숨을 쉬고, 이별이 있어야 새로운 사랑을 배울 수 있고, 떠나는 이가 있어야 새로운 사람이 들어올 수 있다는 것을.

첫눈이 녹아도 좋다. 첫사랑이 끝나도 좋다. 신입사원이 떠나도 좋다. 그러나 그들이 남기고 간 흔적들은 우리가 앞으로 걸어가야 할 길이 된다. 그렇게 삶은, 사랑은 그리고 회사는 이어지는 것이다.

첫눈은 설렘으로 시작된다. 바람에 낙엽이 흩날리던 가지 위로 첫눈이 포근히 내려앉으면, 세상은 단숨에 다른 풍경이 된다. 하얀 풍경이 영원할 거라 믿는 건 순진한 착각이다. 첫눈처럼 아름다웠던 첫사랑이 어쩌면 처음부터 이별을 품고 있었던 것처럼 말이다.

나는 첫사랑을 떠올릴 때마다 그날의 첫눈을 기억한다. 하늘에서 내려오던 눈송이들은 마치 우리의 감정을 닮은 듯 가볍게 흩날렸다. 손을 뻗어 닿으려 해도 잡히지 않는, 금방 녹아버릴 것 같은 순간들 결국 첫눈이 녹아 자취를 감추듯, 우리의 사랑도 그렇게 사라졌다.

첫사랑의 끝에서 느꼈던 쓸쓸함은 대학 졸업 후 첫 직장에서 만난 동료들에게서도 보였다. 반짝이는 열정으로 입사한 신입사원들은 시간이 지나면서 하나둘씩 떠나갔다. 그들의 떠나는 발걸음에는 어쩌면 첫사랑의 이별처럼 막연한 아쉬움이 묻어 있었다. "내 자리는 여기가 아닌가 봐요"라며, 더 나은 곳을 찾아 떠나는 그들의 모습은 겨울바람에 흩어지는 첫눈과도 같았다.

첫눈이 녹아 물이 되듯, 이별은 새로운 시작을 위한 과정이었다. 첫사랑이 끝난 후 나는 더 깊고 단단한 관계를 배웠고, 떠난 동료들을 보며 기업도 새로운 변화를 받아들였다. 신입사원이 떠나간 자리에는 경험 많은 인재가 들어오고, 때로는 조직 자체가 재편되기도 했다. 기업이 생존하고 성장하는 과정이었다.

첫눈은 모든 걸 하얗게 덮어 새로운 세상을 만들어준다. 마찬가지로 첫사랑의 이별도, 신입사원의 이직도 우리 삶의 첫눈처럼 지나고 나면 더 단단하고 성숙한 계기를 남긴다. 중요한 것은 첫눈처럼 흩날리는 순간을 그저 서서 바라보기만 하는 것이 아니라, 그 속에서 나만의 길을 찾는 것이다.

오늘도 첫눈이 내릴까 창밖을 바라본다. 첫눈이 오지 않아도, 삶은 끊임없이 새하얀 변화를 만들어간다. 어쩌면 우리는 이별과 떠남 속에서 스스로의 새로운 시작을 준비하고 있는지도 모르겠다. 첫눈은 매해 찾아온다. 나의 인생도 첫눈처럼 다시 시작한다.

겨울, 그 쓸쓸함에 대하여

눈이 내리던 겨울날, 나는 우산도 없이 길을 걸었다. 흰 눈이 소복이 쌓이는 풍경 속에서 한 걸음 한 걸음 나아갈 때마다 내 안의 기억들도 조용히 켜켜이 쌓여갔다. 상처가 아물지 않았던 시간, 묵묵히 흘러가던 세월이 내 안에 남긴 흔적들이었다.

그 길은 나만의 길이었다. 아주 오래전 혼자 걸었던 길이기도 하고, 시간이 흐른 뒤 옆지기와 함께 걸었던 길이기도 했다. 그날은 달랐다. 눈송이가 짙게 뿌려지는 날, 우리는 다투었다. 이유는 아주 사소했지만 결국 마음이 다른 곳에 머물러 있었기 때문이다.

아내와 나란히 걷고 있지만 나의 마음은 저 멀리 기억의 저편을 헤매고 있었다. 그녀는 몰랐을 것이다. 그날의 눈이 나에게 얼마나 많은 것을 끌어올리고 있었는지를. 이 겨울이 내게 얼마나 쓸쓸하게 스며들고 있었는지를.

시간이 흐른다. 창밖에는 눈이 소리 없이 내리고, 나는 혼자 그 길을 걷는다. 그날도 눈이 내렸고, 오늘도 눈은 내리고 있다. 그 길 위에는 이제 나 혼자뿐이다. 아내와 함께 걷던 그 길, 싸늘한 겨울바람 속에서 지난날의 그림자가 나를 따라온다. 수북이 쌓인 눈처럼 쓸쓸함이 가슴 깊이 내려앉는다. 겨울은 유난히 따뜻함이 그리운 계절이다. 아내가 나의 마음을 알아주기를 바라지만 지난날의 후회만 남아 마음을 더 아프게 한다.

사거리 모퉁이에 서니 찬바람 속에서도 따뜻한 연기가 피어오른다. 낡은 드럼통 위에 노랗게 익어가는 군고구마가 나를 반긴다. 작은 화롯불에서 나는 구수한 냄새는 겨울의 손짓처럼 느껴진다. 손에 들린 고구마의 온기는 어릴 적 추억을 소환한다. 학교 가는 길목에서, 어머니 손에 들려있던 김이 나는 봉지 속 군고구마. 한입 베어 물면 속살의 달콤함이 세상의 모든 추위를 잊게 해주었다.

지금 이 순간 사거리 모퉁이에 선 나는 뜨거운 고구마를 쥐고 얼어붙었던 손과 마음을 녹인다. 그 온기는 단순히 겨울의 맛이 아니라 삶의 고단함 속에서 잠시 쉴 수 있는 작은 위안이 되어준다. 겨울이 깊을수록 사거리 모퉁이의 군고구마는 더욱 그리워진다. 그곳에는 소소하지만 따스한 사랑이 자리 잡고 있다.

잠들지 못하는 밤이면 생각은 더욱 깊어진다. 책장을 펼쳐보지만 글자는 눈에 들어오지 않는다. 손끝만 책장을 매만질 뿐 마음은 이미 다른 곳에 가 있다. 이불 속에서 뒤척이다 창밖을 내다보면 어둠 속에서 눈이 하염없이 내리고 있다. 고요함은 나를 더욱 외롭게 만든다.

아내는 알까. 겨울밤, 내가 홀로 괴로움에 잠 못 이루는 것을. 그녀는 고요히 잠든 얼굴로 창밖의 세상과 무관한 듯 평화롭다. 하지만 나의 마음은 눈발처럼 흩날리며 어디론가 떠돌고 있다. 말하지 못하는 마음들이 쌓여서 밤을 더 무겁게 만든다.

베토벤 곡과 비발디의 〈사계〉 중 '겨울'을 듣는다. 차갑고도 날카로운 선율이 흐르지만 마음은 여전히 안정을 찾지 못한다. 겨울의 침묵을 깨는 그 음악은 오히려 내 마음에 쓸쓸함을 더한다. 벽장 속에서 오래 묵은 와인을 꺼내 한 잔 마시니 와인의 붉은빛이 잔 속에서 흔들린다. 목을 타고 내려가는 소리가 선명하다. 순간, 와인이 나에게 말없이 친구가 되어준다. 차가운 현실과 고요한 밤사이 와인 물방울이 나를 잠시 위로해 준다.

겨울밤은 이렇게 쓸쓸함을 끼고 산다. 창밖에는 눈이 쌓이고, 방 안에는 정적이 흐른다. 하지만 고요함은 나를 되돌아보게 한다. 지나간 시간들, 아픔과 후회, 말하지 못한 그리움이 하나둘 떠오른다. 아내는 모를지도 모른다. 아니, 어쩌면 알고도 모르는 척 내 옆에 있어주는 것일까. 그녀의 고요한 침묵은 나를 이해하고 품어주는 또 다른 방식일지도 모른다. 어쩌면 그녀의 마음도 가랑잎처럼 들썩이고 있을 것이다.

겨울은 기다림의 계절이다. 산새는 따뜻한 봄을 준비하고, 산속의 동물들은 긴 잠에 든다. 자연은 고요하지만, 생명은 멈추지 않고 이어간다. 나 또한 겨울을 견디며 언젠가 찾아올 봄을 기다린다. 겨울의 끝에서 따뜻한 바람이 불어오면, 얼어붙었던 나의 마음에도 새로운 봄이 피어날 것이다.

비록 지금은 쓸쓸하고 차갑지만, 다시 일어설 준비를 할 시간이다. 동면은 멈춤이 아니라 더 큰 도약을 위한 충전의 순간이다. 겨울이 지나고 나면 새싹이 돋아나듯, 나도 새로운 나를 만날 것이다. 봄은 조용히 찾아온다. 긴 기다림 끝에 맞이하는 봄처럼, 사랑도 그렇게 찾아온다. 겨울의 차가운 바람이 지나가고, 새싹이 피어나는 그날. 나는 더 단단해진 나로, 더 깊어진 마음으로 다시 시작할 것이다.

겨울의 끝에서 봄을 기다린다. 아니, 사랑과 희망을 기다리며 시간을 보낸다. 지금은 이 고요한 겨울밤을 베개 삼아 면벽할 뿐이다. 그러나 언젠가는 밤의 쓸쓸함조차 따뜻한 추억이 될 테니까. 겨울은 차갑지만 그 속에는 늘 따뜻함에 대한 그리움이 자리하고 있다. 마치 어두운 방 안에서 희미한 불빛 하나를 찾듯, 따뜻한 사랑을 기다린다. 하지만 전해지지 않는 마음은 늘 아쉬움만 남는다.

겨울은 봄을 기다리는 계절이다. 봄이 오기까지 기다려야 하는 긴 시간 동안, 겨울의 밤은 더욱 깊어만 간다. 아무리 창밖의 눈이 아름답게 내려도, 마음의 허전함을 덮어주지는 못한다. 잠을 이루지 못하고 누운 채 창밖을 바라보면, 하늘에선 여전히 눈이 내리고 있었다. 흩어지는 눈송이처럼 그리움이 내 안에서 흩어지고 쌓였다.

겨울의 쓸쓸함은 어쩌면 그리움의 다른 이름일지도 모른다. 누군가를 생각하고, 무엇인가를 그리워하고, 말로 다하지 못한 마음을 품고 지나가는 계절. 언젠가 이 눈이 녹아내리듯, 내 마음도 따뜻한 봄볕에 녹아내리기를, 나의 겨울이 지나가기를 간절히 바라본다. 눈은 여전히 내리고, 밤은 깊어만 간다. 눈 속에도 쓸쓸함이 있고 봄을 기다리는 마음도 있다. 겨울밤은 추억을 회상하는 시간이고 겨울은 더 긴 시간이다. 길어서 생각하게 하는 계절이다. 고독도 외로움도 재산임을 느낀다.

머릿돌과 모퉁잇돌의 쓸모

 머릿돌은 건물을 지을 때 날짜 등을 새겨서 일정한 자리에 세워 놓거나 고정시켜 놓는 상징적인 돌로 정초석定礎石이나 주춧돌을 말한다. 최근에 와서 머릿돌은 기공일이나 준공일 등을 기록하여 건물 외벽에 붙이기도 하고, 현관 옆 잘 보이는 곳에 따로 세우기도 한다. 원래 머릿돌은 건축물의 기초석이다. 집을 지을 때 방향을 잡고 머릿돌을 중심으로 집을 짓게 된다.
 머릿돌은 건물을 지지하는 돌이다. 모든 다른 돌들은 머릿돌 위에 놓이며 머릿돌을 기준으로 건물이 세워진다. 머릿돌에는 비전과 꿈이 담기고 이곳에서 쌓아갈 모든 기둥과 벽의 기초가 된다.
 머릿돌은 나의 시작을 상징한다. 어떤 이정표를 세워 두고, 어떤 시작을 알리는지 의미가 담겨 있다. 나는 머릿돌을 세울 때마다 한 걸음 내디딘 내 과거의 순간들이 떠오른다. 작은 결심으로 시작했지만 결코 작지 않았던 첫 직장, 첫 가정, 그리고 첫 책임들이 하나둘 이어졌다. 내 인생에 첫 삽을 뜨며 내가 다짐했던 것들, 꿈꿨던 모습이 머릿돌 속에 담긴 듯하다. 누군가 말했듯, 머릿돌이 단단할수록 그 위에 올라가는 것들이 흔들리지 않듯이 말이다.

모퉁잇돌은 또 다르다. 세월을 두고 쌓아온 벽의 끝자락에 모퉁잇돌이 놓인다. 그곳에서 건물은 방향을 움직인다. 머릿돌이 시작이었다면, 모퉁잇돌은 전환이다. 고비마다 다른 선택지를 만나고, 삶의 방향을 새롭게 바꾸어야 하는 순간이 찾아온다.

내 삶에도 모퉁잇돌과 같은 순간이 있었다. 익숙했던 일들을 내려놓고 새로운 도전을 시작한 때 과거의 고집을 내려놓고 사람들과 더불어 가기로 결심한 순간들, 모두가 전환점이 되었다. 그때마다 나는 어떤 선택을 해야 했고, 방향을 바꾸며 새로운 길을 열었다. 내가 오늘 이렇게 살고 있는 이유, 모퉁잇돌이 내게 준 기회이자 도전의 결과가 아닐까 생각한다.

머릿돌과 모퉁잇돌, 둘은 같은 돌이면서도 다른 역할을 한다. 한 건축물 안에서 만나며 서로를 지탱한다. 내 인생의 머릿돌이 지금의 나를 이루는 기초가 되어주었고, 여러 모퉁잇돌이 나를 이끌어 다양한 경험으로 이끄는 힘이 되어 주었다. 그리고 그 모든 과정이 결국 하나의 삶을 짓는 여정이 된 셈이다. 인생은 하나의 건축이다. 머릿돌을 단단히 세워 그 위에 첫발을 내디뎌야 하고, 언젠가는 방향을 틀며 모퉁잇돌을 놓아야 한다. 그렇게 머릿돌에서 시작해 모퉁잇돌로 이어지는 삶이 하나의 온전한 집을 세워나가는 것이다.

시골 작은 마을에 오래된 집이 하나 있었다. 비바람을 맞고 몇 차례의 수리와 개축을 겪으며 지금의 모습을 갖추었다. 마을 사람들은 이 집을 보며 언제나 머릿돌과 모퉁잇돌 이야기를 떠올렸다. 머릿돌은 이 집이 처음 세워질 때 놓인 단단한 돌이다. 머릿돌을 놓고 마을 장로가 축원을 하며 집이 오래도록 굳건히 서길 빌었다. 머릿돌은 그때부터 집의 시작을 품고 있었다. 사람들이 "내가 이 마을에 처음 발을 디뎠을 때"라고 이야기하듯, 삶에도 누구에게나 시작점이 있듯이 말이다.

세상 사는 이야기는 언제나 머릿돌에서 시작된다. 한 청년이 부모님 품을 떠나 첫 장사를 시작했던 날 그는 비록 작은 수익을 올렸지만 새로운 머릿돌을 놓았다. 첫 장사가 시작의 돌이 되어준 것이다. 처음은 언제나 두렵고 낯설었지만 머릿돌을 놓고 나면 한 걸음씩 발을 내딛게 된다. 시작의 결심과 기대가 조금씩 쌓여가며 인생의 기초가 되었고 더 많은 것이 얹혀졌다.

인생은 단순히 머릿돌 위에만 쌓여가는 게 아니다. 모퉁잇돌이 필요할 때가 있다. 집의 모퉁잇돌도 그러했듯이, 벽이 한 방향으로만 뻗어갈 수는 없기 때문이다. 벽이 계속해서 나아가려면 꺾어야 할 때가 있다. 새로운 방향을 잡는 모퉁잇돌처럼, 우리 삶에도 방향을 바꿔야 하는 순간이 찾아온다.

집을 지었던 사람도, 마을을 떠나던 청년도 처음에는 장사를 계속할 줄 알았고 한평생을 한곳에서 살 줄 알았다. 예상하지 못했던 변화들이 닥쳤다. 경제적 어려움이나 새로운 기회들이 생기며, 청년은 또 다른 도전을 맞이하게 되었다. 이럴 때 모퉁잇돌은 자신이 가던 길을 멈추고 다른 방향으로 꺾을 용기를 준다. 누군가에게는 모퉁잇돌이 전혀 새로운 분야로의 이직이었고, 어떤 이는 고향으로 돌아가는 선택이었다.

인생의 모퉁잇돌은 가던 길이 틀리지 않았음을 증명하면서도 새로운 방향을 향해 나아갈 힘을 준다. 덕분에 실패와 좌절이 찾아올 때마다 길을 잃지 않고, 다음 단계를 향해 한 걸음 더 나아갈 수 있게 한다. 모퉁잇돌이 단단히 서 있을 때 비로소 인생의 다음 장면들이 그려지게 된다.

사람들은 흔히 건물을 완성했다고 말하지만 그 속엔 수많은 머릿돌과 모퉁잇돌의 흔적이 깃들어 있다. 내가 밟아온 머릿돌과 모퉁잇돌을 떠올릴 때 세상 사는 이야기를 더욱 단단하게 만들어주는 것을 느낀다. 각자의 길에 머릿돌을 놓고 돌고 돌아간 모퉁잇돌이 결국 하나의 인생이다.

기업 경영에 있어 머릿돌과 모퉁잇돌은 조직의 시작과 변화의 중요한 순간을 잘 상징한다. 두 돌의 의미를 바탕으로 기업이 성장하고 발전하는 과정을 반복한다. 기업을 설립할 때 가장 먼저 놓는 것은 단단한 머릿돌이다. 머릿돌은 기업의 정체성과 가치를 담은 기초로, 이곳에서 모든 시작이 이루어진다. 창업자는 머릿돌을 놓으며 기업이 추구할 방향과 가치를 생각한다. 고객에게 주는 신뢰, 품질에 대한 약속 그리고 직원들과 함께 쌓아갈 기업 문화를 다짐하며 머릿돌 위에 기업의 첫걸음을 내딛는다.

나 역시 중소기업에 합류해 새롭게 시작했던 순간이 바로 그 머릿돌 위에서 이루어졌다. 회장님께서 늘 말씀하시던 "화합과 단결로 위기를 극복한다"라는 철학이 바로 머릿돌과 같았다. 이 가치는 조직이 흔들릴 때마다 중심을 잡아주었고, 서로를 지탱하는 바탕이 되었다.

기업이 성장하면서 변화를 맞이하는 순간이 다가온다. 이때 필요한 것이 바로 모퉁잇돌이다. 모퉁잇돌은 방향을 전환하는 중요한 역할을 한다. 기업이 한 가지 방식으로만 나아갈 수 없을 때 새로운 길을 열어준다. 우리는 그동안 안정적인 제품과 시장에 안주할 수도 있었지만 성장의 정체를 극복하기 위해 신규 사업을 시도했다. 기존의 틀을 과감히 넘어서야 했던 그 순간이 우리 기업의 모퉁잇돌이었다.

신규 사업을 시작하면서 내부의 공장 혁신을 통해 품질을 더욱 높였고 해외로의 첫 발걸음을 내딛었다. 새로운 방향을 향한 결정이었기에 그만큼 리스크도 컸지만, 모퉁잇돌 덕분에 우리는 지금의 위치에 설 수 있었다. 창립 40주년을 기념하며 고객들과 함께 축하할 수 있었던 이유도 바로 중요한 전환점들이 모여 만들어진 결과였다.

경영은 이렇게 머릿돌과 모퉁잇돌이 서로 맞물려 돌아가는 과정이다. 머릿돌은 언제나 기업이 지켜야 할 중심을 잡아주고, 모퉁잇돌은 성장과 혁신을 향해 방향을 틀어준다. 머릿돌이 단단히 서 있어야 모퉁잇돌을 세우더라도 기업이 흔들리지 않고 나아갈 수 있다. 기업경영에 있어서도 시작과 성장 그리고 변화의 힘은 머릿돌과 모퉁잇돌의 조화와 협력에서 이루어 낸다면 기업은 더욱 성장할 가치를 담아낼 수 있을 것이다.

이제 나는 새로운 모퉁잇돌을 세울 준비를 하고 있다. 인생의 가을에 접어들어 지나온 추억과 미래의 희망을 그려나가기 위한 지금, 앞으로도 머릿돌의 가치를 잃지 않으며 변화를 맞이할 준비를 하고 있다. 꿈과 소망이 사라지지 않도록 머릿돌과 모퉁잇돌이 내 인생의 겨울을 넉넉히 보낼 수 있도록 다짐해 본다. 머릿돌로 인생을, 모퉁잇돌로 꿈을 실현할 것이다.

카르페 디엠으로 살다

바람이 흘러가서 돌아오지 않고, 시냇물이 흘러가 돌아오지 않는다. 하늘을 떠간 구름도 흘러가면 돌아오지 않는다. 시간이 지나가면 돌아오지 않는다. 인생은 짧은 한 순간에 지나가며 이슬과 같은 덧없는 존재다. 역설적으로 보면 하루하루 매시간을 의미 있게 살아야 한다는 메시지를 발견하게 된다. 흔히 우리 인생을 '나그네 같은 삶'이라고 한다. 덧없는 인생이며 철학적, 종교적 사상에서 세상을 잠시 스쳐 지나가는 존재라는 것이다. 인생의 유한함을 인식하고, 집착을 버리고, 순간을 받아들이는 자세이기도 하다.

한때 좌절감에 빠진 젊은이들 사이에 '이생망', 즉 이번 생은 망했다는 현대적인 루저들의 신조어가 많이 사용되었다. 뒤집어 생각하면 유한한 인생에서 더욱 더 현재를 충실하게 살라는 반면교사가 될 수 있다. 아직 완성되지 않은 존재라는 뜻으로 미생이라 표현하기도 하지만 계속해서 성장하며 끊임없이 노력해야 함을 상기시킨다. 단순히 물질적 성공을 넘어서 인간관계, 자아실현 그리고 내면의 평화와 조화를 이루며 사는 것이 진정으로 아름답게 사는 길이다. 지나간 후에 후회하지 말고 현재의 소중한 사람들과 주어진 상황에 감사하고 최선을 다해야 한다는 실용적 교훈이다.

나는 제조업 현장에서 젊음을 보냈다. 막상 은퇴를 하니 막막했고 세상에 적응하기도 쉽지 않았다. 40년이라는 긴 세월 동안 정해진 일정에 따라 반복되는 생활을 했던 터라 쉽게 은퇴의 공허함을 벗어나지 못했다. 일에서 벗어난 일상은 갑작스레 텅 비어버린 것 같았다. 하루 종일 면벽할 때도 있었고 등산이나 둘레길을 걷기도 했으나 마음이 편하지 않았다.

모임에서 '카르페 디엠Carpe Diem'이라는 말을 들었다. 카르페 디엠은 라틴어로 '현재를 즐겨라' 또는 '오늘을 붙잡아라'라는 뜻이다. 미래에 대한 걱정이나 과거의 후회보다 지금 이 순간을 소중히 여기며 살아가는 삶의 태도를 의미한다. 즉, 현재를 최대한 즐기고 가치 있게 사용하는 것이 카르페 디엠의 핵심이다.

카르페 디엠이란 말을 듣는 순간 솔깃해졌다. 지금 이 순간을 즐기며 새로운 도전을 해보라는 격려의 말이기도 했다. 처음에는 와 닿지 않았지만, 점차 나에게도 아직 도전할 수 있는 시간이 남아 있다는 생각이 들었다.

탈탈 털고 일어나 할 일을 찾아 나섰다. 중소기업 컨설턴트로 일하기 시작했으며 주 2회 출근하면서 중소기업의 경영을 도왔다. 5년째 일을 이어오며 오랜 경력을 바탕으로 후배 기업인들과 소통하고 가르치는 일에서 보람을 느끼기 시작했다.

남는 시간에는 그동안 하고 싶었던 취미 생활에 몰두했다. 사진을 찍으며 자연을 담는 즐거움을 만끽했고 골프를 치며 건강을 다지기도 했다. 또한 글쓰기를 통해 자신의 생각과 경험을 정리하는 시간을 가졌다. 특히 사진과 글쓰기를 결합해 블로그를 운영하면서 경험한 일과 인생의 교훈을 글로 남기고 있다. '매 순간을 의미 있게 보내는 것이야말로 진정한 2모작 인생의 삶이다'라고 생각하며, 여전히 활기차고 만족스러운 삶을 살아가고 있다.

그동안 반려자와 함께 여행하지 못했던 계획을 세워 멋진 여행을 떠나 현지의 문화를 체험해 보기도 했고, 맛있는 음식도 맛보며 긴 대화도 나누었다. 긴 세월을 함께 걸어온 만큼 서로에 대한 깊은 이해와 사랑이 여행의 즐거움을 배가시켜 주었다. 두 사람이 처음 만났던 시절을 떠올리며 젊은 시절의 열정과 추억을 되새기면서 새로운 모험을 떠나보니 더할 나위 없이 소중한 경험이 되었다.

아내와 함께하는 여행은 화려한 관광지만이 아니라 둘만의 시간을 온전히 누릴 수 있는 조용한 장소로 떠나는 것이 좋았다. 자연 속에서 한적하게 산책하거나 작은 카페에서 따뜻한 커피 한잔을 나누며 서로의 이야기를 들어주는 시간은 삶의 일상에서 벗어나 마음을 나누는 계기가 될 수 있었다.

여행지에서 함께 웃고 놀라며 각자의 취향을 존중하면서 서로의 새로운 모습을 발견할 수 있었다. 오래된 도시의 골목을 거닐며 역사와 예술을 공유하거나 바닷가에서 석양을 바라보며 조용한 시간을 보내기도 했다. 함께한 순간들은 시간이 지나도 또 다른 소중한 추억으로 남아 부부 사이를 더 깊게 만들어 주었다. 좋아하는 일과 유익한 일을 병행하며 나이와 상관없이 오직 우리만을 위한 투자였고 새로운 경험을 통한 인생의 의미를 찾아가는 일이었다. 이런 내 모습에 많은 친구가 공감하며 부러워했다.

카르페 디엠Carpe Diem은 라틴어로 고대 로마의 시인 '호라티우스'의 시에서 비롯되었다. '인생의 순간을 소중히 여기고 지금을 최선을 다해 살아가라'는 메시지를 담고 있다. 이를 바탕으로 우리는 삶의 다양한 철학적 관점과 태도를 연결해 볼 수 있다. 이 주제는 수많은 철학자와 문학가에게 영감을 주었고 현대 사회에서도 여전히 중요한 삶의 태도로 여겨지고 있다.

우리는 살아가면서 종종 '나중에'를 말하며, 오늘의 중요한 일들을 미루곤 한다. '지금 당장 할 필요가 있을까?', '내일도 기회는 있겠지'라고 스스로를 위로하며 현재의 순간을 놓치기도 한다. 하지만 내일이란 언제나 오지 않을 수 있으며, 오늘을 놓친다면 그 순간은 다시 돌아오지 않는다. 불확실성 속에서 현재를 붙잡으라는 경고이자 격려이다.

'카르페 디엠'을 실천하기 위해서는 먼저 '현재의 가치'를 깨달아야 한다. 단순히 즉흥적으로 행동하거나 충동적으로 삶을 살라는 뜻이 아니다. 오히려 지금 내가 처한 상황 속에서 가능한 선택을 하고, 순간에 몰입하는 것을 의미한다. 때로는 바쁜 일상에 쫓기다 보면 현재의 소소한 행복을 놓치기 쉽다. 하지만 작은 순간들에도 감사함을 느끼고 의미를 찾는다면 일상은 훨씬 풍요로워질 수 있다.

'카르페 디엠'은 나에게 용기를 심어 준다. 무엇인가를 시도할 때의 불안함이나 실패에 대한 두려움은 종종 발목을 잡는다. '오늘'이라는 시간은 다시 새로운 도전을 할 수 있는 기회를 제공한다. 현재를 붙잡는다는 것은 다가올 미래의 두려움을 이겨 내고 지금 내게 주어진 기회를 최대한 활용하는 용기를 가지는 것이다.

또한 순간의 중요성도 일깨워주지만 동시에 지나간 순간을 소중히 기억하게 한다. 때때로 지나간 시간을 후회하거나 미처 즐기지 못한 시간들에 아쉬움을 느낄 때가 많다. 그러나 이러한 기억들도 오늘의 나를 만들어주는 중요한 조각들이다. 과거의 소중한 순간들을 되새기며 그때 하지 못했던 것들을 현재에서 실천해 나가는 것이 진정한 '카르페 디엠'이다.

철학자 알베르 카뮈는 인간의 삶을 부조리로 묘사하며 마치 나그네처럼 외부인이자 이방인으로 존재한다고 이야기한다. 모두가 끊임없이 삶의 의미를 찾지만 의미는 명확하지 않다. 그러나 나그네처럼 그 여정을 포기하지 않고 계속해서 걸어가는 것이 중요하다.

기독교에서는 인간을 종종 순례자로 비유한다. 인간은 영원한 고향이 아닌 이 세상에서 잠시 머무르는 존재이며 결국 신의 나라로 가는 여정 중에 있는 자로 그려진다. 따라서 이 땅의 것에 지나치게 얽매이지 않고, 신의 뜻을 따르는 순례자의 길을 걷는 것이 중요하다고 가르친다.

도교의 노자는 세상을 흐르는 강물에 비유하며 인생을 자연스럽게 흘러가는 나그네와 같이 보았다. 무위자연無爲自然, 즉 인위적으로 삶을 통제하려 하지 말고 자연스러운 흐름에 자신을 맡기는 것이 나그네의 삶과 닮아 있다. 억지로 무언가를 붙잡지 않고 삶의 여정을 유연하게 받아들이는 것이 도교의 철학이다.

성현들의 가르침은 사람은 결과와 상관없이 자신의 책임과 역할에 최선을 다해야 함을 강조한다. 지나치게 멀리 보거나 후회할 필요 없이 매 순간 가치 있게 살아야 한다는 가르침을 안고 산다. 예수님은 세상을 향해 "네 이웃을 네 몸과 같이 사랑하라"라고 가르치며 인간의 부족함을 이해하고 무조건적인 사랑과 용서의 중요성을 설파했다. 희생적인 사랑, 나눔과 용서가 개인의 삶을 더 풍요롭게 만든다고 말한다. 예수님의 사랑을 바탕으로 오늘, 지금 이 순간에 온전히 자신을 사랑하고 나누며 살아가야 함이 진정 최선을 다한 삶이다.

현대 사회에서도 나그네 같은 삶이 여전히 많이 회자되곤 한다. 급격한 변화와 불확실성 속에서 마치 떠도는 부평초 같은 세상을 살아가고 있다. 직장이나 사회생활 속, 인간관계가 수시로 변하는 상황에서 진정한 삶은 순간에 충실하며 지나치게 집착하지 않는 삶이다. 나그네처럼 유연하게 대처하고 목적지에 도달하기보다 과정에서 배움을 찾는 진정한 '카르페 디엠'의 자세로 사는 삶이 아름다운 삶이다.

평생 회사와 가정에만 전념했지만 은퇴 후에도 여전히 도전할 가치가 있다는 걸 깨닫고 새로운 취미와 봉사 활동을 통해 활력을 찾고 있다. 중늙은이로 사는 친구가 많지만 나는 오늘도 힘찬 발걸음을 내딛으며 '카르페 디엠'의 삶을 즐기고 있다. 오늘은 태어난 날이기도 하고 살아있는 날이기도 하다. 또한 죽는 날도 오늘이다. 오늘을 벗어날 수 없다면 당연히 오늘을 살아야 한다.

강남 살면 다야?

집은 품격에 맞게 이름이 있다. 가장 격이 높은 집인 궁宮 안에는 그 크기에 따라 전殿, 당堂, 합閤, 각閣, 재齋, 헌軒, 루樓, 정亭의 건물로 구분한다. 품격이 높은 곳에서 낮은 곳으로 가는 순서이며 건물들의 신분과 위계질서라고 할 수 있다. 집이라고 해서 다 같은 집이 아니다.

집 안에 사는 사람의 품격에 의해 지금은 집의 가치가 있다. 시설이나 가격으로 집의 가격이 달라지지 않는다. 아파트값이 하늘 높은 줄 모르고 계속 올라갔던 몇 년 전의 이야기다. 분당盆唐에 사는 친구가 천당天堂 밑에 분당이라고 자랑을 한다. 내가 똑 쏘아붙였다. "아니, 분당糞堂이 좋겠다." 한자의 똥 분糞을 넣어서 말했다.

요즘 강남 사는 친구는 자기 동네 자랑에 바쁘다. "우리 동네 아파트 재개발했는데 입주가 곧 시작된다. 원플러스원이라던데, 어떻게 하는 게 좋겠어?" 아니, 유효기간이 다가오는 마트 식품도 아닌데 원플러스가 아파트에도 있나? 내가 입주하는 것도 아닌데 왜 나한테 물어보나 싶다.

"압구정 아파트가 개발되면 지금도 60억인데 아마 80억은 훌쩍 넘어가겠지?" 나는 속으로 되뇐다. '그래, 너희는 물소리, 새소리도 듣지 못하고 살지? 나는 물소리에 잠이 들고 새소리에 잠이 깬다. 그걸로 만족하며 살련다.' 친구들은 집값이 오를 때마다 웃음이 떠나지 않는다. "우리 아파트값 또 올랐어!" 친구들과 모여 집 이야기가 나올 때마다 화제를 바꿔버린다. 이젠 아파트 이야기가 싫어졌다. 다 같이 웃고 즐길 수 있는 이야기가 좋을 텐데, 그들의 웃음은 늘 집값과 종부세 이야기에 묶여 헤어날 줄 몰랐다.

사실 나는 시골 촌놈이다. 그래서인지, 시골에서 텃밭을 가꾸며 살고 싶다는 생각이 든다. 마당 한가운데 모닥불을 피워놓고 평상에 누워 밤하늘의 별을 헤아리며 은하수를 보고 싶다. 초가집 처마에 둥지를 짓는 제비의 다리를 고쳐주고 싶었던 아득히 먼 기억도 떠오른다. 언젠가 다시 그런 삶을 살 수 있을까?

아침이면 상쾌한 햇살이 미소 짓고, 저녁노을을 벗 삼아 노래하며 사는 촌노村老의 삶. 도시에서는 느낄 수 없는 평화로움이 있다. 강남의 화려한 빌딩 숲속에서는 참새도, 제비도 집을 짓지 않을 것이다. 자연이 주는 힐링이 좋다.

물론 강남에 살면 좋은 점도 있다. 아이들에게 더 나은 교육 환경을 제공할 수 있으니까. 유명 학원가와 수준 높은 학교들은 강남이 가진 큰 매력이다. 애들 다 키운 내가 이제 와서 명문 학원에 연연할 필요는 없다. 베란다 창문을 열면 바로 눈앞에 모락산 정상이 보이는 곳에 사는 나는 지금이 무척 행복하다. 자연 속에서 매일 새로운 풍경을 만난다. 신선한 공기를 마시며 살아가는 지금의 이 삶이 얼마나 소중한지 모른다. 강남의 재개발이나 원 플러스원 유혹도 내게는 아무런 의미가 없다.

몇 년 전, 학교 친구들 모임의 리더를 맡았다. 모임 장소를 매번 강남으로 정하는 게 지겨워 처음으로 우리 동네 백운호수 맛집을 제안했다. 친구들이 난리가 났다. "거기 지하철 다니냐? 버스는 운행돼?" 모두 낯설어했지만, 나는 꿋꿋하게 밀어붙였다. 막상 다녀온 뒤에는 다들 "강남보다 훨씬 좋다"라고 말했다. 그 뒤로 모임은 서울 둘레길 걷기, 한강 유람선 타기, 고궁 산책, 대학로 연극 관람 같은 활동으로 바뀌었다. 아내들은 무척 좋아했다. 강남에서 돈만 쓰는 모임을 벗어나니 정서적으로도 건강이 훨씬 나아졌다.

강남의 집값이 오르면 뭐하나. 폭우 한 번에 지하 주차장이 물에 잠기고, 수많은 차량이 떠내려가는 뉴스를 보고는 친구에게 말했다. "너희 집값이 많이 떨어졌다며? 이제 나랑 시골 가서 살자." 여전히 우쭐대는 친구에게 한마디 더 쏘아붙였다. "공작새처럼 깃털만 자랑하지 마라. 알고 보면 그냥 커다란 닭일 뿐이잖아!"

웃으면서도 나는 생각한다. 지금은 내 소박한 삶이 더 소중하다는 것을. 강남 살면 다야? 결국 중요한 건 함께하는 사람들과의 진정한 행복, 그리고 자연이 주는 평화로움이 아닐까. 집은 사는 주인의 마음을 닮아 작아도 크고, 소박해도 빛나는 집이 있다. 최고의 품격을 갖춘 집은 하늘 아래 따뜻한 마음을 가진 사람의 집이다. 나는 사람의 집에 산다.

메아리가 들려주는 삶의 진실

늦은 오후 홀로 깊은 산속 오솔길을 걷고 있었다. 도시의 소음은 저 멀리 아스라이 사라지고, 오직 흙냄새와 풀 내음만 코끝을 간지럽혔다. 굽이진 길을 따라 걷다 보니, 작은 계곡 앞에 다다랐다. 맑은 물이 졸졸 흐르는 계곡 앞에 서니 가슴속 깊은 곳에서 뜨거운 무언가가 벅차올랐다.

문득, 어린 시절 산속에서 메아리를 들었던 기억이 떠올랐다. 호기심 가득한 눈망울로, 나는 용기를 내어 크게 외쳤다. "안녕!" 잠시 후, 놀랍게도 똑같은 목소리가 계곡을 타고 되돌아왔다. "안녕!" 마치 자연이 내 인사에 따스한 응답을 건네는 듯했다. 순간, 삶의 메아리 법칙을 온몸으로 느낄 수 있었다.

얼마 전, 여행 중에 친구와 심한 말다툼을 벌였다. 대왕고래가 당해 앞 바다에 살아있느냐에 대한 진실 공방전이었다. 서로의 의견이 팽팽하게 맞서면서 감정이 격해졌고, 결국 서로에게 날카로운 말들을 쏟아내고 말았다. 그날 밤, 나는 잠자리에 누워서도 분노와 후회로 잠을 이루지 못했다. 다음 날 아침, 떨리는 마음으로 친구에게 말을 걸었다. "어제 일은 정말 미안했다. 내가 너무 심했던 것 같았으니 마음 풀어라." 내 진심 어린 사과에 친구는 잠시 침묵하더니, 이내 미안했다는 듯이 내 사과를 받아주었다. 친구도 자신의 잘못을 인정하며 내게 사과했다. 우리는 다시 예전처럼 웃으며 대화를 나눌 수 있었다.

매일 생활을 같이 하는 부부 사이에도 유사한 일이 일어난다. 사소한 일이라도 서로의 의견이 다를 때가 있다. 마찰계수가 올라가면 큰 소리가 오고간다. 스스로 중저음과 상냥한 미소로 공격하면 처음에는 어리둥절하지만 금방 눈치를 채며 받아들인다. 결국 부부 사이도 메아리가 살아있는 공간인 셈이다.

젊은 혈기로 가득했던 학생 시절, 나는 마치 무대 위 주인공처럼 열정적으로 학업에 임했다. 밤샘 공부도 마다하지 않고, 모르는 것은 친구들과 함께 머리를 맞대고 고민했다. 마치 잘 조율된 악기처럼, 노력은 아름다운 성적이라는 화음으로 돌아왔다. 교수님의 칭찬과 친구들의 신뢰는 나를 더욱 빛나게 했고, 맑은 샘물처럼 솟아나는 지식은 메아리처럼 퍼져나가 주변 사람들과의 관계를 풍요롭게 했다.

사회라는 냉혹한 무대에 올라서자, 메아리의 법칙은 더욱 선명하게 드러났다. 한때는 열정 넘치던 신입사원이었지만, 시간이 흐르면서 안일함에 젖어 게으름을 피우기 시작했다. 동료들의 충고를 무시하고, 내 고집대로 일을 처리했다. 마치 녹슨 톱날처럼 부정적인 행동은 주변 동료들에게 상처를 주었고, 결국 나 또한 깊은 외로움과 후회라는 상처를 입게 되었다.

프로젝트 실패 후 동료들의 차가운 시선, 상사에게 질책을 받을 때 깨달았다. 내가 뿌린 씨앗이 어떤 열매를 맺었는지. 그 순간 다시 학생 시절의 열정을 떠올렸다. 잘못을 인정하고, 동료들에게 진심으로 사과했다. 그리고 다시 한번 성실함이라는 악기를 조율하기 시작하니 화음이 조화롭게 들리기 시작했다.

시간이 흘러 동료들의 신뢰를 얻고, 팀의 성공에 기여할 수 있었다. 그때 알았다. 삶의 메아리는 단순히 과거의 행동을 되돌려주는 것이 아니라, 현재의 선택을 통해 미래를 만들어가는 힘이었다.

마음가짐 또한 메아리 법칙에서 벗어날 수 없다. 긍정적인 마음으로 세상을 바라보면, 마치 아름다운 풍경화처럼 세상의 아름다움이 눈에 들어온다. 어떤 어려움에도 희망을 잃지 않으면 마치 파도를 넘는 서퍼surfer처럼 역경을 극복하고 성장할 수 있다. 하지만 늘 불만과 부정적인 생각에 사로잡혀 있으면, 마치 어두운 그림자처럼 세상은 더욱 어둡고 불행하게 느껴진다. 자신을 비하하고 부정적인 말을 되뇌면, 마치 굳게 닫힌 문처럼 마음의 문은 점점 닫히고 고립되고 만다.

삶을 변화시키기 위해서는 먼저 마음을 변화시켜야 한다. 물론 모든 것을 긍정적으로 생각한다고 해서 모든 일이 술술 풀리는 것은 아니지만 긍정적인 마음은 어려움을 극복하고 더 나은 결과를 만들어내는 데 큰 도움이 된다. 좋은 생각은 정신 건강을 유지하고 행복한 삶을 살아가는 데 중요한 역할을 한다.

어느 날 문득 내 삶이 거대한 산속의 깊은 계곡에서 울려 퍼지는 맑고 청아한 메아리처럼 생각되었다. 내가 내뱉는 말, 내가 행하는 행동, 심지어 내가 품는 마음까지도 메아리처럼 되돌아와 내 삶의 풍경을 만들어냈다.

매일 마주하는 세상 속에서, 나는 어떤 메아리를 만들어낼까 고민한다. 때로는 따뜻한 말 한마디가 누군가의 하루를 밝게 만들고, 작은 친절이 예상치 못한 기쁨을 가져다준다는 것을 경험한다. 부정적인 마음은 나를 고립시키고 불행하게 만들기도 할 것이다.

　내 마음은 마치 자석과 같다. 긍정적인 마음을 가질 때 긍정적인 사람을 만나고, 부정적일 때 부정적인 사람을 만난다. 매일 아침 거울을 보며 다짐한다. 오늘 하루도 어떤 메아리를 세상에 울릴까? 사랑과 감사, 희망과 용기가 가득 찬 아름다운 메아리를 날려 보내고 싶다. 따스하게 채색된 내 삶의 풍경화가 그려지겠지. 혼탁한 세상에 따뜻한 울림을 전할 수 있기를 소망한다. 흐린 날도 청명해지는 날이 되기를 기대한다. 또한, 하늘 맑은 날보다 마음 맑은 날의 행복을 생각한다.

좋은 씨앗을 뿌리다

　가난은 죄가 아니지만 죄 없이 벌 받는 느낌일 때가 있다. 어린 시절이 그랬다. 어린 시절 배고픔은 늘 친구처럼 따라다녔다. 그날은 조금 더 심했다. 오후 내내 뛰어 놀다 보니, 배 속에서 꼬르륵 소리가 심포니처럼 울려 퍼졌다. 집으로 돌아와 보니 밥은 커녕 간식도 보이지 않았다. 부엌 한쪽 구석에 무언가 반짝거리는 게 보였다. 바로 '씨감자'였다. '씨감자? 그냥 감자인데?' 어린 나는 이 단어의 중요성을 전혀 몰랐다. 감자는 그냥 먹으라고 있는 거 아닌가? 감자쯤이야 한두 개 없어져도 누가 눈치채겠어. 그날 나의 논리적 사고는 단순한 방식으로 전개되었다.

　동생과 눈빛을 교환하며 작전을 짰다. "우리가 다 먹는 건 아니야. 딱 두 개만 구워 먹는 거야. 엄마도 몰라." 동생은 이미 침을 삼키며 고개를 끄덕였다. 우리는 장작불을 지피고 감자를 불티가 남아있는 재 속에 파묻었다. 조금 후, 그윽한 냄새가 코 간질였다. 이제 우리의 '비밀 만찬'이 완성되었다. 동생과 나는 재를 헤치고 뜨거운 감자를 꺼내 먹으며 배고픔에서 해방되는 기쁨을 누렸다. 감자의 달콤함은 오래가지 않았다. 바로 뒤에서 들려오는 어머니의 날카로운 목소리. "너희들 지금 뭐 먹고 있어?" 말을 하려고 했지만, 뜨거운 감자는 삼키기도, 뱉기도 어려웠다. 겨우 내뱉은 한마디, "그… 그냥 감자…."

　어머니는 부엌으로 가서 씨감자 자루를 확인하더니 고개를 절레절레 흔드셨다. "이걸 심어야 밭에 감자가 열리지! 너희는 먹으면 끝인데, 나중에 뭐 먹고 살려고 이러냐?" 그날 우리는 엄마의 설교와 함께 씨감자 한 자루가 얼마나 중요한지 '열린 강의'를 들었다. 물론 감자의 가격과 농사의 미래까지 포함된 강의였다. 너무 길었던 교육이자 훈계였지만 씨종자의 중요성을 알게 된 계기가 되었다.

이상하게도 그날 먹었던 감자의 맛은 지금도 잊히지 않는다. 배고픔과 장난 그리고 엄마의 따끔한 꾸지람이 섞여 있는 그 맛. 어린 시절 나의 배고픈 모험은 그렇게 씨감자와 함께 끝났지만 지금까지도 내 삶 속에서 유쾌한 추억 중 하나로 남아 있다. 지금 생각하면 씨감자를 몰래 구워 먹으며 느꼈던 짜릿함은 우리 삶의 감칠맛 같은 게 아니었나 싶다. 물론 그 후로 씨감자는 꼭 심어야 한다는 것을 확실히 알게 되었다.

세상은 언제나 변화했다. 지금 우리가 살아가는 시대는 변화의 속도와 깊이가 전례 없이 빠르고 깊다. 기후 변화, 기술 혁신, 국제적 갈등, 예측할 수 없는 팬데믹까지, 우리는 끊임없이 '불확실성'이라는 거대한 파도 속에서 항해하고 있다.

미래를 떠올릴 때 무엇을 기대해야 하고 무엇을 준비해야 할까. 미래가 나에게 던져주는 단어들을 생각해 본다. 불확실한 세상에서도 미래는 늘 '희망'이라는 단어를 품고 있다. 불확실성은 무조건적인 두려움이 아니라 새로운 가능성을 의미하기도 한다. 지금껏 인류는 수많은 위기를 극복하며 더 나은 세상을 만들어왔다. 희망은 막연한 낙관이 아니라, 노력과 의지가 현실을 바꿀 수 있다는 믿음에서 비롯된다. 나 자신의 삶과 공동체 속에서 작은 희망을 발견하고 그것을 키워나가고 싶다.

미래는 책임을 요구한다. 불확실성 속에서도 환경을 지키고 관계를 이어가며 다음 세대를 위한 준비를 할 때 미래는 더 나은 방향으로 나아간다. 책임은 거창한 것이 아니다. 나의 작은 행동, 예컨대 쓰레기를 줄이고 소중한 사람에게 따뜻한 말을 전하며 나의 일에 최선을 다하는 것. 작은 책임들이 쌓일 때 세상은 조금씩 변화한다.

미래는 어떻게 함께 살아가느냐에 따라 달라진다. 자연과 인간, 과거와 미래, 개인과 공동체는 서로 얽혀 있다. 공존은 서로 다른 것들을 포용하고 다양성을 존중하며 더불어 살아가는 방법을 배우는 것이다. 나는 불확실성 속에서도 공존을 통해 희망의 씨앗을 심을 수 있다고 믿는다.

불확실성은 우리에게 두 가지를 요구한다. 하나는 지금 이 순간의 소중함을 깨닫고 최선을 다하는 것, 그리고 다른 하나는 예측할 수 없는 미래를 두려워하지 않고 희망과 책임, 도전과 공존으로 나아가는 것이다.

미래는 아직 오지 않았지만 지금 내가 선택하고 행동하는 모든 순간이 미래의 일부가 된다. 순간들이 모여 내가 원하는 미래를 만들어갈 것이다. 불확실성 속에도 미래라는 단어를 떠올릴 때 여전히 '희망'을 품는다. 내가 살아온 오늘이 그리고 내일의 선택이 먼 훗날 누군가에게 빛나는 이야기가 되기를 바라는 마음이다.

고향의 시골 마을은 늘 나에게 삶의 뿌리를 일깨워준다. 따스한 햇살 아래 노랗게 익어가는 옥수수와 빨간 고추들이 내 어린 시절을 환기시킨다. 그 곁에는 겨울을 준비하듯 조심스레 저장된 감자와 고구마가 있고 다음 해를 기다리는 배추씨와 무씨도 소중히 보관되어 있다. 어머니는 언제나 말씀하셨다. "종자는 생명이다. 이것 없으면 아무 것도 할 수 없어." 그 말의 뜻을 어린 나는 몰랐지만, 지금은 그 말이 세상 모든 진리를 품고 있었다는 것을 안다.

몇 해 전 스발바르 국제종자저장고에 대한 다큐멘터리를 본 적이 있다. 노르웨이령 북극점 가까운 곳에 자리한 저장고는 기후 변화, 핵전쟁, 자연재해와 같은 인류의 위기 속에서도 지구 생태계를 유지할 희망을 품고 있다. 저장고 속에는 전 세계의 곡식과 식물 종자들이 영하 18도의 냉동 상태로 보관되어 있다. 마치 '미래를 위한 방주'처럼 보였다. 저장고가 왜 필요한지 생각해 보면 우리는 이미 지구를 얼마나 위태롭게 만들었는지 깨닫게 된다.

기후 변화는 더 이상 먼 미래의 이야기가 아니다. 자연재해는 더욱 잦아졌고 핵전쟁의 위협은 여전히 현실적이다. 스발바르의 종자는 단순한 씨앗이 아니라 우리 삶의 근원이자 지구의 숨결이다. 저장고가 필요 없는 세상을 만들어야 하지만 안타깝게도 현실은 반대로 흘러가고 있다.

나는 한동안 '종자'라는 단어를 인간에게도 적용해 보았다. 인간의 씨앗, 즉 우리의 후손은 어떤 세상에서 살아가야 할까. 조상 대대로 이어져 온 우리의 유전자는 시간과 생명의 선물이다. 소중한 유산을 더 나은 모습으로 다음 세대에 물려줄 책임이 우리에게 있다.

나는 내가 받은 생명을 사랑하고 생명을 잇는 후손에게 좋은 세상을 남기기 위해 노력할 뿐이다. 내 아이들이 살아갈 세상이 지금보다 나은 곳이 되도록 나는 작은 실천을 꾸준히 이어가고자 한다. 가족들과 함께 환경 보호를 실천하고 내가 할 수 있는 사회적 책임을 다하며 우리 주변의 생명체를 소중히 여기려 한다.

아름다운 지구를 지키기 위한 방법은 멀리 있지 않다. 고향에서 어머니가 씨앗을 보관하며 나에게 가르쳐 준 지혜는 바로 우리 삶의 본질을 이야기한다. 자연과 조화를 이루며 살아야 하고 생명의 순환을 방해하지 말아야 한다. 작은 밭에서 한 알의 종자가 풍성한 수확으로 돌아오듯 나의 작은 행동이 미래에 큰 변화를 가져올 것이다.

결국 중요한 것은 지금 내가 할 수 있는 일이다. 나는 아이들과 함께 나무를 심고 불필요한 낭비를 줄이며 깨끗한 공기를 마실 수 있는 환경을 만들기 위해 노력한다. 나는 간혹 나무 한 그루를 찾아 산책하고 나무가 사계절을 지나며 어떻게 변하는지 관찰한다. 단순한 산책이 아니라 자연의 순환과 생명의 소중함을 배우는 시간이기도 하다.

나는 여전히 고향을 그리워한다. 가끔은 흙을 밟으며 직접 밭을 일구고 싶은 마음이 들기도 한다. 거기서 자라는 씨앗들은 다음 세대를 위한 나의 작은 다짐이다. 나의 삶이 씨앗처럼 누군가에게 희망을 줄 수 있기를 바란다. 시간은 끊임없이 흐른다. 그리고 언젠가 나도 흙이 되어 조용히 쉬게 될 것이다.

고향의 밭에서 씨앗을 손에 쥐고 흙 속에 심었던 날이 생각난다. 작은 씨앗이 무럭무럭 자라 싱그러운 잎과 열매를 맺었듯이 나의 말과 행동 그리고 가치관도 후손의 마음속에 심어진 씨앗이 되었을 것이다. 나는 어떤 씨앗을 심었을까. 생명을 존중하고 사랑하며 살아가는 법을 가르쳤는지 아니면 순간의 욕심에 휘둘려 방향을 잃었는지 생각해 본다.

나의 후손은 내가 심은 씨앗이 자라난 모습을 보며 무슨 생각을 할까. 내 삶이 그들에게 어떤 의미를 남겼는지 궁금해진다. 좋은 조상이란 단순히 혈통을 잇는 역할에 머무르지 않는다. 좋은 조상은 살아가는 동안 자신이 가진 것을 후대에 남겨주며 그들에게 더 나은 환경과 가치를 물려주는 사람이다. 물질적인 유산이 아니라 삶의 지혜와 사랑 그리고 선한 영향력이다.

나는 후손에게 어떤 세상을 남길까. 깨끗한 공기와 푸른 숲이 있는 세상, 서로 존중하고 배려하며 살아가는 사람들 그리고 꿈을 꾸며 도전할 수 있는 자유가 있는 세상. 이런 세상을 남기기 위해 나는 지금 무엇을 하고 있는가. 내가 했던 작은 선행들, 가족을 위해 노력했던 순간들 그리고 미래를 위한 꿈과 다짐들이 그들에게 힘이 될 수 있을까. 아마도 그들이 나를 떠올리며 이렇게 말해준다면 나는 만족할 것이다. "우리 조상은 작은 것에 감사할 줄 알았고 주변의 생명을 소중히 여겼다. 늘 노력하며 더 나은 삶을 살 수 있도록 힘썼다."

나는 지금 이 순간도 미래를 위해 씨앗을 심고 있다고 믿는다. 내가 남긴 이야기가, 행동이 그리고 사랑이 후손의 삶에 스며들어 그들 역시 좋은 사람으로 살아갈 수 있도록 돕는다면 나는 좋은 조상이었다고 생각할 수 있을 것이다.

100년 후 먼 훗날 내 무덤가에 자란 나무가 후손에게 그늘을 드리워준다면 나는 나무 아래서 조용히 미소 지을 것이다. "나는 충분히 노력했노라." 그들이 나무 아래서 가족과 함께 웃고 이야기를 나눈다면 그것이 바로 내가 꿈꾸던 세상일 것이다. 내가 뿌린 씨앗들은 자라나 또 다른 후대를 위해 좋은 씨앗을 뿌리리라. 씨감자는 봄을 기다린다. 봄을 만나기 위해 겨울을 지나야 한다는 것을 알고 있다. 나는 당당하게 겨울 속으로 들어갈 것이다.

뒷모습이 아름다운 사람이고 싶다

 뒷모습이 아름다운 사람에 대한 이야기다. 떠나는 사람의 뒷모습이 아름다우면 한 사람의 인생 전체가 아름답게 살았다는 것을 의미한다. 새로운 천 년이 시작된 지 몇 년 지나지 않아 유럽 출장 말미에 루브르 박물관을 관람했다. 루브르 박물관 하면 맨 먼저 떠오르는 것이 단연코 비너스상이다. 밀집한 사람들 틈을 비집고 들어가 휙 둘러보고 나왔다. 가이드의 친절한 설명을 듣고 다시 들어가서 꼼꼼히 살피고 나니 느낌이 완전히 달라 보였다.

 비너스상은 고대 그리스 조각의 걸작으로 여성의 아름다움을 이상적으로 표현한 작품이다. 곡선이 무척 자연스럽고 우아하다. 상의 모습은 전체적인 신체 비율과 조화를 이루며 균형이 잡혀있다. 곡선이 신체의 다른 부분과 완벽한 균형을 이루며 조각의 완성도를 높여준다. 그중에서도 등의 매끄러운 곡선미가 내 눈에 오랫동안 잔상으로 남았다.

 수년 전 체코의 전설적인 체조 선수 나디아 코마네치Nadia Comaneci의 체조경기를 유튜브로 본 적이 있다. 그녀는 1976년 몬트리올 올림픽에서 체조 역사상 최초로 완벽한 10점을 받은 선수다. 그녀가 보여준 연기는 세계 팬들의 이목을 집중하기에 부족함이 없었다. 신체적 아름다움은 하늘에서 내려온 천사처럼 예쁘고 그녀의 등은 완벽한 곡선을 이루며 체조의 다양한 동작을 연기하는 데 강인함과 유연성, 우아함을 모두 갖추고 있었다.

비너스상의 여인과 코마네치 두 사람의 아름다움을 어디에서 왔을까 생각해 보았다. 얼굴을 비롯한 모두가 아름다웠지만 그래도 등을 포함한 뒷모습에서 두 여성의 아름다움을 찾게 되었다.

등은 우리 인간의 신체 중에서 가장 넓은 면적을 차지하고 있지만 가장 푸대접을 받고 있는 부분이다. 앞모습을 보면 얼굴을 먼저 본다. 얼굴은 신체 중에서 가장 대접받는 부분이다. 매일 세수하고 거울을 보며 화장도 하고 혹시 피부가 상했나 걱정하며 보살핀다. 조금 고치고 싶은 부위가 있으면 많은 돈을 투자하여 성형을 한다. 인조미인이 많아진 세상이다. 그러나 등은 아프지 않으면 돌보지 않고 돈도 들이지 않는다. 너무 혹사하여 탈이 생기는 부분이다.

인간의 등은 고대 농경시대에는 모든 짐을 지고 날랐으며 중세 봉건 노예시대에는 주인이 때리는 채찍을 모두 받아주는 마음씨 넓은 신체의 일부가 되었으며 현대 디지털시대에 들어서도 컴퓨터나 SNS 등으로 인한 스트레스의 온상이 되기까지 등의 수탈사는 사람들의 숨은 히스토리를 모두 담고 있어 인간의 역사는 등의 역사가 되었다.

어린 시절의 장난기와 청년기의 도전, 성인의 책임감과 경험이 등을 통해 이야기된다. 그래서 '등이 넓은 사람이 마음이 넓다'라는 말처럼 등을 보면 그 사람의 마음을 엿볼 수 있다. 넓은 등은 사람의 너그러움과 포용력을 상징한다.

나의 등은 허리가 약하여 수난을 겪었다. 시골에서 어린 나이에도 지게를 지고 다니며 풀도 베고, 벼도 나르면서 부모님 농사일을 도와 허리가 많이 아팠다. 혹사를 당한 이력을 등은 고스란히 담아놓고 있었다. 나이 들어 보상하고 싶은 마음이다.

이별의 순간에도 떠나가는 사람의 등을 바라보며 전하지 못한 아쉬움을 등은 알고 있다. 뒷모습은 굳이 말하지 않아도 전해지는 수많은 감정이 담겨 있다. 떠나는 사람의 등은 그리움과 아쉬움을 자아내며 이별의 아픔을 안고 떠난다.

김소월의 「진달래꽃」에서는 사랑하는 이를 떠나보내며 그리움을 표현한다. "나 보기가 역겨워 가실 때에는 말없이 고이 보내 드리오리다"라는 구절은 사랑하는 사람의 뒷모습을 바라보며 느끼는 슬픔을 잘 드러내고 있다.

등은 종종 숨겨져 있다가 드러날 때 특유의 매력을 발산한다. 사랑하는 이의 등을 보며 그 사람의 모든 것을 포용하고 싶어진다. 특히 백허그를 할 때, 상대방의 등을 감싸안으며 서로의 온기를 느끼는 매우 따뜻하고 친밀한 애정을 느낀다. 또한 사랑을 깊이 있게 표현하는 다양한 의미와 감정이 담겨있다. 서로에게 심리적 안정감으로 깊은 신뢰를 준다. 상대방과 물리적 접촉을 통해 마음의 벽을 허물고 더욱 가까워질 수 있는 방법이다. 서로가 힘든 상황을 함께 극복해 나가는 사랑의 표현이다.

로맨틱한 순간을 사랑하는 사람과 일상 속에서 사랑을 표현하는 것은 서로에게 큰 기쁨과 행복을 준다. 사랑과 감사 존경의 마음을 전할 수 있으며 서로의 감정을 깊이 이해하고 공감하는 데 도움을 준다. 백허그는 단순한 스킨십 이상의 깊은 사랑과 애정을 담고 있으며, 서로의 마음을 진하게 연결하는 소중한 사랑의 통로가 등을 통하여 이루어진다.

사람의 올바른 자세는 내면적인 아름다움에서 나온다. 자신감의 상징이다. 얼굴과 달리 감춰져 있는 등은, 노출될 때 특유의 매력을 드러낸다. 뒷모습의 곡선과 형태는 사람마다 다른 삶의 경험을 반영한다. 고난과 역경을 겪으면서도 등을 곧게 펴고 살아온 사람은 그만큼 강인하고 아름다운 삶을 살아온 것이다. 등은 사람의 건강, 유연성, 자신감 그리고 삶의 경험을 반영하는 중요한 신체부위다. 고운 등을 통해 나는 그 사람의 신체적 아름다움을 바라본다.

『어린왕자』에서 생텍쥐페리는 "진정한 아름다움은 겉으로 드러나지 않는 법이다"라고 말한다. 아름다운 뒷모습을 가진 사람은 내면의 아름다움을 지니고 있다. 뒷모습 속에는 사람의 인생이 녹아들어 있으며, 각자의 경험과 감정이 투영된다. 그래서 뒷모습을 통해 그 사람의 진정한 모습을 발견하게 된다.

뒷모습이 아름다운 사람은 오랜 시간이 흘러도 잊히지 않는다. 그런 사람이 되려면 진정성 있는 삶, 타인을 위한 배려, 지속적인 자기계발, 긍정적인 태도와 열정, 강한 윤리적 기준 그리고 의미 있는 관계 구축을 통해 주변 사람들에게 깊은 인상을 남기고 기억에 남는 사람이 된다. 아름다운 뒷모습을 가진 사람은 내면이 더욱 빛나 진정한 모습이 비춰진다. 등과 뒷모습에서 사람의 깊은 인상을 보며 숨어 있는 다양한 아름다움을 본다. 등은 많은 신비로움을 품고 있어서 인간의 신체 중 가장 깊은 역사를 담고 있다.

　아름다운 뒷모습은 깊은 인상을 남긴다. 그 속에 담긴 감정과 이야기가 우리를 사로잡는다. 등을 통해 사람의 내면과 삶을 이해하게 되며, 그 사람의 진정한 아름다움을 느끼게 된다. 등과 뒷모습은 인간의 감정과 역사를 담고 있는 중요한 부분이다. 등을 통해 사랑과 이별, 내면의 아름다움을 경험하며 그 사람의 깊이를 느낀다. 따라서 사람의 진정한 아름다움은 뒷모습의 등에서 찾는다. 나도 뒷모습이 아름다운 사람이고 싶다.

글을 마치며

『낮달이 머무는 정원의 속삭임』을 세상에 처음 내놓으며 이 길을 함께 걸어온 모든 분들께 진심으로 감사드립니다. 이 수필집은 제 삶의 여러 결을 모아 한 권의 정원에 심은 작은 나무들이자, 고요히 빛나는 순간들의 기록입니다.

첫 장에는 삶의 의미와 가치, 시간의 흐름 속에서의 성찰을 담았습니다. 지나온 길에서 얻은 변화와 성숙의 이야기가 독자 여러분의 내면을 돌아보는 계기가 되길 바랍니다. 관계 속에서 피어난 아름다운 여정은 만남과 이별이 남긴 자취를 향기로 전하고자 했습니다. 직장과 조직에서의 발자취는 40여 년간 성취와 실패 속에서도 멈추지 않았던 성장의 노력을 담았습니다. 어린 시절의 추억과 일상의 행복은 그리움과 감성으로 물든 풍경으로 그려 보았습니다. 또한 사회를 향한 따뜻한 시선으로, 나눔과 연대가 세상을 바꾼다는 믿음을 전했습니다. 자연과 함께하는 삶은 제게 회복과 치유를 주었고, 철학적 성찰은 '우리는 왜, 어떻게 살아야 하는가'라는 물음으로 남은 길을 돌아보게 했습니다.

이 글은 혼자 힘으로는 만들 수 없었습니다. 살아온 길 위에서 스쳐 간 사람들, 함께 웃고 울었던 동료들, 그리고 끝까지 제 이야기에 귀 기울여준 독자 여러분 덕분입니다. 부디 이 책이 여러분 마음속에서 낮달처럼 잔잔히 빛나는 속삭임이 되길 바랍니다.